内蒙古马文化与马产业研究丛书

马产业

王怀栋等 ● 著

内蒙古出版集团

内蒙古人民出版社

图书在版编目(CIP)数据

马产业 / 王怀栋等著. --呼和浩特:内蒙古人民出版社, 2019.8 (2019.11 重印)

(内蒙古马文化与马产业研究丛书)

ISBN 978-7-204-15990-1

Ⅰ.①马… Ⅱ.①王… ②吴… Ⅲ.①马-驯养-产业发展-研究-内蒙古 Ⅳ.①F326.33

中国版本图书馆 CIP 数据核字(2019)第 138799 号

马产业

作　　者	王怀栋等	
责任编辑	陈宇琪　孙超	
封面设计	额伊勒德格	
出版发行	内蒙古出版集团　内蒙古人民出版社	
地　　址	呼和浩特市新城区中山东路8号波士名人国际B座5层	
网　　址	http://www.impph.cn	
印　　刷	内蒙古恩科赛美好印刷有限公司	
开　　本	710mm×1000mm　1/16	
印　　张	23.25	
字　　数	485 千	
版　　次	2019 年 8 月第 1 版	
印　　次	2019 年 11 月第 2 次印刷	
印　　数	1001—3000 册	
书　　号	ISBN 978-7-204-15990-1	
定　　价	72.00 元	

如出现印装质量问题,请与我社联系。联系电话:(0471)3946120

"内蒙古马文化与马产业研究丛书"
《马产业》编写组

组　长：王怀栋

副组长：吴光宇

成　员：李小花　段孟霄　王晓铄　艾云辉

　　　　路冠军　郭晓晓　王　勇　任　宏

　　　　王瑞星　刘　美　黄修梅

总　序

　　"你听过马的长嘶吗？假如你没听过的话，我真不知道你是怎么理解蓝天的高远和大地的辽阔的。听了马的嘶鸣，懦夫也会振作起来。你仔细观察过马蹄吗？听过马蹄落地的声音吗？有了那胶质坚硬的东西，可爬山、可涉水，即使长征万里也在所不辞，而它有节奏的踏地之声，不正是激越的鼓点吗？"每次读到蒙古族作家敖德斯尔在《骏马》一文中的这段话时，我都激情澎湃、思绪万千。是的，蒙古族失去了马，就会失掉民族的魂魄；蒙古族文化中没了马文化，就会失去民族文化的自信。在漫长的历史长河中，没有哪一个民族像蒙古族一样与马有着密切的联系，没有哪一个民族像蒙古族一样对马有着深厚的感情。马伴随着蒙古族人迁徙、生产、生活，成为蒙古族人最真诚的朋友。马作为人类早期驯化的动物，与人、与自然共同构成了和谐共生的关系，衍生出了丰富的马文化。

　　内蒙古自治区的草原面积为 8666.7 万公顷，其中有效天然牧场 6818 万公顷，占全国草场面积的 27%，是我国最大的草场和天然牧场。据新华社报道，2018 年内蒙古马匹数量接近 85 万匹，成为国内马匹数量最多的省区。草原和马已经成为内蒙古自治区最具代表性的标志，吸引着无数人前来内蒙古旅游和体验。

　　2014 年 1 月 26 日至 28 日，春节前夕，习近平总书记在视察内蒙古时讲到，"我们干事创业就要像蒙古马那样，有一种吃苦耐劳、一往无前的精神"。这是对内蒙古各族干部群众的殷切期望和鼓励鞭策，蒙古马精神已经成为新时代内蒙古人民的精神象征，成为实现"守望相助"，建设祖国北疆亮丽风景线及实现内蒙古发展历史性巨变的强大精神力量。

"马"的历史悠久，"马"的文化土壤肥沃、积淀丰厚，"马"的功能演变和优化进程可以概括为由"役"的传统功能向"术"的现代功能的转变。无论从历史纵向角度看，还是从现实横向角度看，"马"的功能转变都为发展马产业提供了新的视角和思路。

改革开放四十年来，内蒙古大地呈现出了大力发展现代马产业的强劲势头，2017年自治区出台了《内蒙古自治区人民政府关于促进现代马产业发展的若干意见》，这个意见出台以后，为内蒙古发展现代马产业指明了方向。正是在这样的背景下，自治区党委宣传部决定在2019年举办内蒙古国际马博览会，并委托自治区社科联编写出版一套关于"马"的丛书。经过充分调研和论证，结合内蒙古实际，社科联策划出版了一套"内蒙古马文化与马产业研究丛书"，该丛书共六本，分别是《马科学》《马产业》《马旅游》《马文化》《赛马业》和《蒙古马精神》，并将其作为自治区社会科学基金重大项目向社会公开招标。

通过公开招标，内蒙古大学、内蒙古农业大学、内蒙古艺术学院、内蒙古体育职业学院和内蒙古民族文化产业研究院等六个写作团队成功中标。内蒙古大学马克思主义学院教授傅锁根主持撰写《蒙古马精神》，内蒙古农业大学芒来教授主持撰写《马科学》，内蒙古民族文化产业研究院董杰教授主持撰写《马旅游》，内蒙古艺术学院黄淑洁教授主持撰写《马文化》，内蒙古农业大学职业技术学院王怀栋教授主持撰写《马产业》，内蒙古体育职业学院殷俊海研究员和温俊祥先生、郎林先生共同主持撰写《赛马业》。经过近六个月的艰苦写作，"内蒙古马文化与马产业研究丛书"一套六本专著终于付梓，这是自治区社科联组织的专家学者在马学领域一次高效的学术研究和学术创作的成功典范。

《马科学》主要从马属动物的起源、分类、外貌、育种繁殖等动物属性出发，科学揭示了马的生命周期和进化历程，阐释了马科学研究的最新成果和进展；《马产业》以传统马产业到现代马产业的发展历程，全景展现了马产业链，特别为内蒙古发展马产业做出了系统规划；《赛马业》从现代马产业发展的必由之路——赛马活动入手，揭示了赛马产业的终端价值，提出了内蒙古发展赛马产业的路径和方法;《马旅游》从建设内蒙古旅游文化大区的角度出发,提出了以草原为底色、旅游为方式、马为内容的内蒙古特色旅游体系;《马文化》从远古传说入手,介绍人马关系之嬗变,系统梳理中国古代马文化内涵、现代体育中的马文化及不同艺术领域中的马文化表现形式,还特别介绍了蒙古族的蒙古马文化,探讨马文化的研究价值及其传承与开发;《蒙古马精神》则从马的属性上归纳、提炼、总结出内蒙古人民坚守的蒙古马精神,论证和契合了习近平总书记对内蒙古弘扬蒙古马精神的理论总结。丛书整体上反映了马产业从传统到现代的转化,从动物范畴到文化领域的提炼,从实体到精神的升华之过程,具有科学性、系统性、前沿性。

这套丛书是国内首次系统研究和介绍马科学、马产业、马文化、蒙古马精神价值的丛书,填补了马科学领域的一个空白,展现了内蒙古学者在马科学领域的功底。写作过程中,大家边学习、边研究、边创作,过程非常艰难,但都坚持了下来。为保证写作质量和进度,自治区社科联专门成立了马文化与马产业研究丛书工作小组,胡益华副主席、朱晓俊副主席、李爱仙部长做了大量工作,进行全过程质量把关,组织区内专家、学者研究讨论,等等。同时,创新了重大课题研究的模式,定期组织研究团队交流,各写作团队既有分工,也有协作,打破了各团队独立写作的状态。但由于时间仓促,写作任务重,难免留下了一些遗憾,但瑕不掩瑜,相信自治区马科学、马产业领域的学者会继续深入研究探索,弥补这些缺憾。

伴随着历史演进和社会发展,马产业在培育新的经济增长动能、满足人民群众多样化健身休闲需求、建设健康中国、全面建成小康社会中发挥着重要作用。内蒙古作为马科学、马产业领域的发达省区,一定会为我国马产业、马文化的发展做出新的贡献,内蒙古各族人民也一定会遵照习近平总书记提出的坚守蒙古马精神,为"建设亮丽内蒙古,共圆伟大中国梦"做出努力。

内蒙古自治区社会科学界联合会
杭栓柱

前 言

2014 马年春节前夕,习近平总书记在考察内蒙古时指出:"蒙古马虽然没有国外名马那样的高大个头,但生命力强、耐力强、体魄健壮。我们干事创业就要像蒙古马那样,有一种吃苦耐劳、一往无前的精神。"按照习近平总书记考察内蒙古时要求我们着力转变经济发展方式的要求,我们立足区情实际,发挥比较优势,不断在经济转型升级上谋篇布局。2017 年内蒙古自治区出台的《内蒙古自治区人民政府关于促进现代马产业发展的若干意见》就是一项具体举措。该意见明确提出,要将促进现代马产业发展纳入当地经济社会发展规划中,制定和落实支持现代马产业发展的配套政策和相关措施,推动现代马产业又好又快发展。

聚焦自治区党委政府的决策部署,内蒙古社科联组织策划了"内蒙古社会科学基金项目"重大项目——"内蒙古马文化与马产业研究丛书"。作为丛书的组成部分,本书的写作任务由自治区马产业专家王怀栋教授主持,项目承担单位为内蒙古农业大学。近年来,国内现代马产业逐渐兴起,呈现良好的发展势头,但是,内蒙古现代马产业发展却相对滞后,资源优势没有很好地转化为发展优势。在借鉴国内外现代马产业发展的先进经验的基础上,本书以内蒙古马产业为研究对象,在梳理国内外马产业发展现状、特点及趋势的基础上,深入分析内蒙古马产业发展的问题,基于"一带一路"的国际视野,从全产业链和产业融合视角提出内蒙古马产业发展战略和政策建议。

本书的主要内容有内蒙古马产业发展的背景和重大意义、马产业发展

基础理论、马产业发展历史沿革及特点、国外马产业发展现状及趋势、我国马产业发展现状、内蒙古马产业发展现状、内蒙古马产业发展存在问题及其原因、内蒙古发展马产业的环境分析、内蒙古马产业发展战略等。下面作简要介绍。

第一章:针对当前产业结构重型化、单一化、初级化,以及经济下行压力加大、产业结构不合理、社会民生事业发展滞后、资源环境问题突出等问题,提出发展马产业有助于激发经济社会发展新引擎、开拓精准扶贫和精准脱贫新路径、建设民族文化强区的新资源、打造祖国北疆亮丽风景线的新举措等。

第二章:产业的内容十分复杂,至今尚无统一的严谨的定义。因此,对产业含义进一步给以质和量的规定是有必要的。为使研究更加严谨,本章介绍了马产业研究过程中涉及的核心概念、产业基础理论以及内蒙古马产业融合发展理论。

第三章:马产业是内蒙古畜牧业的重要组成部分,是集马匹养殖、繁育、交易、加工、旅游、文化于一体的,融合一二三产业的经济活动的多业态耦合型产业,是一个前景远大、亟待开发的"朝阳产业"。本章主要介绍了马产业发展历史及特点,突出强调了传统马业向现代马业转型的突出表现。

第四章:现代马产业在英、美、日等国家的发展较为成熟,是国民经济的重要组成部分。本章主要介绍了国外马产业的发展概况,总结了国外马产业发展的经验。

第五章:本章主要介绍我国马产业发展现状。伴随着经济社会的发展,我国的传统马业也开始逐步由役用马业、产品马业向现代马业转型发展,开始引入现代赛马、休闲骑乘、文化创意等新兴产业。与之相适应,在马匹繁育环节、人才培养改革、行业协会培育等方面也开始逐渐推进。

第六章:内蒙古的马产业发展具有悠久的历史。近年来,在自治区全域旅游、全季旅游等战略的推动下,自治区马业发展精彩纷呈,呈现突飞猛进之势。在马匹繁育、产品开发、赛事培育、马文化旅游、基础设施建设、专业人才培养等方面都有了长足的发展。本章主要在对内蒙古现代马产业总体情况介绍的基础上,对其中的特色亮点内容予以概括。

第七章:虽然内蒙古马产业发展取得了长足的进步,但是也存在地方遗传资源保护不够、民族马业特色不够鲜明、区域之间发展同质性等问题,出现这些问题有产业发展的主体体系不够健全、科技创新能力不足、政策支持力度不够、保障条件不强、融合发展理念缺失、支持产业发展的社会氛围不浓等方面的原因。

第八章:在明确发展马产业重大意义、发展现状的基础上,本章主要利用 SWOT 分析方法,分析了内蒙古马产业发展的优势、劣势、机会及其相应的风险因素。发展现代马产业,我区具有资源优势、区位优势以及相应的人才优势,也有政府高度重视现代马产业发展的有利条件,但是,也存在着所需的科教资源不足导致的产业创新能力不强等不利条件,存在着同区外其他省(区)、市的激烈竞争等风险因素。

第九章:基于以上分析,本章主要明确界定了内蒙古马产业发展的总体思路,其中涉及指导思想、发展理念、发展目标、战略布局等几个方面,对民族马业示范区、马业继承创新区、融合发展示范区的目标定位具有一定的启发意义。

第十章:本章主要介绍了内蒙古马产业发展的策略路径,涉及马匹繁育、饲草料种植、产品开发、疫病防控等马产业发展的不同环节。

第十一章:本章提出了内蒙古主要盟市马产业发展的策略,结合区域资源特色,强调了呼和浩特市、鄂尔多斯市、呼伦贝尔市等各盟市的具体发展策略,这对于克服新兴产业发展容易一哄而上、同质性强、缺乏鲜明特色的问题具有一定的借鉴价值。

综上,通过本书,希望能够引起内蒙古社会各界对发展马产业重要性、必要性和可行性的重视,从而为内蒙古马产业发展奠定坚实的思想共识和社会基础。未来,我们要继续以党的十九大精神为统领,着力打造以育马养殖为基础、赛马赛事为牵引、文化旅游为重点的现代马产业体系,加快我区

现代马产业发展,把现代马产业发展同实施乡村振兴战略、保障和改善民生、打赢脱贫攻坚战有机结合起来。实践中如何统筹协调自治区相关部门,狠抓机遇、主动作为,发挥合力作用,充分利用好相关政策,大力培养扶持优势企业,认真研究新情况、发现新问题、制定新措施,建立政府、企业、牧民的利益联结机制,真正让马产业成为安居富民的支柱产业,成为助力我区经济发展和农牧民脱贫增收的重要渠道,这都是需要我们进一步深入研究的内容。

目　录

第一章

马产业发展背景及意义

习近平总书记在十九大报告中明确指出:党的十八大以来的五年的成就是全方位的、开创性的,五年来的变革是深层次的、根本性的。但也明确指出:必须清醒看到,我们的工作还存在许多不足,也面临不少困难和挑战。主要是:发展不平衡不充分的一些突出问题尚未解决,发展质量和效益还不高,创新能力不够强,实体经济水平有待提高,生态环境保护任重道远;民生领域还有不少短板,脱贫攻坚任务艰巨等。马产业发展要着眼大局,顺应新业态不断出现和一二三产业融合发展的新趋势,凝聚力量,要深刻认识内蒙古马产业发展的必要性、可行性及其具体的发展途径。

第一节 马产业发展背景

21 世纪以来,在我国工业化、城市化快速发展的大背景下,内蒙古依托丰富的资源优势,大力发展资源型产业,一方面,实现了经济的持续高速增长,为国家经济发展做出了重要贡献;另一方面,也造成了产业结构的重型化、单一化、初级化,对经济社会的可持续发展产生了严重影响,转型发展迫在眉睫。当前发展面临的困难与问题主要有以下几个方面:

一、经济下行压力较大

当前我国经济进入从高速增长转为中高速增长的新常态,资源型地区资源型产业占主导地位的产业结构,使其面临的经济下行压力比全国多数地区更大。以内蒙古为例,从产业结构看,2016 年第二产业占国内生产总值的 51.9%,高于全国 8.9 个百分点;从工业结构看,能源、冶金等资源型产业占规模以上工业增加值的 63.7%,仅煤炭行业就占到规模以上工业的 25%以上。近年来,受能源和主要工业品市场需求不足、价格持续下降的影响,这种单一的资源型产业结构市场风险凸显,经济增长速度明显回落。2013

年内蒙古地区生产总值增长 9%,是 2000 年以来首次跌破两位数;2016 年内蒙古地区生产总值增长 7.2%,工业增加值增长 6.9%,分别低于 2000~2012 年均增长率 8.9 个和 13.9 个百分点。

经济效益持续下降。近两年,受需求放缓和产能过剩的双重影响,我国主要工业生产资料价格持续下降,资源型地区工业产品大多集中在能源、化工、冶金建材等传统行业,且大部分为初级产品,受到较大冲击,工业企业利润大幅缩水、库存明显增加,部分企业甚至出现亏损,生产经营困难。以内蒙古为例,截至 2015 年 10 月,内蒙古工业生产者出厂价格指数连续 40 个月负增长;主要工业品价格与 2012 年相比,煤炭(秦皇岛优质动力煤)下降 19%,钢下降 32%,铜下降 27%,铝下降 14.5%。受此影响,2014 年企业利润下降 18.8%,亏损企业增加 13%,亏损额增长 69.6%;企业利润下降直接导致税收收入下降,财政收入增长速度较大幅度回落。2000~2012 年内蒙古公共财政预算收入年均增长 24.9%,2014 年仅增长 7.1%。

投资增长动力不足。当前投资仍然是拉动我国经济增长的最主要动力,资源型地区更是如此。由于我国多年来过度依赖资源型产业发展,不仅造成了产业结构、财政支撑的单一,其"挤出效应"也影响到了投资、贸易等需求结构。因此,当前大多数资源型地区投资不仅有总量问题,更有结构矛盾。以内蒙古为例,2013 年投资 155%,消费 34%,净出口负 89%;2014 年投资 135%,消费 28%,净出口负 63%。投资对经济增长的贡献已经发展到"大而不能倒"的地步。但从目前情况看,投资形势是比较严峻的,增长率逐年下降。2013 年内蒙古固定资产投资增长 18.4%,2014 年增长 15.6%(2002年以来的最低增速)。这有宏观环境变化的影响,但更多的是增长点和动力源不足的问题。近年来,内蒙古大力发展非资源型产业,取得了一定成效,但当前无论在建项目还是储备项目,仍集中在资源型产业领域。目前在建的重大项目中,能源、冶金、化工、建材类项目投资规模占总投资的 40%以上。在当前的市场形势下,这些产业企业大多处在去产能化过程,很难形成新的有效投资。

二、产业结构不够合理

当前内蒙古产业结构发展不够合理,主要表现在现代服务业、文化产业等新兴产业所占比例相对较低,发展相对滞后。

党的十九大报告指出,贯彻新发展理念,建设现代化经济体系的着力点之一是"加快发展现代服务业,瞄准国际标准提高水平"。在发达经济体的产业结构中,服务业贡献的 GDP 比重通常超过 70%,服务业是国民经济的支柱性产业,其吸收就业的能力远超农业和制造业。但我国的服务业发展程度远落后于发达经济体。直至 2012 年,我国服务业增加值占 GDP 比重才超过制造业;直到 2015 年,我国服务业增加值占 GDP 比重才超过 50%关口。目前,就服务业发展结构来看,我国服务业仍以面向消费者的消费性服务业为主,而面向生产者的生产性服务业供给严重不足;就城乡差距来看,我国现代服务业企业基本都聚集在城市,服务客户以城市居民和企业为主,农村地区普遍存在非常严重的现代服务业缺位问题,严重制约农业现代化进程的顺利推进。这在内蒙古地区表现得更为突出。

文化产业是一个朝阳产业,是国民经济体系中的一个先导性、战略性的产业,其所蕴涵的生产要素,已经成为整个社会生产力的一个最为活跃的方面,对于调整产业结构、转变经济发展方式、提升经济发展质量、扩大内需、增加就业等都有重要的作用。2000 年《中共中央关于制定国民经济和社会发展第十个五年计划的建议》第一次提出发展文化产业的意见;9 年后《文化产业振兴规划》出台,标志着我国文化产业上升为国家战略性产业;2013 年党的十八届三中全会提出建立健全现代文化市场体系,标志着我国文化产业开始实现发展动力机制的转变;2017 年十九大报告进一步对新时代文化建设做了深刻而系统的阐述。在这样一个历史进程中,我国文化产业得到快速发展:2004 年实现增加值 3440 亿元,占 GDP 的比重为 2.15%;2017 年实现增加值 3.5 万亿元,占 GDP 的比重为 4.29%。年均增速 20%,可谓蓬勃发展。

像内蒙古这样的经济欠发达地区发挥文化资源优势,实现跨越式发展,有利于节能减排,保护生态环境,实现可持续发展。发展文化产业,具有优结构、扩消费、增就业、促跨越、可持续的独特优势,是贯彻落实科学发展观的必然要求,是转变发展方式、调整经济结构的重要抓手。目前,内蒙古文化产业增加值占全区 GDP 比重仅为 1.08%,与发达地区相比,有较大差距。内蒙古在"十二五"期间,全区文化产业增加值年均增速达 22%,高于同期 GDP 增速 12 个百分点。内蒙古"十三五"规划纲要也明确,2020 年文化产业增加值占地区生产总值的比重 4%左右,推动文化产业逐步成为自治区经济支柱性产业。

三、社会民生发展滞后

一是居民收入水平较低,城乡之间差距较大,并且与全国平均水平差距进一步扩大。根据 2016 年内蒙古经济社会发展统计公报,2016 年内蒙古城镇居民人均可支配收入 32975 元,与全国平均的差距由 2013 年的 453 元扩大为 641 元;农村牧区人均可支配收入 11609 元,与全国平均的差距由 2013 年的 446 元扩大为 754 元。二是下岗失业人员增加,特别是产煤地区就业压力增大。2010 年内蒙古城镇登记失业人数 20.81 万人,2014 年增加到 24.8 万人,2016 年则增加到 27.48 万人。

聚焦当前的脱贫攻坚工作,可谓面临诸多挑战,任务依然艰巨。内蒙古自治区农村牧区贫困人口由 2012 年的 197.8 万人减少到 2016 年的 55.6 万人,全区农村牧区贫困发生率由 14.7%下降到 4.1%。但扶贫工作的任务依然十分艰巨。全区 102 个旗县市区中,仍有贫困旗县 57 个,其中国贫旗县 31 个,区贫旗县 26 个。截至 2016 年底,有建档立卡贫困人口 23 万户、55.6 万人。除此之外,还存在以下问题:一是扶贫精准度有待提高,效果有待提升。二是重点地区扶贫任务重,剩余贫困人口大多分布在集中连片特困地区、革命老区、少数民族聚居区、边境牧区,这些重点地区扶贫任务十分繁重,且往往交织着民族、生态等问题,情况更为棘手。赤峰市、乌兰察布市、

通辽市、兴安盟4个盟市贫困人口总数达到47.4万人，占全区贫困人口比例85.3%，是脱贫攻坚的主战场。重点人群脱贫难度大，贫困妇女儿童、孤寡老人、残疾人、长期患病等无业可扶、无力脱贫的贫困人员以及部分教育文化水平低、缺乏技能的贫困群众是扶贫重点人群，脱贫成本更高，难度更大。三是产业扶贫带动力弱，工作创新性不足，扶贫产业和区域经济发展及农牧业现代化结合度还不够，不利于贫困户长期稳定脱贫。四是因病致贫和因病返贫问题突出，贫困人口中"因病致贫和返贫"的占全区建档立卡贫困人口的40.19%，比全国平均水平高3.27个百分点，占比位列致贫原因首位。五是扶贫资金投入不足，距平均每村扶贫资金投入300万元的全国平均水平相去甚远，且国家拨付的产业扶持资金在我区仍以"分级负担"的形式存在要求贫困旗县予以配套的情况，这一配套要求严重脱离我区贫困地区实际。六是贫困群众脱贫内生动力不足，"等靠要"思想严重(曲莉春 等，2017)。

四、资源环境压力加大

近年来，内蒙古虽然在环境质量、总量控制、污染治理、风险防范、环境监管能力建设及其他方面均取得了可喜的成绩，但我区经济发展方式仍较粗放，产业结构不够合理，城乡区域发展不够平衡，基础设施体系不够完善，环境污染的形势依然严峻，新老环境问题的压力依然很大。其主要问题是：

生态环境保护建设与构筑北方重要生态安全屏障的要求尚有差距。一是生态环境仍很脆弱。全区中度以上生态脆弱区域占国土面积的62.5%，其中，重度和极重度占36.7%；森林覆盖率低于全国平均水平，草原退化、沙化、盐渍化面积近70%，天然湿地大面积萎缩。二是生态环境质量有待提高。2015年全区生态环境质量状况等级总体评价为一般，12个盟市中乌海市、鄂尔多斯市、巴彦淖尔市和阿拉善盟为较差；43个重点生态功能区所属县域生态环境状况指数为48.93，其中乌拉特中旗、乌拉特后旗、四子王旗和苏尼特右旗为较差，阿拉善左旗、阿拉善右旗和额济纳旗为差。三是资源开发与生态环境保护矛盾仍然存在。一些地区重发展、轻保护，资源开发方式仍较粗放,生态系统服务功能有所降低,自然保护区内违法违规开发问题仍然多见,89 个国家级和自治区级自然保护区中 41 个存在违法违规情况,涉及企业 663 家。四是生态环境风险监管仍需加强。我区煤炭、火电、化工、黑色及有色金属行业占国民经济比重较大,存在一定生态环境风险隐患,监管力度还需加强。

环境保护体制机制与生态文明建设的要求尚有差距。全区生态文明法治体系、制度体系、执法监管体系和治理能力体系还不健全,吸引社会资本进入生态环境治理领域的体制机制和政策措施还不明晰,政府监管职责缺位、越位、交叉错位等问题仍然存在,生态文明体制改革还需进一步深化;环境治理体系和治理能力相对较低,环境治理主体单一,全社会共同参与生态环境保护的机制仍不完善;环境保护市场化程度仍然滞后,绿色经济政策仍需不断深化;环保产业发展水平亟待提升,我区环保产业起步较晚,发展较为缓慢,企业总体实力较差,缺乏龙头企业带动,竞争力不强,难以形成集群联合效应;环保产业服务体系不完善,市场发育程度较低,管理机制不健全。[1]

"只要精神不滑坡,办法总比困难多。"解决上述问题,必须将学习贯彻党的十九大精神和学习贯彻习近平总书记考察内蒙古重要讲话精神结合起来,进一步坚定习近平总书记提出的"希望内蒙古各族干部群众守望相助""把内蒙古建成'我国北方重要的生态安全屏障''祖国北疆安全稳定的屏障'""把内蒙古建成我国向北开放的重要桥头堡"的目标要求,以抓好"五个结合"为突破口(推动转方式同调整优化产业结构相结合,把转方式有效融入调结构之中;推动转方式同延长资源型产业链相结合,把转方式有效融入资源转化增值之中;推动转方式同创新驱动发展相结合,把转方式有效融入创新驱动发展之中;推动转方式同节能减排相结合,把转方式有效融入绿色循环低碳发展之中;推动转方式同全面深化改革开放相结合,把转方式有效融入改革开放之中),以"四个着力"为工作重点(着力转变经济发展方式,

---

[1]　以上内容节选自 2017 年 5 月 27 日内蒙古自治区人民政府办公厅印发的《内蒙古自治区生态环境保护"十三五"规划》中的"当前存在的主要生态环境问题"部分。

着力抓好农牧业和牧区工作,着力保障和改善民生,着力搞好教育实践活动),立足优势、扬长避短,积极构建多元发展、多极支撑的现代产业,形成优势突出、结构合理、创新驱动、区域协调、城乡一体的发展新格局。实现上述发展目标不仅有赖于现代马产业的发展,更有赖于精神力量的激励与感召,要弘扬吃苦耐劳、一往无前的蒙古马精神,激发全体社会成员的创新创业和创造活力,进一步凝聚力量,始终保持守望相助、团结奋斗、一往无前的责任担当和精神状态。

第二节　马产业发展意义

习近平总书记在党的十九大报告中指出:中国特色社会主义进入新时代,我国社会主要矛盾已经转化为人民日益增长的美好生活需要和不平衡不充分的发展之间的矛盾。这一重要的政治论断,为我区马产业的发展提供了重大机遇。

马产业的产业链非常丰富,涉及育马、养马、马文化、赛马运动、马产品加工、马娱乐、休闲旅游、物流、餐饮、生物制药、文化创意、金融投资等业态,具有多业态耦合特点。在国外,马产业对社会的巨大推动力已得到广泛验证。全球有 150 个发达国家和地区在育马、竞技、表演、娱乐、马产品以及服饰、饲料、医药生产等方面构建了完善的马产业多业态综合体。美国、德国、英国、日本、俄罗斯等国已形成了各具特色的现代马产业。

从国内情况看,作为传统的养马大国,我国马产业正在从以役用为主的传统马产业向以娱乐竞技休闲骑乘为主的现代马产业过渡。内蒙古以其悠久的民族历史、深厚的民族文化、独特的区位优势,形成了独具特色的民族马产业,是中国马产业的突出代表。相比东南沿海地区,内蒙古凭借其特有的自然条件和地理优势,拥有地区特色马匹品种资源,并且建立了马品种自然保护区。此外,内蒙古马文化、游牧文化由来已久,各种马文化节庆带动马文化旅游,丰富多彩的赛马等文化活动,带动了马匹繁育、饲料经营、马具制作、马文化传播等发展。但是,内蒙古马产业发展还存在资源要素有差异,产业要素利用不合理,主要因素作用不明显,国家产业政策尚不完善,水平空间发展脱离区域空间实际,战略布局无特质优势等问题,主要表现在马匹品种退化严重,传统赛事模式及表演缺乏创新,现代赛马动力不足、人才缺失、规划滞后,草原生态恶化,导致马业巨大的多业态融合力、文化传承力、经济推动力没有得到发挥。

因此,在新时代中国特色社会主义理论指导下,我们要以解决社会主要矛盾为抓手,以内蒙古马产业发展水平与区域经济的关联性为切入点,分析内蒙古马产业空间特征及其比较优势,同时借鉴发达国家马产业发展模式,从"一带一路"战略高度优化内蒙古马产业战略布局,传承蒙古马精神,建设民族文化强区,推动"一带一路"沿线国家马产业交流与合作,实现马产业国际化,为我国马产业转型升级做出贡献。

一、有助于激发经济社会发展新引擎

(一)有助于激发经济发展新动能

马产业发展,首先有利于促进传统马产业向生物制药、马术表演、休闲骑乘、商业赛马、马具及马具饰品制作等现代马产业转变,推动马产业向高附加值、多用途综合开发方向发展;在此基础上,能够拓展产业链的深度、广度,充分发挥马产业对旅游业、文化产业、健康产业及其他产业的拉动作用,形成叠加效应、聚合效应、倍增效应,使马产业成为引领草原畜牧业转型升级的着力点。其次,能够为自治区产业转型发展提供精神动力。吃苦耐劳、一往无前的蒙古马精神是我们人力资源的新优势,是推进经济社会发展最重要的人力资本。

(二)有助于打造旅游产业新亮点

随着知识经济时代的到来,有"无烟产业"和"永远的朝阳产业"美称的

旅游业已成为当今世界新的经济增长点,它和石油业、汽车业并列为世界三大产业。与此同时,我国国内旅游业在国民经济中的地位和作用也日益加强,旅游业对我国经济的发展将会起到巨大的促进作用。借助国家西部大开发战略的实施,旅游业在西部经济中所占的比重正在逐年增加。内蒙古发展旅游业具有得天独厚的条件,面临极为难得的机遇,我区明确提出大力实施全域旅游、四季旅游发展战略,致力于把旅游业打造成战略性支柱产业和人民群众更加满意的现代服务业。

马产业是发展旅游业的最好载体。人们来内蒙古旅游,最重要的是了解和感受草原文化的魅力。目前,马队迎接、赛马、马术表演、驯马等极具民族特色的草原观光项目成为草原民风民俗旅游业的基础。旅游骑乘在悄然兴起,已成为青年人的一种时尚和健康理念。人们通过骑乘活动贴近自然、陶冶性情、塑造体态,把骑马看作一种健康的休闲娱乐活动。草原奇特的风光中,矫健的骏马是旅游业发展的最好载体:侧身上马,身随马姿,耳边但闻嗖嗖风声,感觉景动草动马未动的惬意。"骑马畅游草原"、观看赛马和马术表演,不仅能让游客感受到一望无际的草原的魅力,更重要的是能让游客了解内蒙古的民俗和蕴含在其中的草原文化,这两种资源的结合是草原上一道不可代替的靓丽风景。再加上马队接送、赛马、驯马、骑马、马车、马术表演以及具有民族特色的马文化博物馆和马工艺品等,是内蒙古极具民族特色的草原观光项目,马产业作为新兴产业有着极大的市场潜力。

(三)有助于促进文化产业融合发展

"内蒙古民族文化建设研究工程"课题组历经两年的时间,专题开展了内蒙古文化符号调研。通过《征集内蒙古文化符号调查问卷》,共征集到内蒙古文化符号210项。2015年7月1日,最终根据调查排名和专家研究评议确定"内蒙古十大文化符号",这十大文化符号象征着内蒙古文化的形象、特征和价值,蒙古马作为一种文化符号高票当选。在许多文学作品中,马被赋予精神意识与神奇力量,成为蒙古族的文化图腾。马文化是草原文化的形象标识与典型符号,是游牧文化的精髓,是民族精神的象征。当今世界,马和马术已经内化为一种流行文化，体现在服饰、马车、歌曲、舞蹈、乐器、影视、绘画等活动中。有马的地方，一般都保留着丰富的民俗文化，骑马已成为户外运动与大自然紧密结合的主要主题旅游方式之一，也将成为中国现代时尚文化的重要传播方式。目前，中国马产业的主要业态相对传统和单一，主要集中在马匹繁育、比赛及俱乐部教学等传统业态模式，可进一步开发与国际接轨的更加丰富的马文化娱乐元素。

目前，广大学者正在探讨以马为主题的旅游度假、赛事、健身、表演、教育、收藏、展览、选美、竞猜、传媒、地产等娱乐产业的发展问题，成立"中国马文化运动旅游规划研究院"、打造马文化特色小镇就是这方面的积极尝试。以"中国马文化运动旅游规划研究院"的成立为例，该机构本着文化先导、产业协同、市场推进、群众普及的原则，整合各方资源，挖掘、保护和开发中国的马文化资源，普及推广马主题的娱乐形态和健康生活方式，致力于中国马文化与马产业的传承和发展。总之，融入国民经济大循环中，成为新时代促进经济转型升级的新动力，这是文化产业发展的重要趋势，马文化产业发展能够发挥典型的示范带动作用。

（四）有助于统筹推动现代服务业发展

新时代现代服务业改革与发展的路径选择就是，必须在与一二产业深度融合中发展现代服务业，马产业发展为之做出了积极探索。例如，新疆伊犁哈萨克自治州昭苏县提出了"以马为媒"促进现代服务业与马文化产业交流交融的新课题。近年来，该县立足丝绸之路经济带核心节点，依托独特资源优势，以生态为基、天马为要，积极抢占全国马产业发展高地，在推进马产业、形成马文化和促进马旅游上进行了积极探索和研究，在建立人才培养、技术服务、疫病防治、标准化生产、行业管理等马产业支撑体系上投入很大精力，为传统马产业转型升级奠定了坚实的基础，也为如何围绕第一二产业发展现代服务业提供了难得的经验借鉴。

以赛马业为例，目前，世界上马术运动已成风气，在英国、俄罗斯、法国、日本、德国及欧洲、美洲、亚洲、其他许多地区已向专业化、产业化发展。在市场经济发达的许多西方国家和地区,赛马业已经成为产业关联度很高的行业,从某种意义上讲,运动马产业已成为体现其综合国力的象征。纵观世界各地一个多世纪的实践,充分证明现代赛马业在创造就业机会、增加财政税收、改善社会福利等方面都发挥了巨大的作用。在国内积极发展现代运动马产业的大环境下,内蒙古吸收国内外先进经验,利用地区优势,通过兴建赛马场、育马场,举办赛事,鼓励个人养马,吸引广告、赞助,带动育马、驯马、赛马、饲料的加工销售、设施维护、兽医、赛马装备设计与制造、骑师的服装制作、专业骑师的培养等方面的发展。运动马产业还将带动房地产、商业和旅游业互动发展,将购物、餐饮、超市、娱乐融为一体,有效推动服务业发展。目前,在内蒙古服务业占国民生产总值比重连年下降的形势下,发展马产业进而推动服务业发展对解决就业难题、增加国民收入、提高内蒙古核心竞争力有着不可估量的作用。

二、有助于开拓精准扶贫和精准脱贫新路径

脱贫致富贵在立志,马产业与马文化深度融合发展,有助于让物质扶贫与精神扶贫并进,增强扶贫对象和贫困地区自我发展能力。

(一)有助于实施产业扶贫

精准扶贫、精准脱贫,产业兴旺是根本之策。产业扶贫是指以市场为导向,以经济效益为中心,以产业发展为杠杆的扶贫开发过程,是促进贫困地区发展、增加贫困农户收入的有效途径,是扶贫开发的战略重点和主要任务。简单来讲,产业扶贫就是通过产业发展,给贫困户培养一个产业,让贫困户成为产业经营的主体,或者为他们提供就业机会,为贫困户提供创收,这是实现真正可持续扶贫的基本路径。

在内蒙古农牧区,马产业的发展为精准扶贫和精准脱贫提供了重要的途径。一些地区立足现代马产业,整合扶贫资金,购买扶贫马匹,与相关龙头企业签订协议,由企业对马匹进行集中饲养和经营管理,从而获得经济效

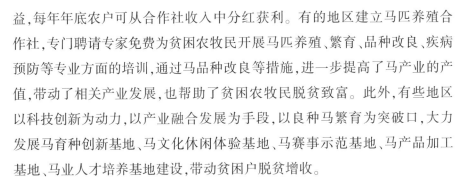

益,每年年底农户可从合作社收入中分红获利。有的地区建立马匹养殖合作社,专门聘请专家免费为贫困农牧民开展马匹养殖、繁育、品种改良、疾病预防等专业方面的培训,通过马品种改良等措施,进一步提高了马产业的产值,带动了相关产业发展,也帮助了贫困农牧民脱贫致富。此外,有些地区以科技创新为动力,以产业融合发展为手段,以良种马繁育为突破口,大力发展马育种创新基地、马文化休闲体验基地、马赛事示范基地、马产品加工基地、马业人才培养基地建设,带动贫困户脱贫增收。

案例:

蒙古马拉起"扶贫车"

——兴安盟发展蒙古马产业助力脱贫攻坚侧记

内蒙古蒙马马业有限公司(简称蒙马公司),是一家专门从事养殖、加工、销售、进出口蒙古马为主体业务的龙头企业,企业年养殖蒙古马上万匹。蒙马公司与传统企业不同的是,它将传统企业与现代生产进行了高效有机对接,利用高科技手段采集孕马血清,用于生物制药。药物专门用于促进动物发情,提高动物受孕几率,广泛用于动物改良和增产。蒙马公司除生产高科技药品外,还生产马肉干、酸马奶、马奶酒等食品。

企业的发展需要稳定的原料生产,为了不断扩大蒙古马的繁育规模,蒙马公司采取"公司+合作社+农户+基地"的生产方式,将那些不习惯农事耕作却熟悉牧业生产,不习惯农机维修却熟悉马匹饲养的贫困牧户吸纳进企业,从事老本行,专心养殖蒙古马。姚某就是在蒙马公司上班的一名普通员工,负责蒙古马养殖工作,每月工资约2500元,并以建档立卡户身份,每年可从公司分到约1200元的红利。

蒙马公司在兴安盟建立起来的利益联结机制,既有利于国家扶贫政策辐射和拓展,又有利于民族地区传统产业优势发挥。为做大做强马产业,现在蒙马公司已经在兴安盟的扎赉特旗租赁了30000亩草场,力争在短时间内与100家合作社1000户农牧户5000人签订合作协议,发展养殖10000匹蒙古马,真正实现"百社 千户 万匹马"富民工程。为了搭上内蒙古大力发展民族特色旅游这部"动车",蒙马公司现已筹划出以马文化为主打的旅游计划,

要形成万马奔腾之势,吸引外地游客来草原赏马、骑马、赛马、品马。[1]

(二)有助于推动精神扶贫

党的十八大提出,要确保到 2020 年所有贫困地区和贫困人口一道迈入全面小康社会,这是党对全国人民的庄严承诺。为实现这一目标,以习近平为核心的党中央加强组织领导,压实领导责任,特别提出了"精准扶贫"的新理念,强调扶贫开发贵在精准,各地都要在扶持对象精准、项目安排精准、资金使用精准、措施到户精准、因村派人(第一书记)精准、脱贫成效精准上想办法、出实招、见真效。现在扶贫对象的"贫困",应该说既有物质上的贫乏,也有精神上的苦闷。长期的被动式扶贫,不仅使扶贫对象失去了自我感受、自我觉察和自我发展的能力,而且使其陷入精神困苦与贫困之中,甚至还可能导致"扶贫,扶贫,越扶越贫"的精神痛苦。很多媒体报道的"立在墙根晒太阳,等着别人送小康""干部在干,群众在看"的现象在全国很多贫困村中都有出现,我区也同样存在,甚至部分贫困村里存在"争当贫困户"以换取扶贫补贴的现象。贫困群众脱贫的内生动力不足,"懒汉"问题已成为当前扶贫工作的难点,如果处理不当,很容易败坏农村社会风气。

精准扶贫提倡社会参与,发挥贫困者的主观能动性。正确落实精准扶贫战略,不是同情与眼泪,而是尊重他们的人格,维护他们的权利,把提升技能、发展能力作为精准扶贫的主要任务,把"造血"作为扶贫开发的重要路径,将精神扶贫与物质救助和技术培训相结合,鼓励和帮助有劳动能力的扶贫对象通过自身努力摆脱贫困,进而树立贫困人群脱离贫困的信心和勇气。它首先体现在激发贫困群众脱贫的热情、信心、干劲,摆脱昂首望天、等待政策"掉馅饼"的心态。要把"等靠要"变成"闯改创",通过政策引导,激发贫困群众干事创业的主观能动性。

蒙古马在历史上牧民生计开拓的过程中发挥了重要作用。长期以来,因为干旱等极端气候的影响,干旱半干旱地区非平衡的草原生态系统难以

满足人们的定居需要,因此,传统的畜牧业生产方式以游牧为主。游牧需要机动性,于是马对游牧至关重要。蒙古马是牧民生产生活中的代步工具,不论平时放牧,还是转场游牧,都离不开蒙古马的身影。世世代代在草原上游牧生活的蒙古民族,在生活当中的有些习惯、用具等就是适应于马背生活,久而久之就变成了民族文化,例如游牧生活、蒙古袍、马鞍、套马杆等。草原游牧民族的生活当中马是不可缺少的交通工具,有了马才能了解辽阔的大草原,挑选下一次放牧的草场;有了马在无边无际的的草原上分散居住的牧民才可以相互来往;有了马才能够放养成群的牛、羊。

现在,虽然蒙古马在生产生活中的地位弱化了,但是,长期生产生活过程中孕育的蒙古马精神却对当前的脱贫攻坚工作发挥着巨大的推动作用。2014 马年春节前夕,习近平总书记在考察内蒙古时指出:"蒙古马虽然没有国外名马那样的高大个头,但生命力强、耐力强、体魄健壮。我们干事创业就要像蒙古马那样,有一种吃苦耐劳、一往无前的精神。"基于深厚的草原文化和内蒙古改革发展历程,蒙古马精神的基本内涵可以概括为吃苦耐劳、坚韧不拔、守望相助、开拓进取、稳中求进、勇往直前、忠于职守、甘于奉献、适应自然等。蒙古马精神的重要指导意义对我们在经济社会发展的关键阶段激发全体社会成员的创新创业和创造活力,凝聚干事创业的精神力量,始终保持守望相助、团结奋斗、一往无前的责任担当和精神状态,进一步坚定文化自觉和文化自信具有重大的现实意义。

(三)有助于激发牧民互助脱贫的思想自觉

贫困问题的存在,除了个体因素之外,还有许多结构性因素,例如小农业难以对接大市场的矛盾。对此,扶贫开发不仅要着眼于个体,还要提高牧民之间以及牧民和相关利益群体之间的团结互助意识。习近平总书记考察内蒙古期间提出的要求内蒙古先行先试的一项改革——建立完善龙头企业与农牧民利益联结机制具有重要意义。蒙古马精神中蕴含着守望相助、开放包容的思想资源,可以成为我们引导扶贫对象树立集体经济意识、开展协同互助行动的思想引领。

例如，蒙古马喜欢群居、和睦相处，群体生活意识和能力非常强，亲情观念也很浓重，即使分离多年仍能准确识别自己的直系亲属，有的马离开群马多日回到家族中以互咬鬃毛表示亲热。为了维护马群的安宁，马群内部有着明确分工。例如，儿马（公马）把时刻守护幼驹和老弱病残不受豺狼等"外敌"偷袭当作天职，恶狼来袭时拼出全部气力同狼展开搏斗，直到恶狼落荒而逃。马驹一旦远离群体，儿马一定把它找到并领回家来。无论什么情况，儿马始终不离马群，尽职尽责程度是其他畜类所不及的。马的家庭由儿马子即种公马管理，每群十几到三十几匹不等。过去蒙古人数马不用挨个数，只要数儿马子就可以了，因为儿马子是马群中的伟丈夫，它会管好整个马群，一匹马也丢不了。这一守卫群体的本能主要源于蒙古马长期恶劣的生存环境，要想生存和发展，就必须依赖于群体生活，后天严酷的生存环境更是造就了它们团结协作、相互包容的精神。

三、有助于开创民族团结进步新时代

（一）有助于促进基层农牧民就业

实现充分就业是建构和谐民族关系的基础。马产业是一个劳动密集型产业，包括饲养、护理、驯教、骑师培养、设施管理、兽医、广告发布、马会管理等环节，辐射面非常广泛，因此可以吸纳大量的就业人员。目前，全国有1500余家马术俱乐部和行业协会，每年需要专业人员约3000人，我国马产业专业人才严重供不应求。

自上世纪90年代以来，我国第一产业增加值平均每增长1%就减少126万个劳动力，第二产业增加值平均每增长1%可创造26万个就业岗位，而第三产业增加值平均每增长1%能创造100万个就业岗位。包括文化产业在内的第三产业已经成为我国吸纳劳动力就业的主渠道，对扩大就业起着越来越重要的作用。蒙古族被称为"马背上的民族"，在育马、驯马、乘马、马术表演等方面有着无可比拟的天赋。因此，通过马术专业学校对内蒙古地区青少年进行相关专业培养,成为马产业专业人才,可以有效推动内蒙古农村牧区人员就业,还能推动中国马产业快速规范发展。

(二)有助于守好和谐民族关系的精神家园

精神家园是人类安身立命的根本所在,是各民族开拓进取、团结奋斗的精神支柱与精神纽带。守好内蒙古少数民族美好的精神家园、建设各民族共有精神家园是习近平总书记对民族工作的明确要求。2014 年习近平总书记在内蒙古考察时,对做好内蒙古工作提出了"守望相助"的要求,并指出:"守,就是守好家门,守好祖国边疆,守好内蒙古少数民族美好的精神家园。"2014 年 9 月,在中央民族工作会议上,习近平总书记强调:"加强中华民族大团结,长远和根本的是增强文化认同,建设各民族共有精神家园,积极培养中华民族共同体意识。"守好美好的精神家园是促进民族团结、确保边疆安全稳定的根本保障。历史已经证明,团结稳定是各族人民的最高利益和根本福祉,只有民族团结、和谐稳定,才能实现内蒙古又好又快发展。守好美好的精神家园必须关注多民族地区文化的易变性与经济社会发展的种种关系,必须高度重视民族文化发展的连续性和统一性。要切实保护好民族文化发展的基因,充分发挥好草原文化的品牌作用。马产业与马文化融合发展对守好少数民族精神家园有重要意义。蒙古马作为一种文化符号已经受到了广泛认同,早已内化成为一种精神和象征,成为马背民族的一种文化图腾。蒙古马在 2015 年被确定为内蒙古十大文化符号之一,马文化成为草原文化的重要标识。大力弘扬蒙古马精神、尊重蒙古族群众心中神圣的蒙古马情节有助于促进民族文化认同,使得各民族更加珍视安定团结的大好局面。

(三)有助于促进深层文化认同

民心相通是建构民族和谐关系的关键所在。建设经济共同体,必须首先建设文化共同体。民族团结必须扎根于深层次的文化认同。与经济领域和政治领域相比,文化领域认同相对比较困难,存在自我认同度较高和文化

符号诸多等问题,多元文化背景下寻找具有推广价值的文化符号实属不易。

在与其他民族国家的交往实践中,蒙古马可以成为重要的沟通媒介。马不仅在蒙古族牧民心中具有神圣地位,在世界许多其他民族心中更是如此。近年来,伴随着马产业的快速兴起,马文化悄然发展。在欧洲文化中,爱马、崇马的传统由来已久,马匹被视为重要的财富,骑士被认为是贵族阶层,大街小巷树立着许多马的雕塑,与马相关的文学作品更是层出不穷。特别是在蒙古国、中亚各国,马更是备受推崇。2014 年 5 月 13 日,作为世界汗血马协会特别大会暨中国马文化节的重要活动之一,举行了"马与丝绸之路"主题论坛。习近平总书记在讲话中指出:"马在中华文化中具有重要地位,中国的马文化源远流长。建设国家需要万马奔腾的气势,推动发展需要快马加鞭的劲头,开拓创新需要一马当先的勇气。马是奋斗不止、自强不息的象征,马是吃苦耐劳、勇往直前的代表。今年是中国农历马年。中国人民正在策马扬鞭、马不停蹄,为实现中华民族伟大复兴的中国梦而努力奋斗。"土库曼斯坦总统和蒙古国总统分别将汗血马、蒙古马作为国礼赠予习近平总书记。马文化交流涵盖诸多层次,其中,弘扬蒙古马精神是马文化交流中的深层内涵,启示人们共同秉承勇猛坚毅、奔腾向前的精神,共同致力于丝绸之路经济带建设。蒙古马精神将成为"一带一路"沿线国家友好交往、打造新丝绸之路经济带的重要纽带。

四、有助于推进文化强区建设进程

民族文化需要在发展和传播中获得持续的生命力。内蒙古打造文化强区,要立足内蒙古的文化资源,提升文化效益。蒙古马文化以及其中蕴含的蒙古马精神是我们文化建设、核心价值观教育的重要资源,需要高度重视。

(一)有助于民族精神和时代精神的深度融合

民族精神和时代精神,是在历史的发展中形成的,是为大多数社会成员认同和信守的思想品格和价值准则。大力弘扬民族精神和时代精神，使全体人民始终保持昂扬向上的精神风貌，是和谐文化建设的主旋律。把握了这一点，就把握了社会主义核心价值体系的精髓。习近平总书记强调："一个民族、一个国家的核心价值观必须同这个民族、这个国家的历史文化相契合，同这个民族、这个国家的人民正在进行的奋斗相结合，同这个民族、这个国家需要解决的时代问题相适应。"蒙古马精神正是基于中华民族特别是蒙古族深厚的历史文化基础上，与蒙古族人民长期以来的革命、建设奋斗历程相结合的过程中提炼出来的，而且符合时代发展的切实需要，具有民族精神和时代精神相互统一的鲜明特点，正是符合习近平总书记所倡导的核心价值观教育资源。

蒙古马精神具有深厚的民族根基。民族精神是民族文化最本质、最集中的体现。在五千多年的历史演进中，中华民族形成了以爱国主义为核心的团结统一、爱好和平、勤劳勇敢、自强不息的伟大民族精神。作为草原文化精髓的蒙古马精神生动地体现了伟大的民族精神。在许多文学作品中，马被赋予精神意识与神奇力量，成为蒙古族的文化图腾。蒙古马精神是草原文化的形象标识与典型符号，是游牧文化的精髓，是民族精神的象征，弘扬蒙古马精神对鼓舞和引导内蒙古各族人民具有重要意义。

蒙古马精神具有鲜明的时代特点。近年来，伴随着社会主义市场经济的发展，人们思想观念的独立性增强、差异性增大，但也出现了许多值得关注的问题。以当代大学生为例，许多大学生爱国意识和民族精神淡薄，价值取向扭曲，轻视理想与信念，功利主义思想严重，盲目追求物质享受；自我中心主义严重，无视奉献与责任，同学之间互帮互助传统淡化；放弃了吃苦耐劳、勤俭节约的精神，在最能吃苦的年龄选择了安逸。我们的时代、我们的民族迫切需要这种吃苦耐劳、一往无前的蒙古马精神，弘扬蒙古马精神已成为时代的需要。此外，随着经济社会的发展，民族问题引起了越来越多的关注，民族政策也引发了越来越多的争论。如何处理民族关系？蒙古马精神可以给我们很多启发。可以讲，在战争年代，蒙古马精神是一马当先、勇往直前守卫草原的果敢；在和平时期，蒙古马精神就是各民族守望相助、吃苦

耐劳建设家园的韧性。

（二）有助于将社会主义核心价值观融入生活并落实落细

许多人将核心价值观视为高深的专业术语和抽象难懂的理论词汇，在教育形式上停留于传统的"说教"，导致社会公众对于核心价值观教育有意无意地存在着消极对待的心态：认为搞核心价值观教育应该是专业理论工作者的事情，接受核心价值观教育也是知识阶层的事情，与普通人的生活和工作没有多大的关系。针对这一问题，习近平总书记在主持中央政治局第十三次集体学习时强调要注意把我们所提倡的与人们日常生活紧密联系起来，在落细、落小、落实上下功夫，让人们在实践中感知它、领悟它。因此，培育和践行社会主义核心价值观，离不开社会主义核心价值观的形象化、日常化和具体化，只有这样，价值观才能逐渐内化为个人精神追求，外化为实际行动，收到潜移默化、润物无声的效果。

社会主义核心价值观形象化，就是把抽象深奥的社会主义核心价值观转化为生动可感的具体形象，通过生动具体的形象使人们感知、领悟、内化、效法，践行社会主义核心价值。当代作家冯骥才讲："我们正处在一个由农耕文明向工业文明转化的时期。在这样一个特殊的时期，我们的文化没有载体了，这是一个很大的问题。人们对外来的东西觉得特新鲜，把原来的东西都扔掉了。"有幸的是，蒙古马精神作为社会主义核心价值观教育的新资源，因其依托于鲜活生动的蒙古马和丰富多彩的马文化，在形象化方面有其自身不可比拟的优势，可以通过艺术形象、生活形象、自然形象、虚拟形象等途径和方式，增强社会主义核心价值观的吸引力、感染力、影响力，提高培育和践行社会主义核心价值观的实效性。例如，实景剧《千古马颂》、每年一度的那达慕中的赛马活动、小说《奇异的蒙古马》以及难以计数的以蒙古马为主题的诗歌、语言、故事等，这些使核心价值观能用群众喜欢看的形式、能够听得懂的语言表达出来，真正把核心价值观教育形象化、具体化、亲民化，在取得了很好的宣教实效的同时，也赢得了群众的真心欢迎。

五、有助于打造祖国北疆亮丽风景线的新举措

（一）有助于强化守护草原的责任意识

草原生态是人、草、畜的有机联结，其中，草原处于更具基础意义的地位。《狼图腾》一书中睿智的毕利格老人曾经深刻地讲道："在蒙古草原，草和草原是大命，剩下的都是小命，小命要靠大命才能活命，连狼和人都是小命。吃草的东西，要比吃肉的东西更可恶，你觉得被狼虐杀的黄羊可怜，难道草就不可怜？黄羊有四条快腿，平常它跑起来，能把追它的狼累吐了血。黄羊渴了能跑到河边喝水，冷了能跑到暖坡晒太阳。可草呢？草虽是大命，可草的命最薄最苦。根么这浅，土这么薄，长在地上，跑，跑不了半尺，挪，挪不了三寸，谁都可以踩它、吃它、啃它、糟践它。在草原，要说可怜，就数草最可怜。蒙古人最心疼的就是草和草原。没有草，草原上的其他都没命！黄羊成了灾，比狼群更可怕。"

马在草原五畜中是生态的灵魂，是最生态的家畜。马是单胃，大肠特别，盲肠异常发达，有助于消化粗饲料，在草原上取食牛羊不食的粗饲草，特别喜食多种针茅，对阻碍针茅植物群落扩大，减少对牛羊带来的危害，保护天然草地原始植物群落有着十分重要的作用。例如，1998～1999年，为了防治东山洪水对正镶白旗明安图镇的威胁，我们在东山进行了围封。由于马的数量急剧下降，围封区内没有马取食针茅，只有牛群在围栏中放牧，2013年该区域的植被变成了针茅草原。在锡林郭勒草原，食粪金龟子是草原重要的资源昆虫之一，有30多种，对促进有机物的分解转化、保持生态平衡具有十分重要的作用，而食粪金龟子主要以马粪为食，其次是牛粪和羊粪。

蒙古草原是非常脆弱的生态系统，正是游牧机制使它维持了几千年。所谓牧草刺激再生的机制，就是草这个东西如果不吃，反而要退化。吃完转场游牧之后，反而第二茬牧草生长力是翻一番的，这是植物学家任济周院士在祁连山北坡上做过的实验。在游牧时代，草原五畜中马的活动范围最大，

活动速度最快,马是带动游牧的,因为它喜欢喝最清澈的水、吃最清新的牧草,不会在一个地方待很久,这就保证了整个浩特(牧民和牲畜组成的社群)能够有规律地迁徙,保证了牧草的再生。此外,蒙古马吸收消化牧草的养分不到一半,剩下的一半返给草原,渗到土壤里,可促进生态循环。因此,现在很多生态学者呼吁,马群是保护和改善草原生态系统的重要功臣,想保护草原,就要保护马群。

(二)有助于指明生态文明建设方向

如何处理产业发展与生态环境保护是我们面临的紧要问题。首先,发展马产业需借鉴几千年来人与马和谐相处蕴含的生态文明价值观,增强人们尊重自然规律的意识自觉。过去我们为了提高牲畜的经济收益,无视本地牲畜的适应性,强制推广德美羊、西门塔尔牛等外来品种;为减轻草场压力,无视牲畜啃食与牧草生长之间的高度相关性,简单强制地推行生态移民,这些做法日益显现出其负面效应,值得重新审视。其次,发展马产业需破除产业发展的生态环境隐忧,这与习近平总书记反复强调"经济发展要稳中求进""改善民生要从实际出发,既要尽力而为,又要量力而行,注重可持续性"的一系列要求相同。草原生态保护绝非一日之功,也要稳中求进,要意识到草原生态保护的长期性。

(三)有助于强化和谐共生的生态理念

蒙古马所处的蒙古草原,东西跨度大,生态环境有着明显差异。海拔由东向西逐渐增高(700 米至 1500 多米),降水由东向西逐渐减少(400 毫米至150 毫米),草场类型由东向西依次变差,由森林草原到典型草原,再到荒漠草原。蒙古马拥有对多元环境的强大适应性。自然生态的差异使蒙古马形成了两大种群:一是产于锡林郭勒盟东乌珠穆沁旗和西乌珠穆沁旗的体格较大、体质结实粗糙、体躯粗壮的乌珠穆沁马,二是产于鄂尔多斯市乌审旗毛乌素沙地的体格较小、体形清秀、体质结实紧凑的乌审马,它体质干燥,善于在沙漠中驰骋。

蒙古马在草原"五畜"的和谐共生中发挥着重要作用。目前世界上有40多个国家发展草原畜牧业,大多数国家只选择2~3种草食家畜作为主要的饲养对象。与之相比,只有蒙古民族在整体上对"五畜"进行了组合利用,发挥其各自的优长。"五畜"的起源、进化离不开同蒙古高原草原生态环境的长期互动演化过程。由于"五畜"对牧草的采食方式不同,蒙古马能够与其他物种和谐共存,最大化提高草场的利用率。蒙古人在蒙古高原上主要经营的蒙古马、蒙古牛、蒙古双峰驼、蒙古山羊和蒙古绵羊能和谐共生,成就了几千年来的完美组合。这几千年形成的完美组合不仅是草原的风景,更是游牧人的陪伴。"五畜"各有其特殊的功能与意义。马作为战争、交通与放牧的骑乘,马的数量也常被用来夸示主人的身份与财富。马的功能还体现在对其他牲畜的功用上。牧人经常把马群赶到河滩草甸去践踏那些很高的杂草,让低矮的小草得以露出。不同于牛羊,蒙古马通常只吃新鲜的草尖。大雪天时,草场被大雪覆盖,牧人先放马群进去把雪踏落,然后再放羊群。它们像清道夫一样把雪踢散,让枯黄的草重现地表。当小灌木疯长时,牧人把马赶进去,让它们吃掉尖端的树芽,为树枝"平茬"和"剪枝"。有马群开路,牛和羊就可以在冬季的草原上吃到被埋在雪下的干草。当牧草金黄、草籽饱满成熟之际,牧人又让马群去奔驰、践踏,将草籽踩进泥土里,等待来年春天萌芽。

六、有助于满足人民群众日益增长的美好生活需求

党的十九大报告指出:中国特色社会主义进入了新时代,我国社会主要矛盾已经转化为人民日益增长的美好生活需要和不平衡不充分的发展之间的矛盾。社会主要矛盾的变化是关系全局的历史性变化,要求我们在继续推动发展的基础上大力提升发展质量和效益,更好地满足人民日益增长的美好生活需要。

(一)生物利用价值

广义上的马产品,除了生产马奶和马肉以外,还包括马皮、毛、血、骨、

蹄、脏器等副产品及用马胃液、孕马血清和孕马尿等生产的医药保健食品和生物医药制品。马的乳肉血皮毛等是主要产品,虽然单位产量不高,但是具有独特的生物特性,对人类健康及生活具有重要的意义。以马奶为例,德国马奶研究中心的营养学家康尼尔博士说,马奶的营养价值在各类乳品中是最高的,马奶内只含约1.5%的脂肪,比牛奶的脂肪含量少了近一倍,而且含有丰富的维生素和矿物质,容易被人体消化吸收。蒙古奶食中酸马奶是最高级的饮料,是祭祀天地神灵的必备品,富含维生素、微量元素和多种氨基酸。此外,马奶制作的马奶酒也有很好的保健作用,对胃肠心肺疾病有一定的疗效。

(二)休闲娱乐价值

马术是奥运会上唯一一项人与动物配合的项目,自北京奥运会以来,马术在中国呈加速发展之势。随着社会经济和文化生活的发展,精神文明的建设和发展也变得日益重要,市民需要更多且更加丰富有趣的体育和娱乐健身活动,而骑乘马术、马上运动及宠物马都可以满足人们的这种需求。因此,马业正在从牧区向城市转变,在大城市郊区发展以休闲娱乐为目的的现代养马业的新趋势越来越明显。此外,国内马术俱乐部和爱好者的数量都在不断增加,北京、武汉等城市的马术俱乐部已经发展得非常成熟,仅北京郊区就有200多家马术俱乐部。

(三)精神价值

蒙古马渗透于蒙古人传统文化和社会生活的各个领域,在蒙古人心目当中,蒙古马已经不是普通的动物,而是他们心灵与理想寄托的载体——一种能激励人的精神标志,一种美好人格的象征。随着城镇化进程的加速,会有越来越多的蒙古族牧民转移进城,如何守护他们心中浓厚的马文化情节,传承蒙古族马文化,这都需要我们思考。

第二章

马产业基础理论

第一节　产业的核心概念

马产业研究过程中涉及一些核心概念,为明确研究内容,增加研究的学术规范,我们对核心概念进行了界定。

一、产业

产业是指由利益相互联系的、具有不同分工的、由各个相关行业所组成的业态总称,尽管它们的经营方式、经营形态、企业模式和流通环节有所不同,但是,它们的经营对象和经营范围是围绕着共同产品而展开的,并且可以在构成业态的各个行业内部完成各自的循环。产业是社会分工和生产力不断发展的产物。它随着社会分工的产生而产生,并随着社会分工的发展而发展。它既是国民经济的组成部分,又是同类企业的集合。但是由于产业的内容十分复杂,至今尚无统一的严谨的定义。因此,对产业含义进一步给以质和量的规定是有必要的。

首先,产业是历史范畴,是伴随生产力和社会分工的深化而产生和不断扩展的。从社会分工来说,它是一般分工和特殊分工的现象。特殊分工是在一般分工基础上发生的。

其次,在社会生产力发展的不同阶段,由于社会分工的主导形式转换和不断地向深层发展,以致形成了具多层次的产业范畴。

再次,产业作为一个经济单位,并不是孤立存在的。产业和产业之间存在着极其复杂的直接和间接的经济联系,形成自变与应变之间的函数运动,使全部产业成为一个有机的系统。一个产业的存在,会成为其他产业出现和发展的条件,一个产业内部结构的变化会直接或间接引起其他产业的变化。

二、产业集群

产业集群是某一产业领域相关联企业及其支撑体系在一定地域内的发展,并形成具有持续竞争优势的经济群体。从以下几个方面把握产业集群的含义。

首先,产业集群不是众多企业的简单堆积,企业间的有机联系是产业集群产生和发展的关键。产业集群突破了企业和单一产业的边界,着眼于一个特定区域中,具有竞争和合作关系的企业、相关机构、政府、民间组织等的互动。这样使他们能够从一个区域整体来系统思考经济、社会的协调发展,来考察可能构成特定区域竞争优势的产业集群,考虑临近地区间的竞争与合作,而不仅仅局限于考虑一些个别产业和狭小地理空间的利益。

其次,产业集群观点更贴近竞争的本质,要求政府重新思考自己的角色定位,要求政府专注于消除妨碍生产力成长的障碍,强调通过竞争来促进集群产业的效率和创新,从而推动市场的不断拓展,繁荣区域和地方经济。

再次,产业集群在强化专业分工、发挥协作配套效应、降低创新成本、优化生产要素配置等方面作用显著,能提升产业竞争力。集群现象和理论适应了许多国家分权化改革后地方政府发展地方经济的需要,使得集群发展战略得到了各国和各级地方政府的认同。但由于缺乏统一的集群概念和一致的理论,以及实证研究的混乱,使得集群发展战略缺乏一个统一的框架(谢贞发,2005)。

从产业范围上看,产业集群涉及多行业多领域的产业集聚与整合;从产业形态上看,产业之间的整合、重组,产业链的延伸,也有新产业形态的形成。

三、产业链

产业链是指各个产业部门之间基于一定的技术经济关联,并依据特定的逻辑关系和时空布局关系客观形成的链条式关联关系形态。产业链的本质是用于描述一个具有某种内在联系的企业群结构,它是一个相对宏观的概念,存在两维属性:结构属性和价值属性。产业链中大量存在着上下游关系和相互价值的交换,上游环节向下游环节输送产品或服务,下游环节向上游环节反馈信息。从产业链的定义中我们可知产业链一般特性如下:

1. 产业链的功能载体是企业。产业链是由具有一定联系的、进行专业分工的上下游企业组成的。

2. 产业链中的企业可以是同一个行业的,也可以是不同行业的。在现代社会,一般来说,基础原材料供应属于种植业或者是一般的采集业。其次,产品生产设计的技术及机器属于工业,再经储藏运输,最后到市场上销售。

3. 产业链中的各个企业既相互联系,又相互竞争。他们分享共有的基础设施、技术及信息,又依靠自身获得更多的信息和技术,提高竞争力,争取在产业链的整个增值过程中分享更多的份额。

4. 产业链中的上下游企业之间不是简单地由资金、半成品和成品联系在一起的,而是一种有机组合,是一个战略联盟,其关系是极其复杂的。

5. 一般的产业链是由多条链条组合在一起的。因为在一条产业链中,可能存在多个原材料供应商,存在多个生产主体,最终产品可能有多个销售商卖出,因此一条产业链往往呈网状。

6. 产业链的最终目的是满足消费者需求,因此整个产品的生产过程是按用户需求来生产的。只有消费者购买了该产品,价值增值过程才算真正完成。

7. 产业链中包括供应链、价值链、产品链、结构链、信息链、物流链,这些是产业链的内涵链。不同的产业链,其起主导作用的内涵链是不同的。产业链是一个复合链条,起主要作用的内涵链可能是一个,也可能是两个或多个。

8. 产业链是一个价值增值过程。其存在和发展的目的是创造价值,产业链从其最基础的上游企业就开始创造价值,各个环节价值的增值程度不

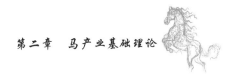

同,直到产品被消费者消费才完成增值过程。

四、价值链

价值链最早是在 19 世纪 80 年代由迈克尔·波特(Michael E. Porter)提出,迈克尔·波特指出价值链就是贯穿于企业在设计、生产、物流、销售产品等过程的集合,用价值链能够更直观地表述企业的价值创造过程。价值链上的各种活动分为两类:基本活动和辅助活动。基本活动主要包括生产作业、内外部后勤、市场销售和服务,辅助活动主要包括企业基础设施、技术开发、人力资源管理和采购。所有这些既联系又独立的活动构成了价值创造的动态过程,即价值链。

五、产业价值链

一般来说,迈克尔·波特的企业价值链包含了产品生产过程的所有活动,除了上述表述的 5 项基本活动和 4 项辅助活动以外,还应该将企业的文化价值纳入价值的创造过程中。另外,迈克尔·波特还指出价值链是表述了从原材料采购开始,到产品的完工以及最终使消费者获得产品的所有环节,供应商、企业、销售渠道、消费者共同构成了整个价值体系。企业价值链,通常包含这个价值体系中的部分环节,而链条的整体构成了产业价值链。企业的竞争力是由该企业所在产业价值链上的综合实力决定的,因此,企业与企业之间的竞争不仅是价值链中某一个环节的较量,而应该是整条价值链上所有环节的综合实力的竞争。迈克尔·波特曾经指出:消费者所期望的产品价值是由企业内部具体活动构成的,企业与企业之间的竞争本质上就是企业内部具体活动之间的竞争。企业要获得竞争优势,离不开内部价值链的高效协作,更离不开其所在产业价值链中的竞争力。

第二节 产业基础理论

一、产业集群理论

产业集群理论是 20 世纪 80 年代出现的一种西方经济理论。产业集群理论是在 20 世纪 80 年代由美国哈佛商学院的竞争战略和国际竞争领域研究权威学者麦克尔·波特创立的。其含义是：在一个特定区域的一个特别领域，集聚着一组相互关联的公司、供应商、关联产业和专门化的制度和协会，通过这种区域集聚形成有效的市场竞争，构建出专业化生产要素优化集聚洼地，使企业共享区域公共设施、市场环境和外部经济，降低信息交流和物流成本，形成区域集聚效应、规模效应、外部效应和区域竞争力。

为了提高产业生产效率，获得产业的外部规模经济，实现产业的最大利润，降低产业的空间交易成本，通过促进一二三产业融合发展，可以形成产业集群，实现规模经济效益，又可以使交易成本降低，实现产业利润的最大化。

二、产业链理论

产业链是产业经济学中的一个概念，是各个产业部门之间基于一定的技术经济关联，是一个包含价值链、企业链、供需链和空间链四个维度的概念。这四个维度在相互对接的均衡过程中形成了产业链，这种"对接机制"是产业链形成的内模式。作为一种客观规律，它像一只"无形之手"调控着产业链的形成。

随着技术的发展、现代化程度的提高，生产过程划分为一系列有关联的生产环节。分工与交易的复杂化,使得在经济中通过什么样的形式联结不同的分工与交易活动成为日益突出的问题。企业组织结构随分工的发展而呈递增式增加,因此,搜寻一种企业组织结构以节省交易费用并进一步促进分工的潜力,相对于生产中的潜力会大大增加。企业难以应付越来越复杂的分工与交易活动,不得不依靠企业间的相互关联,这种搜寻最佳企业组织结构的动力与实践就成为产业链形成的条件。

产业链形成的原因在于产业价值的实现。创造产业链是产业价值实现和增值的根本途径。任何产品只有通过最终消费才能实现,否则所有中间产品的生产就不能实现。同时,产业链也体现了产业价值的分割。随着产业链的发展,产业价值由在不同部门间的分割转变为不同产业链节点上的分割。产业链也是为了创造产业价值最大化,它的本质是体现"1+1>2"的价值增值效应。这种增值往往来自产业链的乘数效应,它是指产业链中的某一个节点的效益发生变化时,导致产业链中的其他关联产业相应地发生倍增效应。产业链价值创造的内在要求是:生产效率≥内部企业生产效率之和(协作乘数效应);同时,交易成本≤内部企业间的交易成本之和(分工的网络效应)。产业链的本质是用于描述一个具有某种内在联系的企业群结构,它是一个相对宏观的概念,存在两维属性:结构属性和价值属性。产业链中大量存在着上下游关系和相互价值的交换,上游环节向下游环节输送产品或服务,下游环节向上游环节反馈信息。

三、产业融合理论

产业融合是指不同产业或同一产业不同行业相互渗透、相互交叉,最终融合为一体,逐步形成新产业的动态发展过程。产业融合是在经济全球化、高新技术迅速发展的大背景下,产业提高生产率和竞争力的一种发展模式和产业组织形式。技术创新是产业融合的内在驱动力,技术创新开发出了替代性或关联性的技术、工艺和产品,然后通过渗透扩散融合到其他产业之中,从而改变了原有产业的产品或服务的技术路线,因而改变了原有产业的

生产成本函数,从而为产业融合提供了动力;同时,技术创新改变了市场的需求特征,给原有产业的产品带来了新的市场需求,从而为产业融合提供了市场空间。竞争合作的压力和对范围经济的追求是产业融合的企业动力,企业在不断变化的竞争环境中不断谋求发展扩张,不断进行技术创新,不断探索如何更好地满足消费者需求以实现利润最大化和保持长期的竞争优势。当技术发展到能够提供多样化的满足需求的手段后,企业为了在竞争中谋求长期的竞争优势便在竞争中产生合作,在合作中产生某些创新来实现某种程度的融合。放松管制为产业融合提供了外部条件。不同产业之间存在着进入壁垒,这使不同产业之间存在着各自的边界。美国学者施蒂格勒认为,进入壁垒是新企业比旧企业多承担的成本,各国政府的经济性管制是形成不同产业进入壁垒的主要原因。管制的放松导致其他相关产业的业务加入本产业的竞争中,从而逐渐走向产业融合。产业融合的结果是出现了新的产业或新的增长点。

第三节 内蒙古马产业融合发展理论

内蒙古马产业业态的不断丰富、基础设施不断地完善、科学技术和信息化的推广应用,为马产业一二三产业融合发展提供了必要条件。马产业从产业融合出发,以产业集群理论、产业链理论、产业融合理论为基础理论,通过马产业的一二三产业融合发展,实现产业规模效益。

一、马产业融合发展目标

通过马产业一二三产业融合发展,调整马产业结构,转变发展方式,推进供给侧结构性改革,降低生产成本,将过去分离发展的一二三产业链连接在一起,提升全产业链价值;通过一二三产业融合发展,延长马产业链,提升马产业竞争力,保障企业持续增收,为内蒙古马产业区域产业战略布局提供必要条件;通过一二三产业融合发展形成产业集群,实现规模经济效益,使交易成本降低,实现产业利润的最大化。

二、马产业融合发展模式

目前,内蒙马产业一二三产业融合发展模式有以下三种模式可以借鉴:马产业链延伸型融合,马产业与其相关产业交叉型融合,先进技术要素对马产业的渗透型融合。

(一) 马产业链延伸型融合

马产业链延伸型融合是以赛事运营和马文化传播为中心,向产业链条前后延伸,在产业上游将马匹和人员与下游的服务业、商业产品及衍生品连接起来形成全产业链。上游的马匹要素涉及保种、繁育、饲草料、马匹交易,人员要素包括兽医、骑师、练马师、修蹄师,通过中游的赛事运营载体赛马场、马术俱乐部和马文化传播载体马博物馆、实景剧、媒体传播等与下游的旅游、餐饮、马产品、马具、保险金融、文娱产品有机地联系起来,实现产供销一条龙,农工贸金融一体化的马产业链。

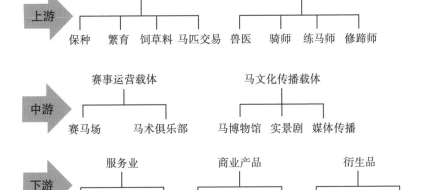

（二）马产业与其相关产业交叉型融合

马产业与其相关产业交叉型融合发展是指马产业随着发展跨越传统马产业边界,与其他产业相互融合改变产业链的过程,同时另一产业的无形要素也跨越其产业边界应用到马产业对相应功能模块进行创新产生新业态的过程。马产业与体育产业、旅游产业的交叉融合是现代马产业发展的重要特征(张海燕,王忠云,2010)。

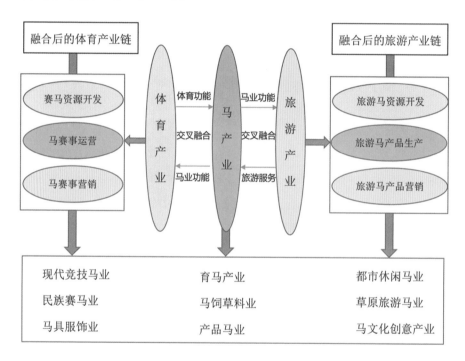

产业交叉型融合发展使马产业呈现出新的发展趋势。一是马产业与体育产业融和呈现出民族马产业和现代马产业二元一体化发展。在不断完善和发展民族赛马和马术基础上要大力宣传体育娱乐用马的社会性和经济性,建立具有民族特色的马体育赛事和娱乐项目的同时开发和培育现代马术和赛马。民族赛马业和现代竞技马业促进马具服饰产业的发展。二是马产业与旅游产业的深度融合,促进草原旅游马业的繁荣,带动都市休闲马业的发展,拉动马文化创意产业的消费,吸引国内外游客,让世界了解内蒙古,让内蒙古马产业走向世界。三是马产业由牧区向城市转移。马产品、现代马体育赛事、现代马术运动和表演将成为城市消费热点。四是传统民族赛马向现代博彩赛马转变。现代赛马是集综合博彩、体育、娱乐、募捐为一体的赛马活动。五是通过产业交叉融合使育马产业、马饲草料产业、产品马业不断升级并发挥重要作用。

（三）先进技术要素对马产业的渗透型融合

先进技术要素对马产业的渗透型融合是其他产业改变马产业链的过程。该融合过程主要是其他产业的无形要素跨越其产业边界并基于共用平台应用到马产业相应功能模块进行创新的过程。如先进的生物技术在马匹繁育、产品开发中的渗透；信息技术特别是物联网、大数据、"互联网+"、云计算、众筹等先进技术要素对马产业的渗透；先进管理技术要素对现代赛马业的渗透，其中包括现代马赛事的管理与运营、博彩赛马等。马产业正在主动跟上先进技术发展的步伐，融入科学技术和信息时代。马产业与生物技术产业、信息技术产业、管理技术产业融合主要是生物技术、信息技术、管理技术在马产业中的渗透和扩散，催生马产业"新产品"和"新业态"，改变马产业的营销模式和服务质量。先进的技术要素已经成为推动马产业转型与变革的重要方法、工具和有力载体。

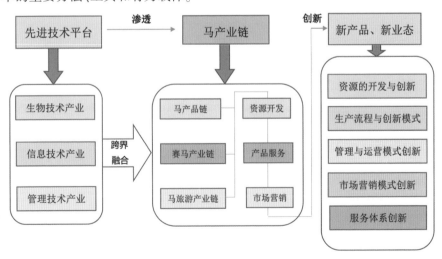

先进技术要素对马产业的渗透型融合表现为先进技术要素的创新、扩散、发展与融合,带动传统产业发生变化和创新。先进技术要素应用的广泛程度和深度影响着对马产业创新的力度,马产业对先进技术要素的吸收能力和与先进技术要素的关联程度也影响着产业间技术融合的程度。比如信息技术的快速推广应用,既模糊了一产业与二三产业间的边界,也大大缩短了马产业供给与需求双方之间的距离。信息技术的渗透性、带动性、倍增性、网络性和系统性等特点推动了信息产业带动马产业的融合发展。带动性使信息产业更容易成为融合产业中的主导产业;倍增性使信息产业得以低成本扩张,加速产业融合。这就使得互联网+农业、农业电商、农业众筹、在线租赁等方式成为可能。

第三章

马产业发展历史及特点

第一节　马产业发展历史

马,作为特殊家畜,既具有普通家畜的产品功能(如马肉、马奶、马油等),又具有物质文化与精神文化传承的载体功能(如骑乘表演、赛事竞技等),并有随之产生的涉及多业态的巨大社会经济推动作用。所以,根据马产业特点,按时间序列能系统地将马产业发展描述为"基于功能实现—技术壁垒攻关—物质产品文化传承—多维业态产业构建—社会价值经济效益"的发展过程。

一、古代马产业发展

我国养马历史悠久,至今已有五千多年。马在我国古代起到了很重要的作用,无论是军用、役用、娱乐用,马都对社会的发展和进步起到了不可或缺的作用。在我国西周时期,马就在交通运输和军事活动中起着重要的作用。在《周礼》中,已经有了很详细的有关于马繁育方面的记载,而且当时已经出现了专职管理养马的政府机构——马政,建立了驿传制度,这个制度一直延续到明清。随着人们对马的了解和驯养术的提高,春秋时期,开始出现了很多相马大师,"伯乐"就是那个时代的杰出代表。战国后期到秦王朝建立以后,国家大量引进北部良马。引进方式主要有两种,一是战争夺取,二是通过贸易交换。随着秦国的强大及秦王朝的建立,良种马不再局限于西部,而主要是来源于北部蒙古马。西部马主要用来驾车,属挽型马;而北部蒙古马主要用于骑兵的骑乘,属骑乘型。西汉的汉高祖刘邦非常重视马政,开始了我国第一个马政的改革。到了武帝刘彻,对马匹的军事应用达到了登峰造极,更是发起了国战夺取汗血马,还成立了迄今已有两千多年历史的军马场,现名山丹军马场。此外,在西汉末年出现了击鞠运动,也就是我们现代称为"马球"的马上运动。初唐时期到盛唐时期是马球缓慢兴起到蓬勃发展的鼎盛阶段。从唐代大量的壁画，出土的陶俑、器皿上的彩绘马球图可见一斑。唐朝还有繁荣的马匹贸易，当时突厥马和蒙古种马被引入唐朝。那时，还有一个特别神奇的马——"舞马"，一种能跳舞的马也被当作贡品用于权贵享乐。宋代出现了我国最早的家畜（马）尸体解剖机构——皮剥所，这对马业的研究起到了科学的推动作用。明清是中国历史上马政规模最大、机构最完整、管理最规范的时期。

中国作为历史悠久的养马大国，早在古代各种马术项目就丰富多彩。随着时代的发展，现代马术也在发生演变。人们通常把以马为主体或主要工具的运动、娱乐、游戏、表演统称马术，它是千百年来中国劳动人民对马文化认识的结晶。在中国，由军事、生产和由此发展而来的马术运动历史悠久、种类繁多。中国商周时期，"御"（驾驭车马）即六艺之一，春秋时期赛马已十分盛行，马术运动在唐代已达到较高水平。至于马球运动，汉魏时期已有记载，是当时最具代表性的运动。

马产品特别是马奶酒在我国也具有悠久的历史。据专家考证，奶酒起源于春秋时期，自汉便有"马逐水草，人仰湩酪"的文字记载，极盛于元，流行于北方少数民族已有两千多年。奶酒是历史悠久的传统佳酿，一直承担着游牧民族礼仪用酒的角色。奶酒，蒙古语称"阿日里"。相传早在元朝初期，漠北处于大动乱、大变革时期，当时的蒙古各部落七零八落，部落之间较量实力，各选君主。刚满17岁的铁木真继承了父亲的遗志，骑上战马，挥旗重建家园。铁木真的妻子在家里，一面思念远征的丈夫，一面制作奶食品。有一天，她在烧酸奶时，锅盖上水珠流到了旁边碗里，她嗅到特殊的奶香味。一尝味美、香甜，还有一种飘飘欲仙的感觉，她渐渐地在生产生活中掌握了制酒的工艺，并简单地制作了酒具，亲手酿造。在铁木真做大汗的庆典仪式上，她把自己酿造的酒献给丈夫成吉思汗和将士们，大汗和众将士喝了以后，连声叫好。从此，成吉思汗把它封为御膳酒，起名叫赛林艾日哈。每当蒙古族向您敬献哈达和奶酒时，是对贵客的最高礼仪。奶酒便成为蒙古族接待上宾的必备佳酿。

二、现代马产业发展

1949 年中华人民共和国成立以后,我国的马术运动得到重视。20 世纪 50 年代末,国家决定在全国范围内开展马术运动。1979 年中国马术协会成立,1982 年加入国际马术联合会,1983 年起恢复了全国性马术竞赛活动和奥运会三项赛(盛装舞步赛、超越障碍赛和三日赛)及民间民族马术运动。现代马术主要包括竞技马术、赛马、民族民间马术、马戏、旅游马术、文化娱乐马术、医疗马术和军事马术。赛马则指以竞速为目的的各种距离的平地赛马、跨栏赛马和障碍赛马以及轻驾车快步赛、长途耐力测验。赛马分为传统赛马和现代赛马两种。传统赛马经费为政府和集体投入,观众只娱乐助兴饱眼福。现代赛马与形形色色的传统赛马不同,它是一种把商品社会的利润法则引入其中,集体育、娱乐、博彩、募捐于一体的赛马活动。

我国的现代赛马活动,始于 19 世纪 60 年代,到了 20 世纪 30 年代,除了香港的赛马业迅速发展外,上海有 2 个跑马厅,天津有 3 个跑马场,全国的赛马场逐步发展到 20 多个。上海跑马厅在中华人民共和国成立前曾一度成为亚洲最大的赛马场。1952 年 8 月举行"八一"建军节 25 周年运动大会上,进行了赛马比赛,1959 年举行的第一届全国运动会,来自 13 个省市的 226 名选手参加角逐。1960 年举行了全国马术锦标赛。但是,由于历史的原因,自此之后至 1982 年之前,我国再也没有举行过赛马比赛。1982 年,我国申请加入了国际马联。从当年起每年举行一次全国马术锦标赛,赛马被列入全国锦标赛正式比赛项目。

随着经济水平,现代交通工具的普及、草原的退化、马群的日渐减少,游牧民族的传统生活方式和马背文化、传统体育正面临着严峻的考验。受现代体育方式方法的各种宣传手段所影响,促使草原体育曾边缘化趋势发展。人们生活水平也在不断提高,牧民所生活的牧区已经逐步趋向于定居形式,并普及圈养模式,人们的生产方式离开原有特定的模式,生活方式也发生了很大的变化,许多传统体育器材也难以有立足之地,这些现实状况同样影响

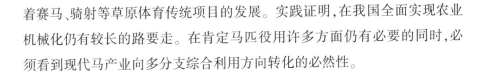

着赛马、骑射等草原体育传统项目的发展。实践证明,在我国全面实现农业机械化仍有较长的路要走。在肯定马匹役用许多方面仍有必要的同时,必须看到现代马产业向多分支综合利用方向转化的必然性。

第二节　马产业的特点

马业,有传统马业与现代马业之分。从第二次世界大战到现在,是传统马业向现代马业的转变时期。发达国家已基本完成马产业的转型,中国同其他发展中国家一样正处在由传统马业向现代马业的转变时期。现代马业,以马匹使用功能的转变并产生巨大的社会效益和经济效益为特征,正在成为社会发展的主流产业。随着社会经济的发展,传统马产业向集经济、文化、体育、娱乐为一体的现代马产业转变。

改革开放后,我国农业机械化的推进速度加快,交通运输迅猛发展,马从运输主要动力退居为辅助动力,现代马业逐步兴起。目前,内蒙古马产业处于传统马产业向现代马产业过渡时期,即从育马、养马、拍卖、赛马、马术、马文化的传统单线条产业链逐步向集体育休闲、体育竞技表演、餐饮、服装、电子商务、酒店等行业的综合产业链转变,但由于传统马文化与产业推进不同步,导致赛马产业消费者较少。大多数人对现代赛马缺乏了解、缺乏热情,市场需求少,使赛马产业缺乏动力和资金。

一、传统马产业及其特点

马大约在五千年前被人类驯化利用。当人类真正驯化并利用了马匹之后,才逐渐认识到"速力"——这个马所拥有的特点的重要价值。马的这种特点正可以用来弥补人类自身不足和社会发展的需要。马是自然进化中速度与力量结合的最完美形式。马与人的组合,也是人与动物在历史长河中

最成功、最持久、最完美、最壮阔的组合。同时,马还具有聪明、对人忠诚的特点。马的这些特点在过去主要用于役用并形成了传统马业,其主要特点如下。

(1)以速度和力量为特点的役用,战马是主导角色

过去几千年,马是社会生产力的重要组成部分。战敌卫国、交通运输、牧羊农作都以马为主导。人类自从利用了马,历史发展才进入了快速路。马的多少代表国家的强盛,马与兵是国家实力的象征,于是就有了"千乘之国""兵马乃强国之本"之说。

(2)具有完备的"马政"系统

世界各国古代马政的形式虽然不同,但中心内容一样。由于马对国家的重要作用,国内外统治者都把马匹同人一样纳入政管体系,设有专职官员管理马政。夏商时期设有"牧师""牧正"掌管马政;周朝设有"夏官"、下有"校人"(马匹管理)、"质马"(鉴定马匹)、"巫马"(兽医)、"圉师"(调教饲养)等官员,建立了比较完整的马政体系;秦朝设"太仆",列为九卿之一;汉朝设有"太仆卿",是朝廷最高的马政官,至三品;北齐设立"太仆寺",是马政最完备的管理机构,掌管马政和牧政,以后各朝代多用此设置。在欧洲,特别是英国,中世纪以来把"骑士教育"列为政管体系,强调"人马合一"的理念。儿童从7岁开始进行骑士教育,不但在骑术上,还从思想修养上、道德上、忠诚上进行训练,这对现代马业在欧洲的发展起到一定的铺垫作用。

(3)马匹品种的培育和分化

由于社会功能的需要,人类经过长期有目的的培育,形成了约300个马品种。如以力量为主的有俄罗斯重挽马、比利时重挽马、英国夏尔马等;有以速度为主要培育目标的乘用马种,如英纯血马、阿拉伯马、阿哈马(我国古时称汗血马)等。在英国机械化不发达时期,还专门培育出了在煤矿业中适于坑道运煤的体高1米左右的设特兰矮马。

二、现代马产业及其特点

传统的养马业为人类提供了多种服务,如农耕、国防、运输、骑乘、邮政、

伐木等。随着社会的不断发展、机械化的普及,马作为动力的功用逐渐淡出人们的生活,更多的是马产品的开发(结合雌激素、孕马血清促性腺激素、马脂、马肉、马乳等)和运动用马(速度赛马、骑乘娱乐用马等)的培育,马业发展进入了新时期。

(一)传统马业与现代马业共同繁荣

目前,中国马业处于由传统马业向现代马业转型时期,但并不是传统马业消失、现代马业一枝独秀。目前,牧民家庭那达慕、苏木那达慕、旗县那达慕、盟市那达慕等不同层次和不同规模的那达慕纷纷登场,草原旅游、民俗旅游越来越受到广大群众的喜爱,牧民养马积极性空前高涨。这些均表明,传统马业与现代马业两者共同发展、相互渗透、共同繁荣。

(二)现代赛事与马术表演共同发展

随着运动马产业的快速发展,现代运动马赛事也越来越多。障碍赛、速度赛、盛装舞步赛、绕桶赛、轻驾马车越来越多地走入人们的生活。同时,传统的马术表演,如马队仪仗、马上叼羊、马上捡哈达、马上叠罗汉、马上杂技等也在各地繁荣发展,成为休闲娱乐的重要内容。因此,传统马术表演与现代运动马赛事以不同的风格、不同的形式满足了人们生活休闲娱乐多样化的需求,共同推动着中国传统马业与现代运动马业的快速发展。

(三)地方品种保护与优良品种引进协调发展

中国历来是马品种的发源地,内蒙古四大名马、新疆伊犁马等都具有优良的性状和无可比拟的优势。近年来,受国际运动马产业发展的影响,国内许多地方政府、社会团体、学者建立了我国特有马品种保护区,使马匹品种得到纯化,种群得到恢复。同时,马业人士从国外大量引进优良马匹品种,积极开展马匹繁育。如内蒙古马业协会在巴音锡勒建立的育马场,培育的太阳花马已具有一定的种群基础,不久的将来即可培养成为优良品种。

（四）人才行业培养与专业培养相辅相成

随着我国运动马产业的迅速发展,专业人才匮乏的问题日渐凸显。目前,马产业人才培养的主要渠道有俱乐部行业培养和学校专业培养两种模式。俱乐部培养的人才有较强的实践技能,但缺乏系统的理论基础;学校培养的人才既有系统的理论知识,也有很强的实践技能,同时还具有管理协调等优势,但是学校受招生规模等限制,培养数量有限。只有发挥俱乐部与学校各自的优势,建立运动马产业人才行业培养与专业培养联动机制,才能满足我国运动马产业的人才需求。

（五）参与国际赛事与组织国内赛事齐头并进

近年来,许多国内俱乐部采取在国外寄养训练、参加国外赛事的方式来培养骑手、练马师、马房管理等人员,也有许多马业爱好者成为国外马会会员。同时,国内运动马各项赛事呈几何级数增加,而且赛事的规模、层次、国际化程度亦不断提升,组织管理的水平也不断规范,吸引了大批国际友人来我国参加运动马各项赛事,加快了我国运动马产业规范化、国际化发展的进程。

（六）马文化挖掘与马文化建设协同发展

伴随着运动马产业的兴起,各地越来越重视马文化的挖掘与整理,如镶黄旗的蒙古马文化博物馆、太仆寺旗的御马苑马文化博物馆等,对于传承马文化有着重要意义。另一方面,许多城镇在建设规划中体现了大量的马元素,如雕塑、主题公园、马具艺术品等。各马术俱乐部、马业协会及各项赛事也是宣传马文化的主阵地。因此在挖掘整理马文化的同时,积极推进现代马文化建设,必将推动我国马文化的繁荣发展。

（七）政府引导与马业协会管理协调并进

目前,各级马业协会有效地引领着中国马业向规范化、专业化、国际化方向发展,并且为今后中国马业发展制订了发展纲要,建立了育马基地。同时,各级政府亦越来越重视马业发展,从政策、资金、科研、竞技赛事、设施建设等方面给予了更多的关注与支持。因此,在政府的引导下,加强协会的管理职能,使中国运动马产业驶上快速发展的轨道,这是运动马产业发展的必然趋势。

(八)科技创新与规范管理协同发展

中国运动马产业的发展,既要尊重历史传统,又要适应现代运动马产业发展的客观规律。因此,在品种保护、引进、改良与繁育,疾病防治,饲养训练,赛事组织管理与马具服饰制作等方面要进行创新,构建具有中国特色的运动马产业发展新体系,探索产业升级途径,推动运动马产业集群发展。

第四章

国外马产业发展现状及趋势

目前,世界许多发达国家的马产业已非传统的役用马业,在经历了转型期后,都积极拓宽马的社会应用领域。如运动马产业现为许多国家和地区重要的经济增长点。此外,许多国家还将马产业引入治疗、影视、展览及广告宣传领域,让更多的人能接近马。现代马产业综合了文化、体育、竞技、休闲等,是一种新型第二产业,内容十分丰富,包括赛马、马术、马车赛、育马、马具服务业等,集高端、自然、时尚于一身,延伸出十分丰富的产业链条。

现在国际马产业的发展模式主要分为四种:以美国为代表的休闲骑乘马业模式,以日本为代表的赛马业模式,以德国为代表的马术业模式和以俄罗斯为代表的产品养马业模式。马业发展经历了漫长的过程,传统的养马业为人类提供了多种服务,如农耕、国防、运输、骑乘、邮政、伐木等。随着社会的发展、机械化的普及,养马业逐渐转化为现代马业,即非役用马业,其成功经验对我们具有一定的借鉴意义。

第一节　世界马产业概况

一、世界马匹分布

根据联合国粮农组织(FAO)统计,2014 年世界 180 个国家和地区共有马匹约 5891.3 万匹;马匹数量在 100 万匹以上的国家有 9 个,共有马匹约 3988 万匹,占世界总量的 67.70%;马匹数量在 50 万匹以上的国家有 10 个,共有马匹约 640 万匹,占世界总量的 10.86%(见表 4-1、表 4-2)。

表 4-1 马匹数量在 100 万匹以上的国家

国　家	数量(匹)	占世界总量(%)
美　国	10260000	17.42
墨西哥	6355000	10.79
中　国	6027400	10.23
巴　西	5450600	9.25
阿根廷	3600000	6.11
蒙古国	2995754	5.09
埃塞俄比亚	2033115	3.45
哈萨克斯坦	1784500	3.03
俄罗斯	1374847	2.33

注:数据来源于联合国粮农组织统计

表 4-2 马匹数量在 50 万匹以上的国家

国　家	数量(匹)	占世界总量(%)
哥伦比亚	821852	1.40
苏　丹	788509	1.34
古　巴	773900	1.31
秘　鲁	743000	1.26
印　度	630000	1.07
罗马尼亚	548245	0.93
塞内加尔	545242	0.93
马　里	527970	0.90
委内瑞拉	522000	0.89
海　地	500000	0.85

注:数据来源于联合国粮农组织统计

20 世纪初期,全世界马匹数量约为 1 亿,其中俄国就占到了三分之一,主要用于农田作业和交通运输。自从世界范围内的工业机械化革命以后,这种面貌出现了改变,马产业逐渐开始淡出了大街小巷。第二次世界大战以后,世界各国的马匹数量都有所锐减,尤其是德国、英国、法国、奥地利和匈牙利等欧洲国家的马匹数量更是大幅减少。直到 20 世纪中叶,世界马匹数量才基本保持稳定。据联合国粮农组织统计,在近半个世纪以来世界马匹数量基本上在 6000 万上下波动,如图 4-1 所示。

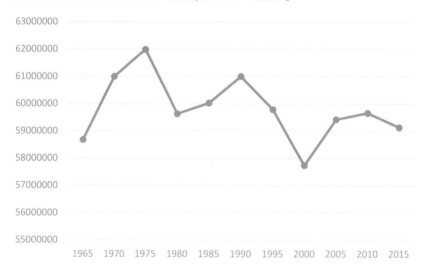

图 4-1　世界马匹数量变动

注:数据来源于联合国粮农组织统计

二、世界马产业现状

自从马逐渐退出肉畜和役用的行列后,大部分国家的马匹数量都有不同程度的下降。20 世纪中期以后,世界马匹数量逐渐稳定在 6000 万匹左右,各个马业发达国家都积极拓宽利用马的渠道,将马逐渐引入赛马、马术竞技、表演和娱乐等领域,顺利实现了马社会角色的转型。早在 20 世纪 80年代,我国马匹数量就达千万以上,品种繁育工作广泛开展,极大地推动了马产业发展的进程。

目前,全世界实行纯血马登记的国家和地区共有 67 个,合法投注的赛马场 2000 个,世界马产业基本进入了平稳发展时期,马匹数量基本稳定。最近 5 年,由于受资源紧缺和劳动力成本上涨的影响,马产业发达国家的赛马业出现了小幅下滑的趋势。然而,中国劳动力资源充裕,马匹数量 700 多万,这些都为我国马产业发展提供了挈机。

(一)赛马业

现代赛马起源于英国,有近三百多年的历史,所用马匹均为育成于英国的纯血马。赛马可以细分为平地赛(沙地/草地)、越野赛和驾车赛。截至 2007 年,国际纯血马委员会成员共有 69 个国家和地区,其中亚洲 17 个,欧洲 30 个,美洲 17 个,非洲 3 个,大洋洲 2 个,而这些国家的 GDP 也基本排在世界前 100 名。由此可见,经济发达的国家大都开展商业赛马,而且商业赛马也有利于促进本国经济和马产业的良好发展,二者是相辅相成的关系。

(二)马术竞技

马术运动历史久远,古代奥林匹克运动会上主要进行双马并驾或驷马联驾的战车赛。现代马术起源于欧洲,主要包括盛装舞步、障碍赛和三日赛。自从 1896 年首届夏季奥运会举行之后,跨越障碍赛早在 1900 年就成为巴黎夏季奥运会上的项目。1912 年斯德哥尔摩夏季奥运会上,盛装舞步、障碍赛和三日赛一起被列为奥运会比赛项目。

初期,瑞典、荷兰、法国、比利时等国的马术竞技处于领先地位。不过,当时参赛的选手仅为男士,且必须是在役军官。1952 年,国际奥委会取消了该限制条件,极大地推动了世界马术竞技比赛的普及。自此,马术才成为男女同场竞技的比赛项目,美国、德国、意大利、日本等国的马术水平都有了较大程度的提高。

(三)休闲娱乐

在所有与马相关的产业中,休闲娱乐业所占的比重最大。以美国为例,

2007 年马匹数量为 920 万,其中赛用占 9%,娱乐占比大于 40%。由此可见,马在这些发达国家已基本从农业和交通转向了娱乐和竞技,真正实现了马的社会角色转型。

(四)马科学研究

马作为世界物种之一,其科学研究涉及马的遗传、繁育、营养、疾病以及艺术等多个方面。早在 20 世纪 30 年代,各国科学家纷纷利用考古化石证据将马的化石链追溯至五千多万年前始新世的始祖马,成为所有哺乳动物进化研究中的典范。

目前,世界马业发达国家大多设有专门的马研究机构,从事与马各个方面的研究工作。1995 年,国际马基因图谱研讨会在美国肯塔基州的列克星顿召开,开始制订马基因组研究计划,准备用十几年完成其基因图谱绘制工作,目前仍在进行中。此外,近几年马的身影也频频出现在文化、旅游、影视、医疗等领域,整体推动了世界经济文化的发展。

第二节　世界部分国家马产业现状

一、美国马产业现状

美国是世界上拥有马匹数量最多的国家。马在美国一直是自由、力量、美丽和高贵的象征。16 世纪,马是美洲土著文化的组成部分。到 20 世纪初,虽然有了汽车等现代化交通工具,但马在农业、娱乐业、商业、体育和游戏等方面扮演着新的重要角色,马文化与马产业的融合对美国经济做出了重大贡献。如表 4-3 所示,把美国马产业分为赛马、娱乐、竞技、传统工作及其他五个方面,其中其他主要包括情感培养、医疗等。2017 年,马产业直接为美国经济贡献约 500 亿美元，考虑到涟漪效应，其贡献总额约 1220 亿美元，贡献比率依次为赛马、其他、竞技、娱乐和传统工作，分别占 30%、28%、23%、15% 和 4%；马产业直接提供约 98 万个就业岗位，考虑到涟漪效应，共提供约 170 万个就业岗位，各产业的贡献比率与各产业创造价值相似；参与马匹约 709 万，依次为娱乐、竞技、赛马、其他和传统工作，分别占 44%、17%、17%、14% 和 8%。

表 4-3　2017 年美国马产业分布

产业种类	创造价值（亿美元）				提供工作岗位（万个）				参与马匹数量（千匹）			
	直接	间接	合计	比率（%）	直接	间接	合计	比率（%）	会员	非会员	合计	比率（%）
赛马	156	210	366	30	24	23	47	28	775	449	1224	17
娱乐	75	105	180	15	16	11	27	16	1455	1687	3142	44
竞技	118	165	283	23	24	18	42	24	943	285	1228	17
传统工作	19	27	46	4	4	3	7	4	320	217	537	8
其他	132	213	345	28	30	17	47	28	758	201	959	14
合计	500	720	1220	100	98	72	170	100	4251	2839	7090	100

注：数据来源于美国马业协会 2017 年统计

二、日本马产业现状

日本马产业发展史基本是一部赛马业发展史,其赛马业管理制度十分完善,赛马产业链十分完整而又细致,无论是赛事总数或赛事等级都处于全球领先水平,其赛事场次仅次于居世界首位的美国,与澳大利亚并驾齐驱,赛马博彩规模居世界第一。日本赛马会(包括中央赛马会和地方赛马会)不仅举办赛马,而且也进行马匹繁育与养殖,同时注重通过骑马、马术活动等普及马文化,让更多的人了解马。

(一)赛马业

日本赛马会包括中央赛马会(operated by Japan Racing Association,简称JRA)和地方赛马会(operated by Local Governments,简称 NAR),中央与地方各司其职,形成一体化格局。

1. JRA

JRA 所运营的 10 个赛马场中有 8 个可举办平地赛与障碍赛,其余 2 个仅举办平地赛。每年大约有 288 个重要比赛日(原则上只限于星期六、星期日,节假日在某种程度上作为例外可允许进行比赛,也有在紧急情况下改在平日举办的特殊规定),共计超过 3600 次赛马场次。

表 4-4 2016 年 JRA 举办的赛马统计表

赛马种类	赛马次数
障碍赛	3326
平地赛	128
合　计	3454

注:数据来源于日本 2017 年赛马业报告

根据日本赛马法律的规定,中央赛马实行国库缴纳金制度,2016 年,JRA 将马彩销售额的 75% 分配给获胜的投注者,剩余的 25% 中,有 10% 支付给了国库,剩下的 15% 分配给了运营费用和奖金。如果在财政年度结束时还有剩余利润,其中的 50% 也将支付给国家政府。

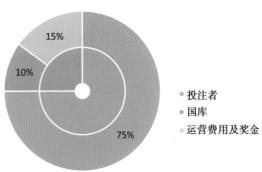

图 4-2　JRA 马彩销售额的分配

注:数据来源于日本 2017 年赛马业报告

2. NAR

与 JRA 组织的比赛最大的不同之处在于,NAR 将其博彩收入的 25% 上缴给了当地政府。此外,大部分地方政府举办的赛马大会在工作日白天举行。所有由 NAR 举办的比赛都是在泥土表面进行的平地比赛。如图 4-3 所示,2016 年,NAR 共举办 12892 场平地赛。

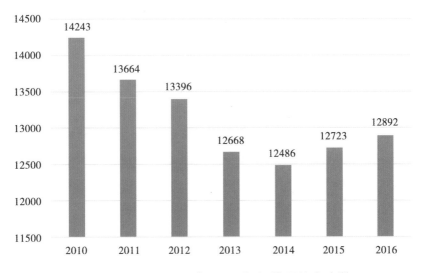

图 4-3　2010~2016 年 NAR 组织的平地赛次数

注:数据来源于日本 2017 年赛马业报告

2016 年,NAR 将马彩销售总额的 73.5% 分配给投注者,24.8% 分配给组织者作为经营费用和奖金,0.4% 分配给地方政府,0.1% 分配给日本金融公司市政企业(JFCME),这是一个政府资助的公司,为地方政府提供低息融资。

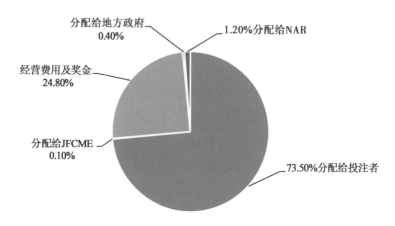

图 4-4　NAR 马彩销售额的分配

注:数据来源于日本 2017 年赛马业报告

(二)赛马产业链

日本 JRA 打造了养马场、训练中心、赛马场、休闲娱乐服务、赛事媒体转播、博彩等马产业链,积极推广日本赛马文化。JRA 的赛马场的软、硬件设施都十分齐全,致力于为赛马爱好者提供最好的服务。JRA 将一部分旧赛马跑道改建成游乐设施,在运营正规赛事的同时提供休闲娱乐场地,并区分吸烟和禁烟观赛区域,配备优质的媒体转播硬件设备,全方位构建休闲娱乐的硬件设施。在软件服务方面,为提高信息服务质量,优化赛事转播系统,JRA 为客户提供一系列服务,包括为赛马初学者提供基础课程等。

日本积极拓展赛马周边产业,推广赛马文化。JRA 于 1982 年在白井市建立了 JRA 赛马学院(JRA Horse Racing School),所有想要获得骑师资格的赛马爱好者都必须在这里学习。JRA 还将历史悠久的赛马场改造成了 JRA

赛马公园,不仅经营赛事,还举办各种赛马表演活动来加深人们对赛马的认识。除此以外,JRA 还设立了 JRA 赛马研究机构、训练农场、赛马化学实验室和赛马博物馆。

三、英国马产业现状

英国马文化是上层社会的贵族文化,代表着骑士精神,积淀着西欧民族远古尚武精神的某些积极因素。马文化传承至今,代表的是绅士风范和高雅的全民参与的文明娱乐大众活动。如今,英国马产业已发展成为世界级产业,拥有独特的英纯血马检测机构,最先进的训练设施和最优秀的驯马师、骑手及育马专家。因此,英国也培养出了世界上高品质的英纯血马。

马产业在英国是仅次于足球业的第二大体育产业,如表 4-5 所示,2015年马产业的经济影响为 70 亿英镑,产生骑手、马工、驯马师等直接就业岗位50000 个和外围产业就业岗位如赛马场餐饮、马匹运输、兽医等 150000 个,经济贡献率如图 4-5 所示。

英国拥有约 100 万匹马,每年的总产出约 38 亿英镑,全日制就业人数约200000 人。英国是世界上质量最高的马产业国家之一,在国际上,是公认的马专业知识的主要来源,英国由此出口市场的海外贸易目前价值超过 5 亿英镑,并在不断增长。

表 4-5 2015 年英国马产业的经济影响

年度	经济影响(亿英镑)		就业岗位(个)	
	直接	考虑间接总计	直接创造	间接创造
2015 年	70	345	50000	150000

注:数据来源于英国马业协会统计

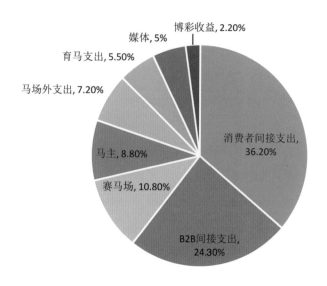

图 4-5 2015 年英国赛马业的经济贡献率

注:数据来源于英国马业协会统计

四、法国马产业现状

法国历史悠久的马文化如同其他传统文化一样,已成为法兰西文化的一个重要组成部分。这种马背上的文明在整个欧洲文化中占据着非常重要的位置,骑士精神是中世纪欧洲上层社会的贵族精神(骑士曾是正义和荣耀的化身)。现在马背上的历史已随着时间的流动翻了页,但文化所留下的历史影响仍然存在。巴黎街头随处可见的青铜骑士塑像——坚毅的面孔、身穿铠甲、手持利剑,在这个城市古建筑群里高高伫立。法国人爱马、乐马。现如今,法国的马养殖、马术、赛马和马文化已经连成了一条完整而具有活力的产业链。据统计,法国马术联合会约有 690000 名成员,各地约有 8900个马术中心、241 个赛马场,每年共举办约 18000 场赛马和 100000 场马术比赛,每年由马活动产生约 140 亿欧元交易额。

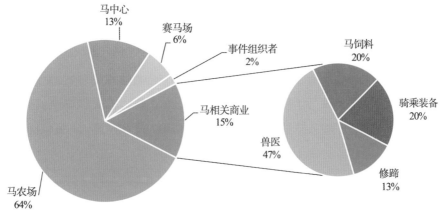

图 4-6　2009 年法国与马相关的企业分布

注:数据来源于 Cressent and Jez,2013

如图 4-6 所示,2009 年,法国共有 53300 家与马相关的企业,其中 64% 与马农场有关,15% 是与马相关的商业。据估计,法国马产业整体收入 123 亿欧元,其中,15 亿欧元来自农业活动,马彩销售共计 95 亿欧元,其中超过 70 亿支付给赌注者作为奖金,如图 4-7 所示。法国赛马收入很大程度上超过了其他细分市场。

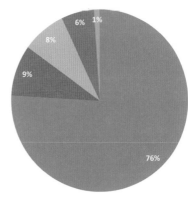

图 4-7　法国赛马集团收入分配图

注:数据来源于 Cressent and Jez,2013

五、澳大利亚马产业现状

纵观澳大利亚历史,马文化几乎渗透在马术运动的各个领域,大部分澳大利亚人尝试过各种马术项目。在澳大利亚,40%的骑手从事于场地障碍、盛装舞步、三项赛、牧人竞技、耐力赛、马球、休闲骑乘等领域,而60%马界从业者都和赛马相关。澳大利亚的赛马场比世界上任何一个国家的都多,可以说每个城市的市中心都分布着大型的赛马场,各个省和乡村还建有许多中小型赛马场,总体数量在550家左右。对于澳大利亚人来说,赛马的意义不仅仅是体育竞技。澳大利亚赛马产业链条十分丰富且在赛马行业的发展中不断细化和延伸。看似简单的赛马运动可以延伸出多个细分产业,且产业链的行业跨度很大,以赛事为核心,涉及从上游畜牧业到下游服务业、博彩业等多个行业。

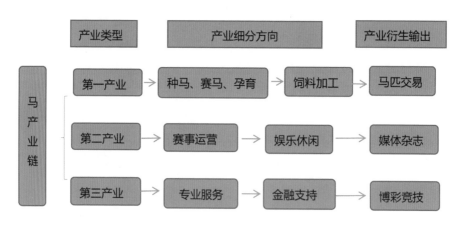

澳大利亚马产业链

注:本图来源于澳大利亚马产业委员会2010年报告

2010年,马产业对GDP的贡献超过63亿美元,如果志愿劳动者创造的价值也考虑进去,对GDP的贡献约有80亿美元。如图4-8所示,约31亿美元直接用于马匹支出,分配在饲养、繁育、场地和培训等方面;人类活动支出约24亿美元,一半以上是劳动力支出;与马产业相关的商业支出约8亿美元,相当大的比例是观众在食品和饮料上的支出,马匹运输也是一项大的支出。繁育、竞赛和马彩对 GDP 的贡献约 39 亿美元。对于澳大利亚人来说,赛马的意义已远远超过了体育竞技,一百多年来,它更是一种各个阶级、不同领域的人交流和融合的方式,一场时尚的盛宴,一次酣畅淋漓的狂欢。

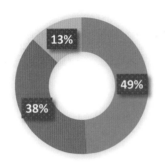

- 马匹支出31亿美元
- 人类活动支出24亿美元
- 商业支出8亿美元

图 4-8　澳大利亚马产业支出分配图

注:数据来源于澳大利亚马产业委员会 2010 年报告

六、韩国马产业现状

如图 4-9 所示,2016 年,韩国的马匹进口总额为 2520 万美元(或 884 匹)。如图 4-10 所示,比赛用纯血马是进口最多的马,其次是纯种马和其他品种马(主要是盛装舞步、休闲骑行用马)。

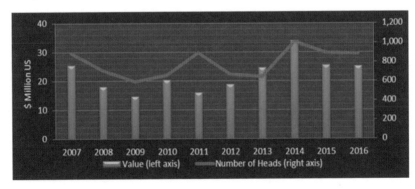

图 4-9　韩国进口马匹数量和价值

注:数据来源于 Korean government/korea International Trade Association (http://stat. kita. net)

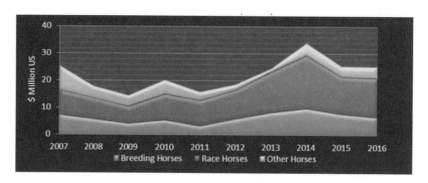

图 4-10　韩国进口马匹分类

注:数据来源于 Harmonized Tarrff Codesof South Korea(HSK)

(一)赛马业

韩国赛马市场一直由纯血马赛马业主导,并由韩国赛马管理局(KRA)管理。KRA 在纯血马比赛中保持着非常稳定的业务,每年产生大约 70 亿美元的博彩收入。由于投资回报率高,当地纯血马产业愿意投资来提升当地纯血马赛马的素质,尤其是从国外引进优质基因。KRA 拥有管理赛马和相关产业的独家权力。KRA 目前经营三家韩国赛马场:首尔赛马场、釜山赛马场和济州赛马场。首尔和釜山赛道是专门用于纯血马赛马,济州赛马场仅适用于韩国当地的小马品种以及当地小马和纯种马之间的杂交品种。

韩国的赛马主要以纯血马的平地赛事为主,此外还有济州赛马场的本地矮马赛事。这两类赛事的赛制不同。从 2004 年开始,韩国采用自己的分级标准进行纯血马比赛。该分级标准将赛事分为 1~3 级的排名赛,与国际通用方法类似。比赛一般在每周的周六或周日举行,但是在法定假日会有例外。在比赛日,平均每天约有 12 场比赛,场次之间会有 30~35 分钟的间隙。在 7 月中旬到 8 月中旬天气比较热的时候,赛马比赛一般在晚上举行。

表4-6　KRA经营的三家赛马场2016年运营情况

	首尔赛马场		釜山赛马场		济州赛马场	
	2014年	2016年	2014年	2016年	2014年	2016年
比赛总天数(天)	96	98	94	98	96	95
比赛总数(场)	1087	1110	786	807	863	84
观众总数次(万人)	1590	1230	110	100	50	60
总博彩收入(万亿韩元)	4.8	4.2	2.3	2.4	1.0	1.2

注:数据来源于韩国农业、食品和农村事务部马业统计

(二)马繁育业

韩国从20世纪90年代开始繁育纯血马。起初,韩国主要从美国、日本、澳大利亚和新西兰等国引进马匹。在韩国政府的支持下,通过KRA的不懈努力,近几年韩国马繁育事业取得了非常大的进展,全国已涌现出不少纯血马繁育场,马匹繁育数量也不断增加,如表4-7所示。

表4-7　韩国马匹数量

年份	繁育马的农场数	农场马匹数	纯血马匹数
2005	157	96520	8242
2007	1291	24669	8062
2009	1742	28247	8242
2016	1914	27116	12202

注:数据来源于韩国农业、食品和农村事务部马业统计

据韩国政府统计,截至2016年,韩国1914家养殖场共饲养各类马27116匹,纯血马约占全国马匹总数的45%,其余的大部分是本地的小马或杂交品种。济州岛自13世纪以来一直是韩国马业的中心,因其适宜的气候条件,其马匹总数占韩国马匹总数的56%以上。

七、加拿大马产业现状

加拿大是国际马业大国,育马历史悠久,拥有丰富的优良马匹、马种资源,众多经验丰富的专业驯马师,技术高超的马术选手,国际顶级的赛马设施。加拿大养马业非常发达,养马场一般采用集约化经营管理及配套的先进科学技术,马的育种、繁殖、饲养管理、幼驹培育、调教训练均严格按科学要求进行,并利用电脑储存马的资料档案。马场培育的马匹谱系记载详细、体质外貌好、竞技能力测验及时,培育出来的马匹部分销售到国外,马匹的质量达到世界领先水平。

加拿大每年都有众多的国际著名马展、马术比赛和马匹拍卖交易活动。加拿大运动马产业的代表省份有萨斯喀彻温省(萨省)马业同盟会、阿尔伯塔省(阿省)马术同盟会、魁北克省马业协会。萨省地域广阔、草原肥沃,共计有1300多家马场,繁育有115000多匹马,其中登记注册的纯血统马匹占68%,50%的马匹作为繁育用马。1973年成立的萨省马协同盟会由158个马业法人团体组成,包括马术协会、各种马种的育马协会、青少年马协、赛马会、野外骑马会等,还有6000多会员,它代表了整个省会马业的状况,并领导着萨省马业的发展。

阿尔伯塔省是加拿大最大的马业省份,有近300000匹马,主要马种有阿拉伯马、纯血马、温血马、阿帕卢萨马、斑点马。领导全省马业健康发展的阿尔伯塔马术同盟会成立于1978年,是一个会员制的非营利机构,现有个人会员超过12000人,拥有100多家不同马业的机构会员。阿省的Spruce牧场公认为世界一流的最主要的马术障碍赛比赛设施场地,同时也是世界著名的育马场,每年有4次国际马术障碍赛在此举行,有超过300匹世界冠军和奥运会冠军的障碍赛马在此参加比赛,有超过30万游客光临。

魁北克省现有近120000匹马,近1200家育马场。马匹主要用为马术运动和娱乐骑乘。80%的马场拥有自己的种马,并提供马匹寄养服务。魁北克省有近3000公里的骑马旅游线路,2000多家私人骑马场和600多家公共骑马场,每年有近 11 万人来骑马游乐。魁北克省的赛马会从 2006 年开始私有化运作,有 1600 多人从事赛马行业,有赛马 5000 多匹。

现在,世界上很多地区非常流行的赛马方式是纯种马比赛,但在加拿大,赛马车是比纯种马比赛更流行的赛马运动。在加拿大所有的赛马车比赛中,以北美杯的奖金最高。由于赛马业的繁荣,马的驯养和比赛已成为一种重要的经济活动。在加拿大,赛马是由联邦政府和私人机构联合开办的机构负责管理。虽然省政府在各赛马活动中能抽取特定税收,但收益不会用于省内慈善或建立其他有益于社会的项目,而是全数拨回赛马界,例如饲养和繁殖马匹。在加拿大,可以说,赛马是一项封闭式的商业行为。

第三节　世界各地纯血马繁育和赛马业

纯血马赛马的传播以及纯血马繁育是一个非凡的故事,讲述了一种特定品种的马如何从英国出现,并在许多国家发展起来。

一、主要赛马种类

(一)纯血马

"纯血马"一词专用为本品种的名称,该品种在英国赛马骑师俱乐部的马血统纪录总簿或其他国家的类似俱乐部的血统纪录簿上注册。父母双方中仅一方为纯种马的马匹在美国称为杂交纯种马,在英国称为混血纯种马。纯血马以中短距离速度快称霸世界,创造和保持着 5000 米以内各种距离速度的世界纪录,近千年来没有其他一个品种马的速度超过它。更重要的是,该品种遗传稳定,适应性广,种用价值高,是世界公认的最优秀骑乘马品种,对改良其他品种特别是提高速力极为有效。

纯血马最早于 17 世纪末 18 世纪初在英国出现。赛马是一项非常古老的活动,可以追溯到古希腊和古罗马的战车和马背比赛。1540 年,英国在切斯特建立了第一个赛马场,这比 17 世纪英国国王查理二世统治期间赛马运动的流行还要早。虽然早期的君主从事马匹的饲养和比赛,但在查尔斯二世时期,皇室的赞助加强了这项运动,并导致某些地区的兴起,比如纽马克特。

1752 年,富有的赛马爱好者成立了赛马会,这是制定赛马发展规则的重要一步。平地赛和障碍赛的发展使马分成了两种不同的类型:在平地上跑得快的个头小的马和能跳过高栅栏障碍的用于狩猎的马。尽管早在 1821 年跨栏比赛就在布里斯托尔举行了,但跨栏这种介于两者之间的运动是在 19 世纪晚期开始流行的。

虽然不同国家在纯血马繁育和赛马方面都有其独特的历史,但也有一些共同点。首先,在赛马历史较悠久的地方,通常是当地的绅士用他们最好的马互相竞争。这些绅士通常是赛马俱乐部和其他行业组织的基础人物。其次,在赛马活动上,社会上除绅士们的其他阶级也被赛马这项活动所吸引,就像他们被斗鸡和公开处决所吸引一样,但他们并不认同绅士们的理想。第三,主要的纯血马繁育地区往往出现在大城市之外,在肥沃的农业土地上。在美国,这些土地没有遭受战争的蹂躏。虽然纯血马赛马和赛马繁育的地点有过变化,但在大多数国家,早期确立了这些活动主导地位的区域是一直存在的。许多国家之间的主要区别不是农业生产力,甚至不是一个城市或国家的人口,而是文化差异——主要与赛马场的使用权和对赌博的态度有关。

(二)阿拉伯马

阿拉伯马是世界上古老名贵的马种。考古学发现,它们源于 4500 年前,原产于阿拉伯半岛,在干旱少雨、食物匮乏的条件下,经长期精心选育而成。该马对世界上许多优良马种的形成起过重要作用。英纯血马、奥尔罗夫马、莫尔根马等都有阿拉伯马的血液。

该马平均体高 144~152 厘米,体重 400~500 千克;母马平均体高 141.1

厘米,体长 147.6 厘米,胸围 165.5 厘米,管围 18.4 厘米。一般马有 24 节脊椎骨,而阿拉伯马只有 23 节。阿拉伯马头小清秀,眼大光明,颈直,额宽,鬐甲高,背腰短而有力,骨细质坚,四肢细、腱部发达,为干燥体质,被毛柔软如丝,繁殖力强,寿命长,体型结构匀称优美,为高级骑乘马。阿拉伯马短程速度不如英纯血马,但长程赛跑成绩良好。由于其外形好、能力强、一些品种靠引入阿拉伯马改善外形、提高能力。

阿拉伯马是在沙漠气候中演化成长的,被人视为珍宝,经常会被带到居家帐棚中安置保护。正因为阿拉伯马与人类有紧密的关系,造就了它们和蔼、聪颖及乐意讨好的性情。它们同时具有高度精神力与警觉性,适用于袭击和战争。由于这种马具有自发与敏感的特性,阿拉伯马主必须付出足够的耐心与尊重来驾驭它们。

世界阿拉伯马组织(WAHO)是保护和改良阿拉伯马的世界组织。WAHO 在审查了各国的种畜图书、规章制度后,向各国授予成员资格,组织成员国建立和维持在规则、注册方式和马种登记簿的可接受的标准。每个登记机构成员有权派两名有表决权的代表出席两年一次的瓦霍大会。准成员可派两名无表决权代表,个别准成员可作为观察员出席。

(三)蒙古马

蒙古马原产蒙古高原,处于半野生生存状态,它们既没有舒适的马厩,也没有精美的饲料,在狐狼出没的草原上风餐露宿,夏日能忍受酷暑蚊虫,冬季能耐得住-40℃的严寒。

蒙古马体形矮小,其貌不扬。然而,蒙古马在风霜雪雨的大草原上,没有失去雄悍的马性,它们头大颈短,体魄强健,胸宽鬐长,皮厚毛粗,能抵御西伯利亚暴雪,能扬蹄踢碎狐狼的脑袋。经过调驯的蒙古马,在战场上不惊不诈,勇猛无比,历来是一种良好的军马。

就是这种良马,在现代赛马市场却被漠视,处境可怜。有学者总结:没有定向培养,没有血统谱系,没有现代人为其发展所能提供的一切,蒙古马如今的境遇,就是趋向自生自灭。甚至在国内一些马场,蒙古马都不被认真

饲养,没有厩舍,只有在骑乘的时候才记起它们的存在。此外,由于役用、骑乘、农耕逐渐减少,马匹不再是人们生活的必需品,其存栏数量急剧下降。十多年来,在市场冲击和极端天气影响下,许多牧民转而饲养生长期短、收益高的牛羊,马匹存栏数量进一步下降。因此,目前蒙古马存在存栏少、不成规模等问题。不过近年来,由于本土品种保护的呼声不断高涨,引入蒙古国纯种蒙古马的行动也在不断进行。

(四)汗血宝马

汗血宝马,学名阿哈尔捷金马,原产于土库曼斯坦。它们头细颈高,四肢修长,皮薄毛细,步伐轻盈,力量大,速度快,耐力强。德、俄、英等国的名马大都有阿哈尔捷金马的血统。汗血宝马是土库曼斯坦的国宝,其形象被绘制在国徽和货币上。

(五)夸特马

美国夸特马,简称夸特马,或译成"四分之一英里马"。夸特马是美国的马种,以擅长短距离冲刺而著称。由于在1/4英里或更短的距离赛马中它们能远远地超过其他马种而得名。美国夸特马不但以赛马闻名,而且以西部牛仔运动马、马展、役用牧牛马而闻名。夸特马紧凑的体躯非常适合绕圈、截牛、绕桶赛、套牛犊等西部骑乘赛事。夸特马也适于英式项目、驾车和许多其他马术活动。据报道,个别夸特马的速度能达到55英里/小时。夸特马是当今美国最流行的马种。美国夸特马协会是世界上最大的马种登记组织。

(六)矮种马

矮种马原产自南美洲。成年矮种马最高也不过85厘米,是一种儿童骑的矮种马,甚至有一些作为导盲马。根据官方定义,肩高(马肩隆至地面)147厘米以下的马,都可以被归类为矮种马;肩高于147厘米的就称为一般马。美洲矮种马是20世纪50年代在美国由多种矮种马与阿帕卢萨马杂交培育而来。美洲矮种马必须有阿帕卢萨马型斑纹,且成马体高117~137厘米,才有在美洲矮种马俱乐部注册的资格。

二、各地纯血马和赛马业的特点

（一）英国

英国被认为是最早出现纯血马的国家。纯血马繁育和改良都很成功，并向 19 世纪和 20 世纪英国控制的殖民地进行了出口。在 20 世纪的前 20 年,美国的反赌博立法导致许多赛马场关闭,并将美国培育的赛马引入英国（Cassidy,2002）。两国赛马之间的差异在于繁殖种群的质量:美国人强调速度,在训练方法上比英国传统的长距离疾驰训练需要更多的速度训练。尽管美国和法国培育的马打败了英国培育的马,但它们仍然没有写进《普通马种》书中。直到第二次世界大战后,由于美国培育出了一种更快速度的竞赛马种,《种马大全》一书才得以出版,以承认美国培育的纯血马。

当今,英国是世界上领先的赛马国家之一。英国有 60 个赛马场,其中,5 个赛马场在苏格兰,3 个在威尔士,其余的在英格兰。这些赛道在形状、坡度、形态和比赛方向上都有很大的差异。此外,英国还是著名的马繁育地区,特别是新市场的持续运作,使英国成为全球赛马产业的重要节点。在英国,繁育和赛马的联系是非常紧密的,是具有标志性的。

与其他国家相比,英国拥有赛马的人的经济回报较低,而且维护一匹赛马的成本相对也较低。与之相对的是一种历史悠久的赛马文化,这种文化意味着许多人拥有赛马,不仅为了潜在的直接经济利益,更是作为更大的社会阶层文化的一部分,以及与赛马相关的潜在的间接利益。

（二）爱尔兰

爱尔兰被认为是世界上最具有热情的赛马国家之一。爱尔兰的障碍赛比平地赛多（例如,2010 年平地赛有 99 场,而障碍赛有 1388 场）,这种情况在其他任何一个赛马国家都没有发现（国际赛马组织联盟,2011）。对于一

个人口稀少的国家来说,26 个赛区,几乎有 5500 匹不同的马参加了障碍赛,其中 700 多匹马还参加了无障碍赛(国际赛马组织联盟,2011)。

世界上最大的纯血马繁育公司库摩马业集团的总部在爱尔兰,该公司在美国、澳大利亚等地都设有机构。爱尔兰赛马的国际化也促使许多爱尔兰马、训练师和骑手到英格兰参加重大赛事,如切尔滕纳姆金杯嘉年华。

(三)欧洲大陆

赛马在一些欧洲国家很受欢迎,如北部一些国家的夏季赛马,南部一些国家的全年赛马,以及瑞士圣莫里茨冰冻湖面上的白色草地国际赛马。

赛马在法国最受欢迎,在那里,平地赛、障碍赛和速步赛都吸引着大量的追随者。法国是欧洲领先的赛马国家,在 246 个赛马场(包括轻驾车赛马场地)举行了近 5000 场平地赛、2000 多场障碍赛及 11000 多场速步赛/竞速赛(国际赛马组织联盟,2011)。法国在欧洲的纯血马繁育产业中也是非常重要的。2010 年,与往年一样,大约 5500 匹纯血小马驹在法国出生(国际赛马组织联盟,2011)。

意大利也是一个领先的纯血马比赛国家,尽管 2010 年意大利举行的轻驾车比赛是纯血马比赛的 3 倍多。2010 年,意大利共举行了 4185 场平地赛,在欧洲大陆各国举行的比赛总数中,意大利仅落后于法国(国际赛马组织联盟,2011)。意大利赛马的奖金也与其他欧洲大陆国家有很大的差别,法国一场平地赛的平均奖金略低于 23000 英镑,而 2010 年意大利的奖金才略高于 12000 英镑(根据 2011 年霍萨林当局国际联合会的计算)。意大利的纯血马繁育规模也较小,2010 年出生了 1800 匹纯血小马驹(国际赛马组织联盟,2011)。

纯血马比赛也在许多其他的欧洲国家进行,与 2010 年捷克共和国的 358 场纯血马比赛和 173 场障碍赛(国际赛马组织联盟,2011)相比,德国有 1316 场纯血马比赛和平地比赛。考虑到赛马活动由来已久,而且受越来越多的财务问题和基于动物的激进主义的影响,赛马活动在欧洲大部分地区可能不会再有扩张。但赛马繁育业有扩大的潜力,特别是当亚洲的潜在出口市场发展起来时。

（四）北美洲

在北美洲，赛马始于1665年的长岛汉普顿平原。

在美国，肯塔基州作为主要的马繁育地区，它的崛起始于美国内战之后。如今，美国的纯血马繁育在很多州出现了规模、环境和成本上的显著变化。这些变化也发生在对饲养者有特殊奖励的地方，这在很大程度上是对佛罗里达州一些饲养者的一种鼓励，因为该州出生的活马驹数量已从2007年的4493匹降至2011年的1565匹（Hammonds，2011）。然而，毫无疑问，尽管美国的赛马繁育存在多样性，肯塔基州莱克星敦周围的蓝草地区确保了这个州在繁育活动的衡量标准上都远远超过了其他州。例如，2011年在美国和加拿大出生的活马驹中有47%出生在肯塔基州。与2010年相比，肯塔基州的马驹产量下降了14%以上，这主要是由于美国总体经济的衰退。佛罗里达州的一位饲养员指出，许多母马都去了其他州，比如路易斯安那州和纽约州，这些州有更好的州级繁育计划，而根据纽约州的预计，在视频彩票站的推动下，奖励基金和博彩收入将会激增。

肯塔基州在种马、母马和小马驹的繁育方面也占主导地位。2011年，北美的22匹种马繁育了100多匹活马驹，它们都生活在肯塔基州。虽然肯塔基州在繁育方面很出色，但纯血赛马在各州之间的比例是很均衡的。美国有162个赛马场，其中只有5个位于肯塔基州（国际赛马组织联盟，2011）。

在加拿大，尽管西部的阿尔伯塔省和不列颠哥伦比亚省，以及马尼托巴省和萨斯喀彻温省的大草原上，赛马活动相当活跃，安大略省却是加拿大主要的纯血马繁育和赛马省份。2011年，安大略省出生了732匹活马驹，而不列颠哥伦比亚省为194匹，阿尔伯塔省为183匹（Hammonds，2011）。主要的赛马场——多伦多的伍德拜恩，既有纯血马比赛又有标准马比赛，并且每一场纯血马比赛创造的平均价值超过离它最近的加拿大竞争者赛场价值的4倍，这些赛场有黑斯廷斯（位于不列颠哥伦比亚省的温哥华）、北地公园（位于艾伯塔省埃德蒙顿）和在尼亚加拉地区的安大略省的伊利堡（LaMarra，2010）。

（五）南美洲

在南美洲部分地区,纯血马繁育和赛马有着悠久的历史和优势,特别是阿根廷。就像世界上的其他许多地方一样,南美洲最初的赛马场也是由英国殖民者开辟的。南美洲主要的纯血马繁育和赛马的国家有阿根廷、巴西、智利和秘鲁。南美洲国家的赛马场数量有明显的下降:阿根廷的赛马场数量从 1995 年的 44 个下降到 2000 年的 26 个,又下降到 2010 年的 23 个;巴西的赛马场数量从 2000 年的 13 个下降到 2010 年的 8 个。

南美洲的纯血马比赛因国家而异,尤其是赛马每年的平均出赛次数。2010 年,阿根廷和乌拉圭部分地区的赛马平均每年出赛 5.2 次,秘鲁的赛马平均每年出赛 11.6 次,智利的赛马平均每年出赛 13.0 次(国际赛马组织联盟,2011)。智利和秘鲁的纯血马比赛与美国等国家之前的比赛有相似之处。在 20 世纪 70 年代,美国的马匹比赛频率较高,总出赛次数也比现在多;在过去的 40 年里,马匹的出赛次数有所下降,并保持相对稳定。

尽管赛马场和比赛的数量有所下降,但近年来,南美洲的赛马数量保持稳定或有所增加。2010 年,阿根廷出生了 8437 匹小马驹,再次使南美成为世界第三大马驹国,仅次于美国和澳大利亚,但领先于爱尔兰和日本。

（六）阿拉伯联合酋长国

纯血马最初是由阿拉伯种马和英国母马杂交而成。阿拉伯联合酋长国等国家最初是通过石油生产发展起来的,但后来通过其他商业企业的多元化发展,为纯血马繁育和赛马产业的蓬勃发展提供了条件。

1981 年,阿联酋开始了纯血马赛马。从 20 世纪 90 年代中期起,它们一直有世界领先的纯血赛马拍卖会。阿联酋有四个赛马区,在 2010 年举办了 321 场比赛。但沙漠环境不利于纯血马繁育,2010 年全国只出生了 1 匹纯血马(国际赛马组织联盟,2011)。阿联酋的重要性不在于它有纯血马繁育,而在于它主办了重大的国际赛事,如迪拜世界杯,奖金 1000 万美元,为世界上最富有的纯血马比赛(迪拜赛马俱乐部,2009)。此外,阿联酋的财富为世界上其他国家的纯血马繁育和比赛提供了资金。

（七）澳大利亚

英国在南半球的殖民地也是英国出口纯血马的目的地。在欧洲人定居的时候，澳大利亚没有任何品种的马。1788年，亚瑟·菲利普船长的第一支舰队从西班牙进口了至少7匹（可能是9匹）西班牙小马，但在接下来的10年里，它们的数量明显减少，直到其他品种马的到来。从1799年开始，澳大利亚进口了许多种种马用以改善繁育种群，包括从美国、英国进口的种马，以及从波斯（现伊朗）经印度进口的阿拉伯种马（Pollard，1971）。

第一次官方批准的赛马大会是由第73团军官组织的，并于1810年在悉尼海德公园中心举行，赛马的形式是英国传统的两匹马之间的比赛（Painter and Waterhouse，1992）或三轮各两公里的预赛（Pollard，1971）。澳大利亚的纯血马赛马形式与其他地方有很大的不同，赛马最初的繁荣就像酒精一样很快蒸发了，而社会阶级之间的差异也使得赛马中出现醉酒和违规行为（Painter and Waterhouse，1992）。到19世纪60年代，澳大利亚赛马会的成立和悉尼较为富裕的东郊兰德威克赛马场的振兴促使这项运动规范化。

19世纪中叶，澳大利亚的一些主要赛道已经形成。在城市和农村地区也有许多赛马俱乐部（Brassel and Brennan，1990）。类似于英国的情况，赛马俱乐部通常是由在特定地方的有影响力的定居者组成的。

尽管对马产业、赛马会议及赛马资源进行了大量的合理化整治、重组等改革，澳大利亚拥有的赛马会议和赛马场数量仍然是许多其他国家难以想象的。与英国的60个赛马场相比，国际赛马组织联盟2011年确认澳大利亚有450个赛马场，其中360个是进行纯血马比赛的。在维多利亚州、南澳大利亚州、塔斯马尼亚州和西澳大利亚州的赛马场是逆时针方向的，但在新南威尔士州和昆士兰州的赛马场是顺时针方向的。澳大利亚每年举行近20000场赛马，赛马是澳大利亚最受欢迎的活动之一，也是该地区经济的重要组成部分。

（八）新西兰

第一批到达新西兰的赛马是1814年从澳大利亚进口的（Pollard，1971）。

与澳大利亚类似,新西兰也没有本土的赛马(Brassel and Brennan,1990)。2012年,新西兰赛马名人堂中记录的第一次赛马是1840年由奥克兰军事驻军举行的。赛马是新西兰各地举行的周年庆祝活动的一个特色,至今仍然是坎特伯雷周年纪念周的一个主要特色。新西兰的赛马场上,有明显的社会阶层和性别的划分。大多数赛马场委员会都是由当地著名的商人组成,他们建造了会员看台。新西兰赛马场不允许妇女进入会员区,除非有她们的丈夫陪同(Grant,2001)。

由于在驯养赛马方面具有特殊的优势,如今,新西兰也被视为一个重要的赛马国家。在澳大利亚的嘉年华会上,新西兰驯养的赛马经常赢得主要的比赛。在新西兰,标准马比赛和纯血马比赛都很受欢迎,每年大约有3000种纯血马比赛,以及几乎相等数量的标准马比赛(国际赛马组织联盟,2011)。虽然平地赛的数量远远超过了障碍赛,但2010年新西兰有122场障碍赛,这使得新西兰成为障碍赛总数排名前七的国家之一(国际赛马组织联盟,2011)。

(九)亚洲

亚洲各国的赛马有着显著的差异。在亚洲马产业中,两种繁育和赛马模式占据了主导地位,每一种模式都与纯血马比赛的地理位置有关。在第一种模式中,繁育业和赛马业共同发展;在第二种模式中,重点放在赛马业,纯血马从外部繁育地区进口。

第一种模式是西方传统的纯血马繁育和纯血马比赛共同发展,这两个产业之间有密切的关系。这是日本已经采用的模式,韩国和印度在一定程度上也采用了这种模式。

日本是世界上主要的纯血马繁育中心,特别是北海道。每年在日本出生的纯血马驹超过7000匹。截至2010年,日本共有256匹种马和近10000匹母马(国际赛马组织联盟,2011)。日本有26条赛道、17563场平地赛和134场障碍赛,是世界重要的纯血马繁育和纯血马比赛的国家(国际赛马组织联盟,2011)。鉴于赛马是日本为数不多的合法赌博活动之一,赛马在日本的受欢迎程度和地位很可能会持续很长一段时间。尽管日本经济在 20 世纪 60 年代和 70 年代的飞速增长帮助了赛马业的发展,但如今经济停滞、人口老龄化和人口下降给它蒙上了一些阴影。

韩国和日本一样,拥有重要的纯血马繁育和赛马产业。2010 年,韩国有 102 匹种马、2000 多匹母马,每年有 1300 多匹小马驹出生(国际赛马组织联盟,2011)。虽然这个国家只有两个赛马场,但在 2010 年举办了 1794 场比赛,而且都是平地赛(国际赛马组织联盟,2011)。

印度有超过 10 亿人口,但只有 9 个赛马场和一个小型繁育产业,有 114 匹常生种马和 1800 多匹在 2010 年出生的纯血马驹(国际赛马组织联盟,2011)。印度同日本、韩国相比,有足够的空间来创造纯血马繁育区。

相比之下,纯血马产业的第二种模式在新加坡得到了很好的发展,因为其可利用绿地面积高度受限。新加坡的马产业重点放在了赛马上,而且赛马是从澳大利亚等国家进口。由于马的数量有限,又经常互相比赛,赌客们对马也很熟悉。新加坡的一个赛马场在 2010 年举行的 916 个赛马项目中有 1337 匹不同的赛马参加过,每匹赛马的平均起跑次数接近于 7.5 次(国际赛马组织联盟,2011)。

三、全球纯血马现状

根据国际赛马组织联盟的年报显示,2017 年全球 72 个国家和地区登记在册的纯血马共有 247583 匹,其中,种公马 7203 匹,孕母马 145146 匹,马驹 95234 匹。

美国的纯血马数是最多的,共 54605 匹(约占全球的 22.06%),其中,种公马 1570 匹,孕母马 32135 匹,马驹 20900 匹。

根据这份报告,中国的纯血马是共 409 匹(约占全球的 0.17%),其中,种公马 96 匹,孕母马 264 匹,马驹 49 匹。

全球纯血马繁育信息如下图表所示:

表 4-8 全球纯血马繁育信息表

国家	种公马（匹）			孕母马（匹）			马驹（匹）			总计（匹）			数量占全球百分比 2017年
	2015年	2016年	2017年	2015年	2016年	2017年	2015年	2016年	2017年	2015年	2016年	2017年	
阿根廷	833	704	774	13156	12462	12950	7454	7405	7586	21443	20571	21310	8.61%
澳大利亚	655	628	564	19282	19281	19469	12638	12653	13823	32575	32562	33856	13.67%
奥地利	2	2	2	18	8	20	8	10	8	28	20	30	0.01%
阿塞拜疆	6	6	13	28	25	34	16	5	7	50	36	54	0.02%
巴林	20	23	34	72	92	145	63	71	85	155	186	264	0.11%
巴巴多斯	20	28	15	72	85	94	55	55	30	147	168	139	0.06%
比利时	2	5	4	9	18	16	7	14	11	18	37	31	0.01%
巴西	171	151	163	2488	2188	2289	2060	1842	1734	4719	4181	4186	1.69%
保加利亚	25			67			24			116	0	0	0.00%
加拿大	160	138	156	1733	1577	1543	1550	1350	1254	3443	3065	2953	1.19%
智利	118	120	135	2209	2306	2338	1626	1648	1700	3953	4074	4173	1.69%
中国	49	23	96	165	66	264	48	51	49	262	140	409	0.17%
哥伦比亚	9	7	5	39	37	26	28	24	18	76	68	49	0.02%
克罗地亚	7	9	40	18	24	87	6	11	9	31	44	136	0.05%
塞浦路斯	33	40	33	202	199	180	127	155	125	362	394	338	0.14%
捷克	34	35	33	359	404	372	199	226	212	592	665	617	0.25%
丹麦	14	14	15	160	185	177	101	125	102	275	324	294	0.12%
多米尼加	27	29	30	187	163	177	60	70	163	274	262	370	0.15%
厄瓜多尔	17	15	20	100	80	90	78	76	87	195	171	197	0.08%
芬兰	0	0	0	0	0	0	0	0	0	0	0	0	0.00%
法国	309	305	296	7698	8088	8374	5270	5492	5460	13277	13885	14130	5.71%
德国	56	59	51	1450	1450	1470	864	851	854	2370	2360	2375	0.96%
英国	187	155	145	7050	7524	7403	4569	4663	4674	11806	12342	12222	4.94%
希腊	15	13	21	39	51	72	10	27	15	64	91	108	0.04%
匈牙利	35	40	40	167	200	170	128	111	108	330	351	318	0.13%
印度	83	84	78	2109	1940	1904	1385	1331	1231	3577	3355	3213	1.30%
爱尔兰	210	246	240	11720	14617	12905	8780	9381	9689	20710	24244	22834	9.22%
意大利	60	50	60	780	765	768	480	505	541	1320	1320	1369	0.55%
牙买加	45	53	44	689	664	447	123	237	204	857	954	695	0.28%
日本	218	227	242	9371	9482	9632	6564	6901	7079	16153	16610	16953	6.85%
哈萨克斯坦	8			35			35			78	0	0	0.00%
肯尼亚	9	9	7	74	57	62	37	26	23	120	92	92	0.04%
韩国	73	74	76	1916	1918	2010	1333	1406	1366	3322	3398	3452	1.39%
黎巴嫩		2	1		3	3		2	2	2	7	6	0.00%
立陶宛	3	3	2	11	9	7	5	5	2	19	17	11	0.00%
马来西亚	0	0	0	0	0	0	0	0	0	0	0	0	0.00%
墨西哥	42	36	35	334	296	320	268	230	238	644	562	593	0.24%
摩洛哥	77	0	77	377	0	570	225	267	278	679	267	925	0.37%
荷兰	3	0	2	13	0	8	7	0	7	23	0	17	0.01%
新西兰	132	132	123	4944	5049	5141	3774	3464	3463	8850	8645	8727	3.52%
挪威	3	3	4	23	43	36	27	28	15	53	74	55	0.02%
阿曼	1	0	0	1	0	0	1	0	0	3	0	0	0.00%
巴拿马	82	81	42	294	298	389	222	232	161	598	611	592	0.24%
巴拉圭	20	19	21	93	113	106	59	50	53	172	182	180	0.07%
秘鲁	63	62	68	830	886	759	561	546	556	1454	1494	1383	0.56%
菲律宾	89	104	89	1116	990	1008	451	505	498	1656	1599	1595	0.64%
波兰	65	65	61	373	347	314	268	245	215	706	657	590	0.24%
葡萄牙	0			0		6	2			2	0	8	0.00%
波多黎各	47	48	38	354	356	357	350	220	250	751	624	645	0.26%
卡塔尔	24	28	28	194	220	177	109	91	80	327	339	285	0.12%
罗马尼亚	10	10	6	47	45	39	5	0	10	62	55	50	0.02%
俄国	231	287	192	1221	1510	879	551	584	590	2003	2381	1661	0.67%
沙特	307	401	395	2177	4648	5445	1698	1925	1893	4182	6974	7733	3.12%
塞尔维亚	14	12	3	40	35	14	19	19	5	73	66	22	0.01%
斯洛伐克	9	10	9	51	39	35	24	37	27	84	86	71	0.03%
斯洛文尼亚	4	4	4	14	9	13	6	7	7	24	20	24	0.01%
南非	76	42	116	2811	1308	3631	3183	3163	2947	6070	4513	6694	2.70%
西班牙	36	25	29	74	125	180	104	110	145	214	260	354	0.14%
瑞典	23	23	23	244	234	218	187	206	209	454	463	450	0.18%
瑞士	3	3	3	21	11	15	14	16	10	38	30	28	0.01%
叙利亚	0	7	2	0	5	2	0	0	0	0	0	4	0.00%
泰国										0	0	0	0.00%
特立尼达和多	27	19	17	184	139	108	103	91	60	314	249	185	0.07%
突尼斯	19	38	16	120	166	155	62	67	81	201	271	252	0.10%
土耳其	285	484	250	2350	5404	3450	1684	1792	1832	4319	7680	5532	2.23%
阿联酋	1	1	1	1	1	1	1	1	1	4	3	3	0.00%
乌克兰	41	33	40	243	185	250	134	111	96	418	329	386	0.16%
乌拉圭	336	357	346	2820	2928	2595	1650	1610	1654	4806	4895	4595	1.86%
美国	1789	1545	1570	35801	33602	32135	20600	20850	20900	58190	55997	54605	22.06%
乌兹别克斯坦		4			18			2			24	0	0.00%
委内瑞拉	204	191	154	1896	1586	1292	1078	1002	709	3178	2779	2155	0.87%
津巴布韦										0	0	0	0.00%
总计	7576	7371	7203	142534	146564	145146	93161	94201	95234	243271	248136	247583	100.00%

注：数据来源于国际赛马组织联盟2017年年报

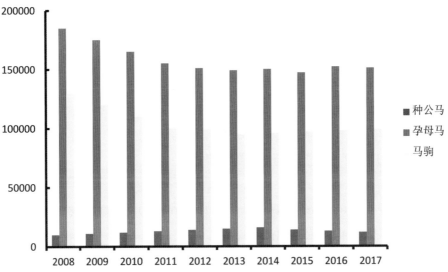

图 4-11 2008~2017 年全球纯血马繁育柱状图

注:数据来源于国际赛马组织联盟 2017 年年报

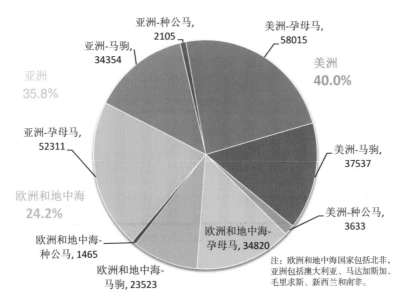

图 4-12 2017 年全球纯血马繁育(按地区划分)

注:数据来源于国际赛马组织联盟 2017 年年报

第四节　国际赛马现状

一、2017 年平地赛与越障赛数量

平地赛共 140869 场,参赛马匹总数 216546 匹,出闸总数 1281527 次,场均参赛马匹数 9.1 匹,马匹出闸平均数 5.92 次。

越障赛共 8383 场,参赛马匹总数 19694 匹,出闸总数 75121 次,场均参赛马匹数 8.96 匹,马匹出闸平均数 3.81 次。

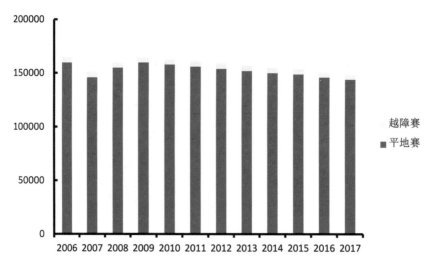

图 4-13　2006~2017 年全球平地赛与越障赛数量

注:数据来源于国际赛马组织联盟 2017 年年报

表4-9　2017年全球平地赛与越障赛数量表

国家与地区	2017年平地赛					2017年越障赛				
	平地赛总数	参赛马匹总数（匹）	出闸马匹总数（匹）	场均参赛马匹数（匹）	马匹出闸平均数（匹）	越障赛总数	参赛马匹总数（匹）	出闸马匹总数（匹）	场均参赛马匹数（匹）	马匹出闸平均数（匹）
阿根廷	5604	11718	58103	10.37	4.96					
澳大利亚	19154	35080	182250	9.51	5.20	81	229	618	7.63	2.70
奥地利	11	55	65	5.91	1.18	1	7	7		
巴林	188	337	1431	7.61	4.25					
比利时	178	467	1651	9.28	3.54	4	36	36	9.00	1.00
巴西	3131	5813								
加拿大	3137	4716	23715	7.56	5.03					
智利	4978	4356	56410	11.33	12.95					
克罗地亚	8	36	8	1.00	0.22					
塞浦路斯	879	1058	8302	9.44	7.85					
捷克	299	682	2824	9.44	4.14	152	445	1312	8.63	2.95
丹麦	239	588	2772	11.60	4.71					
法国	4954	10179	52104	10.52	5.12	2154	3758	19531	9.07	5.20
德国	1177	2091	10511	8.93	5.03	19	60	129	6.79	2.15
英国	6400	11354	59033	9.22	5.20	3888	8571	31960	8.22	3.73
希腊	333	386	2504	7.52	6.49					
中国香港	807	1300	9794	12.14	7.53					
匈牙利	272	460	2336	8.59	5.08	11	24	68	6.18	2.83
印度	2756	4986	27461	9.96	5.51					
爱尔兰	1172	3285	13529	11.54	4.12	1434	4319	16407	11.44	3.80
意大利	2595	3520	18864	7.27	5.36	156	315	820	5.26	2.60
日本	16407	23042	176291	10.74	7.65	126	497	1563	12.40	3.14
韩国	1899	3464	20585	10.84	5.94					
黎巴嫩	367	291	1919	5.23	6.59					
中国澳门	339	444	3566	10.52	8.03					
马来西亚	679	919	7627	11.23	8.30					
毛里求斯	295	427	2478	8.40	5.80					
墨西哥	1407	1679	10364	7.37	6.17					
摩洛哥	1896	2602	19340	10.20	7.43					
新西兰	2460	4815	25481	10.36	5.29	104	276	881	8.47	3.19
荷兰	27	96	182	6.74	1.90					
挪威	231	927	1947	8.43	2.10	6	496	49	8.17	0.10
阿曼	176	633	2553	14.51	4.03					
巴拿马	1460	907	9059	6.20	9.99					
秘鲁	1913	1787	17981	9.40	10.06					
波兰	511	781	4095	8.01	5.24	26	96	208	8.00	2.17
卡塔尔	407	857	4743	11.65	5.53					
沙特	608	2271	9276	15.26	4.08					
塞尔维亚	130	210	933	7.18	4.44					
新加坡	859	1200	9613	11.19	8.01					
斯洛伐克	139	414	1289	9.27	3.11	26	90	179	6.88	1.99
南非	3673	6479	40286	10.97	6.22					
西班牙	435	760	3853	8.86	5.07					
瑞典	560	1084	4964	8.86	4.58	24	55	133	5.54	2.42
瑞士	146	273	1208	8.27	4.42	26	36	141	5.42	3.92
突尼斯	473	720	4277	9.04	5.94					
土耳其	5463	6047	53512	9.80	8.85					
阿联酋	405	1362	5063	12.50	3.72					
美国	37628	47123	289666	7.70	6.15	145	384	1079	7.44	2.81
乌拉圭	1604	2465	15709	9.79	6.37					
总计	140869	216546	1281527	9.10	5.92	8383	19694	75121	8.96	3.81

注：数据来源于国际赛马组织联盟2017年年报

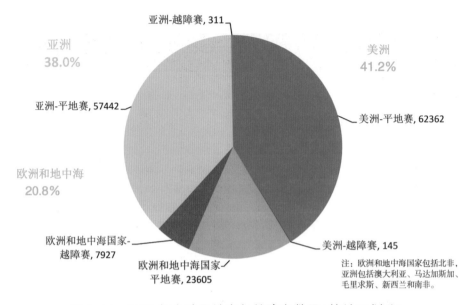

亚洲-越障赛, 311

美洲
41.2%

亚洲
38.0%

亚洲-平地赛, 57442

美洲-平地赛, 62362

欧洲和地中海
20.8%

欧洲和地中海国家-
越障赛, 7927

欧洲和地中海国家-
平地赛, 23605

美洲-越障赛, 145

注：欧洲和地中海国家包括北非，
亚洲包括澳大利亚、马达加斯加、
毛里求斯、新西兰和南非。

图 4-14　2017 年全球平地赛与越障赛数量(按地区划分)

注：数据来源于国际赛马组织联盟 2017 年年报

二、2017 年平地赛与越障赛奖金数

平地赛共 140869 场，奖金总额 3052694836 欧元，场均奖金数 21670 欧元；越障赛共 8383 场，奖金总额 206185421 欧元，场均奖金数 24596 欧元。

表 4-10　2017 年全球平地赛和越障赛奖金数

国家与地区	2017年平地赛			2017年越障赛		
	比赛数量	奖金数（欧元）	场均奖金数（欧元）	比赛数量	奖金数（欧元）	场均奖金数（欧元）
阿根廷	5604	49,138,616 €	8,768 €			
澳大利亚	19154	392,324,881 €	20,483 €	81	15,162,732 €	187,194 €
奥地利	11	91,480 €	8,316 €	1	10,000 €	
巴林	188	1,212,418 €	6,449 €			
比利时	178	953,000 €	5,354 €	4	202,000 €	50,500 €
巴西	3131	12,949,965 €	4,136 €			
加拿大	3137	67,068,433 €	21,380 €			
智利	4978	26,272,028 €	5,278 €			
克罗地亚	8	12,096 €	1,512 €			
塞浦路斯	879	5,893,968 €	6,705 €			
捷克	299	1,001,528 €	3,350 €	152	793,228 €	5,219 €
丹麦	239	231,960 €	971 €			
法国	4954	120,792,112 €	24,383 €	2154	68,047,349 €	31,591 €
德国	1177	13,355,917 €	11,347 €	19	159,032 €	8,370 €
英国	6400	107,678,626 €	16,825 €	3888	52,972,573 €	13,625 €
希腊	333	2,452,183 €	7,364 €			
中国香港	807	126,952,727 €	157,314 €			
匈牙利	272	804,912 €	2,959 €	11	22,400 €	2,036 €
印度	2756	12,129,741 €	4,401 €			
爱尔兰	1172	31,588,000 €	26,952 €	1434	29,504,000 €	20,575 €
意大利	2595	28,946,444 €	11,155 €	156	3,947,000 €	25,301 €
日本	16407	841,608,538 €	51,296 €	126	28,548,786 €	226,578 €
韩国	1899	156,185,920 €	82,246 €			
黎巴嫩	367	611 €	2 €			
中国澳门	339	10,165,249 €	29,986 €			
马来西亚	679	4,841,938 €	7,131 €			
毛里求斯	295	2,164,800 €	7,338 €			
墨西哥	1407	2,911,840 €	2,070 €			
摩洛哥	1896	10,157,400 €	5,357 €			
荷兰	2460	169,290 €	69 €			
新西兰	27	30,418,124 €	1,126,597 €	104	1,427,664 €	13,728 €
挪威	231	2,543,641 €	11,011 €	6	39,304 €	6,551 €
阿曼	176	1,840,154 €	10,455 €			
巴拿马	1460	7,690,893 €	5,268 €			
秘鲁	1913	4,998,469 €	2,613 €			
波兰	511	1,998,606 €	3,911 €	26	191,280 €	7,357 €
卡塔尔	407	11,373,971 €	27,946 €			
沙特	608	2,941,875 €	4,839 €			
塞尔维亚	130	238,850 €	1,837 €			
新加坡	859	36,346,960 €	42,313 €			
斯洛伐克	139	673,360 €	4,844 €	26	60,100 €	2,312 €
南非	3673	27,674,004 €	7,534 €			
西班牙	435	5,537,860 €	12,731 €			
瑞典	560	7,452,244 €	13,308 €	24	210,464 €	8,769 €
瑞士	146	1,425,835 €	9,766 €	26	278,138 €	10,698 €
突尼斯	473	1,293,837 €	2,735 €			
土耳其	5463	79,906,838 €	14,627 €			
阿联酋	405	44,254,929 €	109,271 €			
美国	37628	742,680,841 €	19,737 €	145	4,609,371 €	31,789 €
乌拉圭	1604	11,346,924 €	7,074 €			
总计	140869	3,052,694,836 €	21,670 €	8383	206,185,421 €	24,596 €

注：数据来源于国际赛马组织联盟 2017 年年报

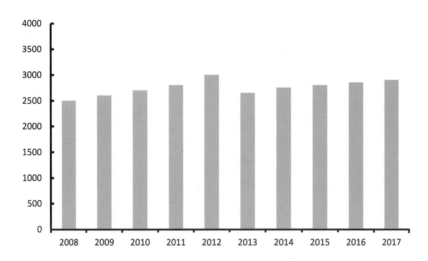

图 4-15 2008~2017 年全球马赛事奖金数（单位：百万欧元）

注 1：2013 年日元对欧元的贬值对全球总奖金数有巨大影响

注 2：奖金不包括育马津贴、马主津贴和交通补助

注 3：奖金不包括速步赛

注 4：2010 年欧元对一些货币的贬值对全球总奖金数有巨大影响

注 5：数据来源于国际赛马组织联盟 2017 年年报

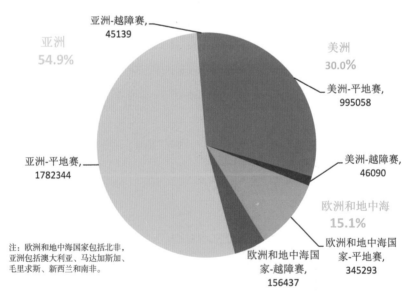

图 4-16 2017 年各地区平地赛和越障赛奖金数（单位：1000 欧元）

注：数据来源于国际赛马组织联盟 2017 年年报

三、赛事投注

如下表所示，2017 年全球投注总额 105432761018 欧元。

表 4-11　2017 年全球马赛事投注及扣除数

国家与地区	投注总额（欧元）	返还彩民（欧元）	占比（%）	总剩余（欧元）	占比（%）	上交政府（欧元）	占比（%）	博彩运营商抽成及其他扣除费用（欧元）	占比（%）	返还赛事（欧元）	占比（%）
阿根廷	154,323,603 €	111,112,994 €	72.0%	43,210,609 €	28.00%	3,086,472 €	2.00%	0 €	0.00%	40,124,137 €	26.00%
澳大利亚-彩池制博彩	9,596,826,702 €	8,253,270,964 €	86.0%	1,343,555,738 €	14.00%	383,873,068 €	4.00%	575,809,602 €	6.00%	383,873,068 €	4.00%
澳大利亚-固定赔率博彩	8,148,929,148 €	7,334,036,585 €	90.0%	814,892,563 €	10.00%	81,489,116 €	1.00%	651,914,332 €	8.00%	81,489,116 €	1.00%
巴西	81,514,607 €	47,924,010 €	58.8%	33,590,597 €	41.21%	0 €	0.00%	0 €	0.00%	0 €	0.00%
加拿大	825,267,655 €	0 €	0.0%	825,267,655 €	100.00%	0 €	0.00%	0 €	0.00%	0 €	0.00%
智利	268,997,637 €	188,298,346 €	70.0%	80,699,291 €	30.00%	8,069,929 €	3.00%	0 €	0.00%	72,629,362 €	27.00%
塞浦路斯	32,855,999 €	23,225,811 €	70.7%	9,630,188 €	29.31%	962,778 €	2.93%	0 €	0.00%	8,667,410 €	26.38%
彩池制博彩	67,032 €	46,726 €	69.7%	20,306 €	30.29%	5,174 €	7.72%	15,131 €	22.57%	0 €	0.00%
捷克-固定赔率博彩	927,158 €	651,700 €	70.3%	275,458 €	29.71%	69,894 €	7.54%	205,565 €	22.17%	0 €	0.00%
法国	9,126,975,214 €	6,708,191,817 €	73.5%	2,418,783,397 €	26.50%	858,040,163 €	9.40%	768,088,234 €	8.42%	792,655,000 €	8.68%
德国-彩池制博彩	41,384,072 €	29,796,532 €	72.0%	11,587,540 €	28.00%	413,841 €	1.00%	4,138,407 €	10.00%	7,035,292 €	17.00%
德国-固定赔率博彩	26,071,965 €	0 €	0.0%	26,071,965 €	100.00%	0 €	0.00%	0 €	0.00%	0 €	0.00%
英国-彩池制博彩	612,319,617 €	0 €	0.0%	612,319,617 €	100.00%	0 €	0.00%	0 €	0.00%	0 €	0.00%
英国-固定赔率博彩	12,444,446,352 €	11,033,317,152 €	88.7%	1,411,129,200 €	11.34%	211,894,800 €	1.70%	1,092,159,900 €	8.78%	107,074,500 €	0.86%
希腊	40,690,382 €	30,144,672 €	74.1%	10,545,710 €	25.92%	638,826 €	1.57%	3,482,465 €	8.56%	2,526,187 €	6.21%
中国香港	13,260,933,330 €	11,030,921,035 €	83.2%	2,230,012,295 €	16.82%	1,393,111,146 €	10.51%	0 €	0.00%	0 €	0.00%
匈牙利	6,994,304 €	4,622,926 €	66.1%	2,371,378 €	33.90%	2,371,378 €	33.90%	0 €	0.00%	0 €	0.00%
印度-彩池制博彩	490,572,360 €	206,343,339 €	42.1%	284,229,021 €	57.94%	20,761,674 €	4.23%	49,365,235 €	10.06%	214,102,112 €	43.64%
印度-固定赔率博彩	50,029,339 €	417,785 €	0.8%	49,611,554 €	99.16%	1,484,133 €	2.97%	3,815,049 €	7.63%	44,312,371 €	88.57%
爱尔兰-彩池制博彩	97,800,354 €	91,602,325 €	93.7%	6,198,029 €	6.34%	0 €	0.00%	6,085,191 €	6.22%	112,838 €	0.12%
爱尔兰-固定赔率博彩	5,113,457,508 €	4,806,650,058 €	94.0%	306,807,450 €	6.00%	52,215,166 €	1.02%	253,270,776 €	4.95%	1,321,508 €	0.03%
意大利-彩池制博彩	431,171,126 €	313,050,535 €	72.6%	118,120,591 €	27.40%	20,758,063 €	4.81%	37,301,186 €	8.65%	60,061,342 €	13.93%
意大利-固定赔率博彩	121,915,546 €	100,857,628 €	82.7%	21,057,918 €	17.27%	4,801,990 €	3.94%	6,304,386 €	5.17%	9,949,740 €	8.16%
日本	24,492,237,309 €	18,401,834,469 €	75.1%	6,090,402,840 €	24.87%	2,312,486,033 €	9.44%	2,521,936,044 €	10.30%	1,255,980,764 €	5.13%
韩国	5,231,136,825 €	3,818,729,882 €	73.0%	1,412,406,943 €	27.00%	836,981,892 €	16.00%	209,245,473 €	4.00%	366,179,578 €	7.00%
黎巴嫩	5,886 €	4,430 €	75.3%	1,456 €	24.70%	259 €	4.40%	332 €	5.64%	1,517 €	25.77%
中国澳门	93,102,806 €	78,862,512 €	84.7%	14,240,294 €	15.30%	4,075,045 €	4.38%	0 €	0.00%	10,165,249 €	10.92%
马来西亚	94,470,710 €	70,759,507 €	74.9%	23,711,203 €	25.10%	11,713,423 €	12.40%	11,997,780 €	12.70%	0 €	0.00%
毛里求斯-彩池制博彩	49,400,795 €	39,510,596 €	80.0%	9,890,199 €	20.02%	4,693,076 €	9.50%	5,187,084 €	10.50%	2,470,040 €	5.00%
毛里求斯-固定赔率博彩	89,607,148 €	67,205,361 €	75.0%	22,401,787 €	25.00%	8,512,679 €	9.50%	9,408,751 €	10.50%	4,480,357 €	5.00%
墨西哥	7,963,178 €	5,977,453 €	75.1%	1,985,725 €	24.94%	163,245 €	2.05%	0 €	0.00%	1,822,480 €	22.89%
摩洛哥	600,522,481 €	416,046,075 €	69.3%	184,476,406 €	30.72%	112,374,155 €	18.71%	25,730,013 €	4.28%	19,974,031 €	3.33%
荷兰	25,122,544 €	0 €	0.0%	25,122,544 €	100.00%	0 €	0.00%	0 €	0.00%	0 €	0.00%
新西兰	250,519,496 €	215,424,299 €	86.0%	35,095,197 €	14.01%	6,843,638 €	2.73%	14,249,644 €	5.69%	14,001,915 €	5.59%
新西兰-固定赔率博彩	121,624,774 €	104,586,397 €	86.0%	17,038,377 €	14.01%	3,322,520 €	2.73%	6,918,064 €	5.69%	6,797,794 €	5.59%
挪威	391,361,473 €	266,125,882 €	68.0%	125,235,671 €	32.00%	14,480,374 €	3.70%	1,117,600 €	0.29%	2,692,400 €	0.69%
巴拿马	39,054,314 €	12,725,035 €	32.6%	26,329,279 €	67.42%	0 €	0.00%	26,329,279 €	67.42%	0 €	0.00%
秘鲁	21,179,670 €	14,825,769 €	70.0%	6,353,901 €	30.00%	2,541,560 €	12.00%	0 €	0.00%	3,812,341 €	18.00%
波兰	2,859,484 €	2,144,613 €	75.0%	714,871 €	25.00%	57,189 €	2.00%	600,492 €	21.00%	57,190 €	2.00%
新加坡	737,062,100 €	574,671,280 €	78.0%	162,390,820 €	22.03%	38,506,970 €	5.22%	123,883,850 €	16.81%	0 €	0.00%
斯洛伐克-彩池制博彩	122,872 €	80,219 €	65.3%	42,653 €	34.71%	1,229 €	1.00%	37,424 €	30.46%	4,000 €	3.26%
南非	252,893,580 €	184,206,290 €	72.8%	68,687,290 €	27.16%	68,687,290 €	27.16%	0 €	0.00%	0 €	0.00%
西班牙-彩池制博彩	16,112,000 €	9,404,000 €	58.4%	6,708,000 €	41.63%	1,040,000 €	6.45%	5,668,000 €	35.18%	0 €	0.00%
西班牙-固定赔率博彩	230,376,000 €	209,338,000 €	90.9%	21,038,000 €	9.13%	3,654,000 €	1.59%	19,384,000 €	8.41%	0 €	0.00%
瑞典	1,386,941,600 €	964,184,400 €	69.5%	422,757,600 €	30.48%	154,025,600 €	11.11%	85,039,200 €	6.13%	178,612,800 €	12.88%
瑞士	104,922,660 €	78,691,568 €	75.0%	26,231,092 €	25.00%	8,973,300 €	8.55%	5,341,250 €	5.09%	2,914,186 €	2.78%
土耳其	1,102,685,783 €	551,342,891 €	50.0%	551,342,892 €	50.00%	308,752,019 €	28.00%	147,690,460 €	13.39%	94,900,412 €	8.61%
美国	9,095,924,200 €	0 €	0.0%	9,095,924,200 €	100.00%	0 €	0.00%	0 €	0.00%	0 €	0.00%
乌拉圭	21,080,339 €	14,746,320 €	70.0%	6,334,019 €	30.05%	0 €	0.00%	4,225,985 €	20.05%	2,108,034 €	10.00%
总计	105,432,761,018 €										

注：数据来源于国际赛马组织联盟 2017 年年报

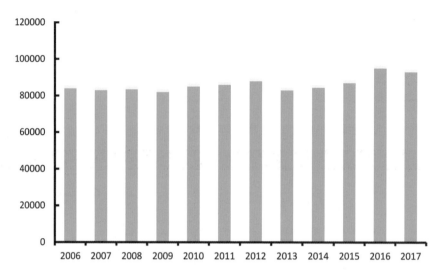

图 4-17   2006~2017 年全球马赛事投注总额(单位:百万欧元)

注 1:投注总额包括速步赛(美国的投注额只包括平地赛和越障赛)

注 2:数据来源于国际赛马组织联盟 2017 年年报

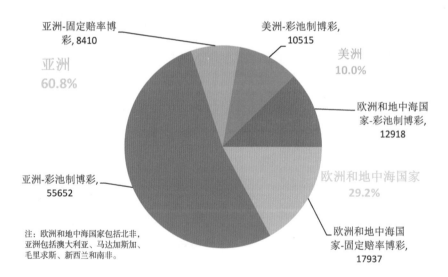

图 4-18   2017 年全球各地区投注额(单位:百万欧元)

注:数据来源于国际赛马组织联盟 2017 年年报

第五节 国际马福利的发展现状

马的驯化使它们能够为人类所用,从传统的战争和运输发展到今天常见的竞争和娱乐作用。虽然马在发展中国家的主要作用仍然是运输和农业用工,但在较富裕的国家,马现在主要用于竞技体育、娱乐和陪伴。这种用途的多样性导致马及其主人都面临福利问题。马的福利,特别是那些用于娱乐的马的福利,已成为一个日益重要的问题。

人们普遍认为,娱乐马匹的主人应负责他们的马的福利。据报道,在世界各地的休闲马匹群体中,相当大比例的福利问题是由于马主的疏忽或管理不善,而不是故意虐待的结果(Pearson,2004)。大量文献表明,马主不恰当的管理可能会对娱乐性马匹的健康和福利造成潜在的危害(Pearson,2004)。

目前关于娱乐马福利的科学文献主要集中于观察到的福利问题、可测量的福利指数、福利指数在马福利评估中的作用以及确定与娱乐马福利有关的关键因素等方面。

一、马福利指标

如前所述,关于休闲马福利的研究主要集中在测量动物福利指数方面,具体包括马的身体状况、马蹄条件、机动性,创伤和刻板行为(Cooper,2002)。

身体状况评分(BCS)最初用于牲畜,以提供一种方法来估计能量平衡、身体成分和身体储存来代替活体重变化。最近 BCS 已被用于评价马的体脂方面(Dugdale et al.,2010)。将 BCS 纳入农场福利评估得到了大力支持,主要是因为采用多点评分系统的易用性,以及它能够发现与福利相关的疾病,包括营养不良、营养过剩、代谢紊乱、蹄叶炎、次优管理和慢性应对困难

（Brinkmann et al.，2013）。正如 BCS 是基于动物的参数，能提供对动物福利的直接测量，因此为了有效地使用，通常需要相当多的时间、资源、专业知识或培训。在休闲马群体中，身体状况不适宜的现象时有发生，因此，BCS 作为福利指标在马福利评估中的应用越来越广泛。此外，还有一些学者用 BCS 来衡量日益增加但往往被低估的对马肥胖的福利关注（Robin et al.，2015）。

蹄况被认为是牛、马、猪等动物的总体护理和管理的一般指标。不适当的马蹄状况也可能表明当前的福利问题，因为马蹄形状的异常可能增加足部问题的发生率，并导致肢体问题。此外，据报道，马跛行的最常见原因是马蹄问题。马蹄状况不佳经常被报道为观察到的娱乐马福利问题，许多研究已经将马蹄状况作为马福利评估指标。然而，在所有的研究中，蹄况都是通过临床方法进行评估的，因此，要使蹄况成为一个有效且实用的现场福利指标，这种评估需要简化。修改当前蹄况评分以提高其适用性和可重复性，才可能使其成为一种评价马福利的指标，用来显示对娱乐马福利潜在的风险。

行为是动物福利指标中最容易应用的测量方法之一。然而，为了得到有效利用，它需要相当多的时间和资源。此外，行为评估和随后的数据解释还需要一定的专业知识。行为限制或剥夺被认为会使动物遭受痛苦。以行为测量和测试作为动物福利评估，是根据我们对正常行为模式的解释，即确定动物是否适应了它们的环境和管理系统，或者它们是否表现出了压力的迹象。积极福利的行为指标，如分房和躺卧行为，已经在许多研究中被用于评估马厩和密集圈养马的福利。异常行为，如刻板行为和过度攻击，通常被认为是消极福利的有效指标。睡眠行为被用作马的积极和消极福利的指标（Ninomiya，2008）。反弹行为指的是行为被剥夺或限制时，由此而产生的行为动机的积累，这可以在被剥夺的时期结束时进行测量，并已被证明它是马具有高度的动机来表现积极的运动行为和社会行为。因此，这些研究报告说明，没有机会满足这些行为需求的马比那些有机会满足这些行为需求的马的福利更差。Hockenhull 和 Whay（2014）的工作集中在调查预期行为作为潜在福利指标的可能性。

二、与娱乐马福利相关的因素

前一部分讨论的大多数研究都将娱乐马的福利状况归因于马主的管理不善,通常是由于无知造成的(Pearson,2004)。现有文献表明,马主管理不善的主要原因可能包括经济约束、对马管理知识的缺乏和对马所有权的承诺不足等(Pearson,2004)。不适当的管理可能包括饲料供应不足、喂养不当、马蹄护理不当、寄生虫控制不当、疾病或受伤未能得到适当的兽医治疗、牙齿护理不当、住所不当等(Pearson,2004)。

(一)管理实践对娱乐马福利结果的影响

在很大程度上,驯养马匹所处的环境与它们进化时的环境截然不同,集中管理的马的行为往往与自由放养的或野生的马的行为相差很大。这种行为的改变可能会对驯养马的健康和福利产生一系列影响。

在广阔或放牧条件下圈养的马,可通过每天的放牧时间,从各种草料上获得大部分的营养需求,相比之下,在密集条件下管理的马,如那些在马厩和小围场环境中生长的马,它们获得饲料的机会是受到限制的,这对它们的觅食行为和福利都有影响。

许多研究报告指出,与放牧或稳定的饲养条件相比,与浓缩饲料相关的快速消化有可能对马造成明显的生理干扰(Zeyner et al.,2004)。这些生理上的干扰被认为是导致高度管理的马发生消化障碍的原因。此外,精饲料中的高碳水化合物和谷物含量是与马的蹄叶炎相关的主要风险因素之一,这个健康问题,在休闲马群体的福利中受到了高度关注(Katz and Bailey,2012)。有相当多的证据表明,低饲粮的供应与喂养与马厩中的娱乐马匹的刻板行为的形成和增加有关(Normando et al.,2011)。虽然饲料限制与马的福利减少有关,但对许多业主来说,让休闲用马免费进入牧场并允许它们自己进行觅食是不可能的,因此需要采取其他措施来改善马的受限制环境。

虽然马是一种群居动物,然而,目前的管理实践往往使得娱乐马被单独饲养,以方便管理,因此,他们与同类接触的机会是有限的(Hartmann et al.,2012)。Mendl and Paul(1991)的研究表明,不适当的社会环境可能会损害社会物种的行为发展。因此,一匹马所处的社会环境可能会影响它对具有挑战性的情况作出反应的能力,从而改变它的行为和生理,从而损害它的福利(Rivera et al.,2002)。例如,与成对饲养的马相比,单独饲养的年轻马表现出更多与压力相关的行为(包括发声、排便、啃咬马厩门),而且进食时间更少。尽管有大量的研究表明,在群体中给马匹提供单独住所是有好处的,但并不是因为在社会交往活动中马容易受到伤害,这在 Jørgensen 等人(2009)的研究中得以证实。而且许多研究表明,社会限制是娱乐马的压力来源,有可能改变马的行为,最终损害其福利(Luescher et al.,1991;Redbo et al.,1998;Rivera et al.,2002)。

McLean 和 McGreevy(2010)在研究马厩设计时发现,与没有视觉接触的马厩相比,允许马之间有视觉接触的马厩设计与较低水平的刻板行为相关。此外,Cooper(2002)还发现,增加视野显著减少了马厩马的既定刻板行为模式,特别是为它们提供额外的机会来观察或与邻近的马进行社交互动。

在马棚中,娱乐用的马通常会被迫不动,这也有可能对它们的身体造成影响。如果马不能得到足够的锻炼,它们的肌腱、韧带和关节可能会失去弹性,从而更容易受伤。放牧的马在连续运动中花费相当多的时间,而马厩的马在面对短时间的具有挑战性的运动之前通常会保持大量时间的静止,McLean(1973)认为这种突然的肌肉活动可能会导致并发症。马在肌肉骨骼发育过程中运动的重要性体现在幼年早期的生物力学负荷对肌肉骨骼系统发育的重要性上。这种有限的锻炼似乎会阻碍正常的发育,但随着马的年龄增长,这种发育是无法纠正的。为了确保肌肉骨骼系统得到充分的调节,马厩中小马驹所需要的运动量应相当于它们在牧场自由运动时的运动量。

Ellis(1993)的研究都表明,娱乐马的福利可能取决于马主人对马的管理。然而,尽管大多数马主承认当前的许多管理实践可能损害马的福利,但他们并未改变。Pearson(2004)的研究指出,有福利问题的马的主人和没有福利问题的马的主人的主要区别似乎是对马所有权的承诺。有福利问题的

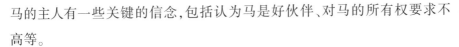

马的主人有一些关键的信念,包括认为马是好伙伴、对马的所有权要求不高等。

Hemsworth(2017)进行了一项基于观测的调查,研究了马主人的三种日常饲养行为(马蹄护理、寄生虫控制和牙齿护理)与马福利结果的关系,结果显示,养马人在控制寄生虫、马蹄护理及牙齿护理方面的适当行为与马的福利有正相关关系。

(二)人与动物关系对娱乐马福利结果的影响

有大量的研究表明,人与动物的关系,以及由此产生的人与动物的相互作用,可以对商业牲畜的行为、生理、福利和生产力产生实质性的影响。关于人与动物之间的关系对家畜的影响研究主要集中在日常处理涉及的人—动物相互作用对家畜的福利和生产力方面的影响。同时,也有证据表明,人与马的互动也是影响休闲马健康和福利的重要因素。

人类与马之间的互动有着悠久而多样的历史,主要依赖于人类的需求(Hausberger et al.,2008)。与许多其他主要用于肉类、牛奶或羊毛生产的驯养有蹄类动物不同,马已经用于休闲、运动和陪伴。因此,休闲马可能与各种各样的人进行互动,包括专业和非专业骑手、饲养员、看护人、农民、驯马师、马车夫、兽医和治疗师等。人类和娱乐马之间的互动可以从短暂的偶尔的互动,如放马人和马之间的互动,到主人和他们的马之间发展的长期关系进行分析。据报道,人和马之间的互动有可能对娱乐性的马和发生互动的个体的福利产生影响(Hausberger et al.,2008)。

人类和马之间的互动似乎是独一无二的。虽然它们与人—牲畜和人—同伴动物的互动有许多相似之处,但它们也有许多关键的不同之处。骑马是一种不同于把动物关在笼子或围栏里的剥削形式,驯马师的手和鞍下,能控制动物的移动和运动反应。从本质上讲,对马的使用与人类使用其他动物作为食物、纤维制品、运输和娱乐的用途并无区别。然而,对一些人来说,骑马有时确实涉及一种新的动机,即利用其来追求"胜利"——一种特别的人类心理满足。McLean 和 McGreevy(2010)虽然没有指出驯马和骑马有任

何道德上的错误,但他们提出,为了马的最优福利,人类必须对驯养的马承担道德责任。

骑马依赖于马和骑手之间微妙的互动,因此骑手对马的行为有着深远的影响。McLean 和 McGreevy(2010)的研究表明,不适当的训练方法可能导致马出现冲突行为,这有可能危及骑马者的安全,并导致马产生应激反应,对其福利产生损害。此外,Odber 和 Bouissou(2001)的研究进一步证明不适当的马匹训练可能带来的福利影响,在接受调查的 3000 多匹非赛马中,66% 的马在 2 至 7 岁之间被屠宰,主要原因是不适当的行为。赛马,目前正在被从福利的观点进行审查,特别是盛装舞步中使用的过度屈曲。过度屈曲是骑手在盛装舞步测试前热身过程中使用的一种练习,由于其限制马的视觉、呼吸和头部运动的倾向而招致批评。

在人与动物的互动方面,大多数的科学研究集中在动物是如何感知人类行为的,并将积极的、中性的和消极的刺激作为相互互动的结果。许多学者尝试用不同的方法来评估人和马之间的关系。这些测试包括评估马对人类反应的措施(Pritchard et al. ,2005),以及对人类反应的心率和皮质醇水平等生理指标(Rivera et al. ,2002)。这些研究表明,马与人互动的程度和形式(积极或消极)在马与人的关系中起着重要的作用。

第五章

我国马产业发展现状

第一节　现代赛马

赛马业是劳动高度密集型产业,彩票销售、赛马场及相关产业都会创造大量就业机会,直接就业包括骑师、驯马师、教练员、裁判员、复磅员、化验员、马场管理员、铁蹄师、马医等,同时,还能带动相关产业的发展并带来相应的第三产业的发展和就业机会,如电视报刊、旅游、餐饮、金融、广告等。据专家估计,如果全国开展赛马运动竞猜,从饲养、训练到销售、广告、交通、休闲娱乐、旅游、建筑等方面,整个赛马产业将提供 300 万到 500 万个就业岗位。

一、我国商业赛马的历史及展望

我国商业赛马发展出现过三次小高潮:第一次是在 1992 年邓小平视察南方诸省后,广州首先破冰成立赛马会,并举办了中华人民共和国成立以来第一次声势浩大的商业性赛马盛会——"广州马王赛",中断了近 30 年的赛马运动重新得到发展;第二次是 2005 年北京顺通赛马俱乐部开办的商业性赛马;第三次是武汉市兴建国际一流标准赛马场,连续 11 年举办国际赛马节,推动赛马赛事商业化发展。在这之间,由于我国博彩赛马被政府严令禁止,已有的赛马场,或转型,或在艰难维持中苦苦等待,甚至被迫关闭。经历了这一曲折的过程,人们对近代赛马认识更加成熟和全面,多地有新的大型赛马场建成或准备兴建,其中包括海南、天津、成都等地。

习近平总书记在 2013 年"两会"上强调:我国经济已由较长时期的两位数增长进入个位数增长阶段。在这个阶段,要突破自身发展瓶颈、解决深层次矛盾和问题,根本出路就在于创新。2018 年,中共中央国务院发布了《关于支持海南全面深化改革开放的指导意见》,指出了探索发展竞猜型体育彩票和大型国际赛事即开彩票。将竞猜型体育彩票与赛马赛事结合无疑是一种创新和尝试,新的产业发展模式必将给传统马业带来发展的新契机和新突破。

二、我国现代赛马概况

我国现代赛马比赛主要集中在 5~11 月,从 2015 年至 2018 年举办的国家级以上级别赛马比赛可以看出,我国现代赛马国家级以上级别比赛场数逐年递增,增长幅度较大(如图 5-1);马术俱乐部方面,我国从 2015 年到 2018 年,马术俱乐部同样呈渐增趋势,在 2017 年到 2018 年增长最快,增长率达到 19%(如图 5-2)。总体看来,我国现代赛马产业发展规模不断扩大,发展路径不断拓展。

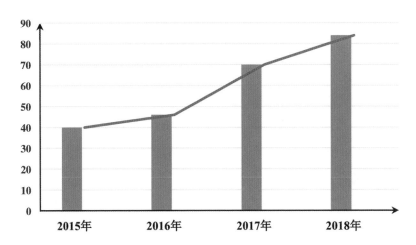

图 5-1　我国近四年现代赛马国家级以上级别比赛场数(单位:场)

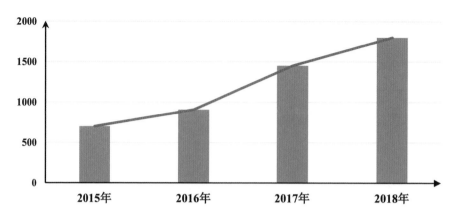

图 5-2　我国近四年马术俱乐部数量(单位:家)

注:数据来源于《中国统计年鉴-2018》

第二节　休闲骑乘

当前,随着我国各项事业飞速发展,城乡一体化建设的快速推进,城市生活节奏的持续加快,人们的活动空间日益减少,现有休闲活动已无法满足人们日益增长的休闲娱乐需求。休闲骑乘作为一种强身健体、愉悦身心的新型休闲娱乐活动,受到了大众的青睐。

目前,我国休闲骑乘由原始的骑马代步逐渐转化为"育马者+马主+设施提供者+骑马爱好者"的新产业发展模式,其中,马主与骑马爱好者的参与起到了重要的作用。休闲骑乘为我国部分地区经济转型、增收致富开辟了一条新道路,成为新的经济增长点。据不完全统计,目前,我国马匹存栏量接近 900 万匹,居世界第二,仅次于美国,其中每年用于旅游休闲骑乘的马匹80 万匹,全年马业产值中休闲骑乘业占 10% 左右份额,直接或间接拉动了就业人员近千万。

休闲骑乘不同于专业比赛,主要以娱乐为主,不以"赢"为目的。因此,对马的选择标准也与专业用马完全不同。专业用马看重马比赛中的表现能力，休闲骑乘的马主要考虑安全性、适用性、耐用性、观赏性、保值性。

目前，休闲骑乘在我国按地域特点大致可分为三类：

草原旅游区（内蒙古、新疆、西藏、川西高原等）：以游客草原休闲骑乘为主，骑手来自五湖四海，主要在马背上体验蓝天、白云、绿草地，体验在广袤的草原上天地合一的感觉，多以拍照和观光为主。马匹的提供有两种形式：景区自养和当地牧民有偿租用。马匹的种类以当地蒙古马居多，经营管理方式简单，具有参与性、娱乐性等特点。

环渤海片区：以美国西部牛仔风格骑乘为主，骑手们大多喜欢驱使胯下坐骑短途越野，进行骑乘探险。经常举办绕筒赛、套马赛等竞技比赛。马匹大多来源于俱乐部，经营管理方式专业化，具有参与性、刺激性、自发性等特点。

长江三角洲、珠江三角洲片区：以英式骑乘之风为盛，骑手们喜欢在规范的场地中，身着英式马术西装、紧身马裤，手持马鞭，练习盛装舞步等考验人马合一的骑术。马匹大多来源于俱乐部和自有，经营管理方式专业化，具有文化性、娱乐性等特点。

第三节　文化创意

文化创意产业作为经济转型过程中的重要产物，符合时代发展潮流，为社会大众所重视。由于其高附加值、发展可持续，高度融合等特征，作为朝阳产业已渐渐成为经济增长的新动力和未来经济发展的战略性选择。按国际标准核算，2017年我国文化创意产业增加值超过区域国内生产总值比重的6%，已成为经济支柱产业。据统计，全国规模以上文化及相关产业企业营业收入增长11.7%，其中文化创意产业2017年同比增长6.3%，占文化产业增加值的5%（如图5-3）。2004~2017年期间我国文化创意产业增加值

由 3440 亿元增长至 12052 亿元,年平均增速为 24.38%,占国内生产总值比重由 2.15%提升至 2.87%。最近几年,中共中央出台了《文化部"十三五"时期文化产业发展规划》《关于推进文化创意和设计服务与相关产业融合发展的若干意见》等文化创意相关政策,北京、上海可谓是排头兵,而其他区域中心城市、经济发达城市的政府也相继为文化创意产业的发展设立了长期规划。2007~2014 年期间,我国累计设立 116 支文化艺术产业投资基金,募集总额达 1000 亿元,为我国文化创意产业的发展和市场的整合提供了充足的条件。在良好的发展环境中,我国文化企业数量逐年增加,截至 2017 年,我国共有文化及相关产业法人单位 5.4 万家,规模以上文化企业 5.4 万家,资产总额约 17.56 万亿元(如表 5-1)。

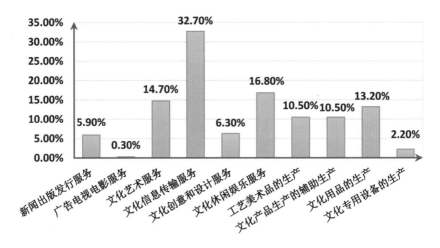

图 5-3　2017 年全国规模以上文化及相关产业企业营收增速

注:数据来源于《中国统计年鉴-2018》

表 5-1　2017 年全国规模以上文化及相关产业企业营业收入情况

企　业	绝对额(亿元)	比上一年同比增长(%)
新闻出版发行服务	3042	5.9
广告电视电影服务	1524	0.3
文化艺术服务	338	14.7
文化信息传输服务	6794	32.7
文化创意和设计服务	10342	6.3
文化休闲娱乐服务	1280	16.8
工艺美术品的生产	17006	10.5
文化产品生产的辅助生产	9186	10.5
文化用品的生产	33252	13.2
文化专用设备的生产	4984	2.2
新闻出版发行服务	65714	11.6
广告电视电影服务	14186	11.1
文化艺术服务	6988	16.3
文化信息传输服务	968	-2.5

注:数据来源于《中国统计年鉴-2018》

一、我国马文化创意活动

我国马文化创意目前逐渐形成以"文化"和"创意"为特征,以"产业"为根本属性,提供马文化产品(文化艺术、音像、传媒、表演艺术、工艺设计、服装设计)、马文化休闲旅游等融合性现代附加值产品。

2018 年,由万马奔腾艺术中心、内蒙古师范大学等单位联合主办了"万马奔腾 马文化主题创意设计作品展"国际交流盛会,以了解马文化、传承中国马文化、发扬蒙古马精神为主题。

2018 年,内蒙古社科联举办了征集"马文化主题动漫创意作品"活动。

2013～2018 年,我国相继在呼伦贝尔市、宜春市、通辽市、锡林浩特市等地区创建了马文化创新创意园区。

二、我国马文化创意产业园建设情况

马文化创意产业作为文化创意产业的一部分,经过一段时间的发展,已逐步形成文化创意产业与马文化领域深度结合的发展模式。据相关研究显示,我国马文化创意产业园区的建设从 20 世纪 90 年代起步,到 2002 年末仅有 3 个园区建成,2015 年出现井喷态势,达到 90 个,在 2017 年时达到 140 个园区的顶峰,随后,园区数量稍有回落,全国正常运作的园区在 120 个左右。在政府的积极引导下,我国马文化创意产业已基本形成以地域为特点、发展为目标的各种马文化创意产业基地和园区,为马文化创意市场的发展提供了良好的基础环境。

以内蒙古通辽市马文化创意产业园项目为例,该项目以马文化为产业龙头,以草原文化为基础,大力开展招商引资,力争通过项目建设逐步形成"文化+旅游+牧马小镇"的旅游发展新模式。该项目计划投资 10 亿元,建设内容包括大型赛马场、10 公里环沟(大青沟)万马跑道、马文化研究中心、马术马业学院(含马术运动专家社区和室内综合马术馆)、马博会所、马术俱乐部、马文化博物馆、马文华展览馆、育马基地、蒙东马匹及用具交易中心、马匹改良与蒙古马保护中心、马医院、会员及艺术家庄园、马文化主题演出中心、马产品深加工基地等,预计 2020 年建成。有需求才有市场,我国马文化创意市场远没有达到饱和,这种文化创意产业园区和基地的发展在一定程度上带动了整个国民经济的发展,创造了更多的就业机会,对企业和从业者来说都有较大的发展空间。

第四节 马匹繁育

一、我国马匹品种和数量概况

据统计,目前全球马品种有 300 多个,我国有 30 多个。我国的马种资源主要分布于东北、华北、西南、西北地区。我国养马业主要品种、区域分布、特征分析及 2017 我国各地区马匹存栏量对比如表 5-2、图 5-4 所示。

表 5-2　我国养马业主要品种、区域分布及特征分析

品　种	分布区域	特　征
蒙古马	主要产于内蒙古自治区、东北和华北大部地区及西部部分地区	适应性很好,从原产地至东北农区、黄淮平原,西达西北高原,都能适应
川　马	云南、四川、贵州、广西、湖北省西部山区以及陕西省南部、福建省沿海	体型矮小轻细,分化出白色马、贵州马、文山马、乌蒙马、大理马、建昌马、腾冲马、中甸马等优良种群
河曲马	甘肃、青海、四川三省交界地区	性情温驯、良好的适应性、较大的挽力和持久力
哈萨克马	新疆维吾尔自治区北部	哈萨克马体型比较粗重,阿尔泰马和柯尔克孜马都属此类型
西藏马	西藏自治区、青海省南部、四川省西部、云南省西北隅境内	西藏马的适应性强,在海拔 3000 米以上的地区仍能生存

我国是养马大国,过去养马业是一个很重要的产业,马匹主要用于军马、农耕、食用和娱乐等用途。近年来,我国经济发展转型,机械化和现代化发展迅速,机械耕作和运输逐步替代了畜力,随着军马和农耕役用马的大量退出,马匹存栏量下降明显。2017 年底,我国马匹存栏量下降至 343.65 万

匹,马匹存栏量总量同比减少 7.54 万匹(如图 5-5)。

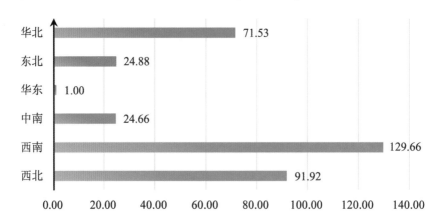

图 5-4　2017 年我国各区域马匹存量对比(单位:万匹)

注:数据来源于《中国统计年鉴-2018》

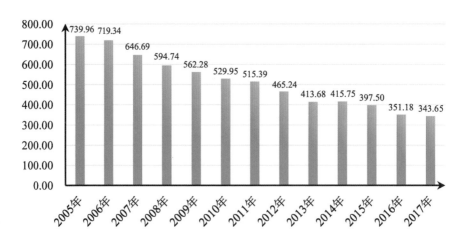

图 5-5　2005 年~2017 年我国马匹存栏量走势图(单位:万匹)

注:数据来源于《中国统计年鉴-2018》

　　我国马匹主要分布在四川、新疆、内蒙古、西藏、广西、黑龙江、云南、甘肃、贵州、青海等地区。2017 年,四川省马匹存栏量为 75.46 万匹,新疆地区马匹存栏量为 68.61 万匹,内蒙古地区马匹存栏量为 64.37 万匹,如表 5-3 所示。

表 5-3　2017 年我国马匹存栏量分省市统计

地区	存栏量(万匹)	地区	存栏量(万匹)
北京	0.22	湖北	0.55
天津	0.10	湖南	1.41
河北	5.86	广东	0.00
山西	0.98	广西	21.96
内蒙古	64.37	重庆	1.66
辽宁	6.91	四川	75.46
吉林	2.45	贵州	11.16
黑龙江	1.64	云南	15.29
上海	0.02	西藏	28.19
江苏	0.16	陕西	0.22
安徽	0.08	甘肃	11.86
福建	0.00	青海	11.10
山东	0.76	宁夏	0.14
河南	0.97	新疆	68.61

注:数据来源于《中国统计年鉴-2018》

二、我国马匹繁育现状

(一)马匹种质资源情况

2011 年末,世界马种资源共 570 个,区域性跨境马种资源 42 个。2015 年,我国有地方品种 29 个,培育品种 13 个(如表 5-4),已经形成种群的引入品种有 10 个以上,形成了品种丰富、分布广阔的马种资源,但 2/3 以上品种处于数量减少、濒危或濒临灭绝状态,我国马种资源正处于保种和向非役用转型的关键时期。

品种登记制度完备是世界马业发达国家的显著特点。登记是一切工作

的基础,也是育种、研究、组织赛事的必需条件。登记的内容包括父母信息、配种记录、出生日期、毛色、性别、马名和外貌特征等,马主或登记机构可按规定的表格进行登记并录入计算机系统。目前,我国马匹的系谱登记不完备,在马匹繁育过程中,优质基因不断退化。

表5-4　2015年我国马种资源发展态势

品种（个）	数量平稳（13）	数量减少（16）	濒危（9）	濒临灭绝（4）
地方品种（29）	阿巴嘎黑马、百色马、甘孜马、建昌马、贵州马、大理马、永宁吗、中甸马、柯尔克孜马、西藏马	蒙古马、锡尼河马、腾冲马、文山马、乌蒙马、云南矮马、岔口驿马、大通马、河曲马、柴达木马、玉树马、巴里坤马、哈萨克马、焉耆马	鄂伦春马、晋江马、利川马、德保矮马	宁强马
培育品种（13）	伊犁马、科尔沁马、新丽江马	关中马、山丹马	三河马、吉林马、渤海马、伊吾马、锡林郭勒马	金州马、铁铃挽马、张北马

注:数据来源于韩国才,2014

（二）马匹繁育情况

我国马匹保种育种严重滞后,导致我国的马匹优质基因退化。为了改良品种特性,我国每年向澳大利亚、荷兰、美国等国引进纯种马千余匹,但是,由于技术严重滞后,育成的马种与国际育成马种差距较大。近年来,我国不断派专家和学者进行沟通交流,向马业发达国家学习,提升保种育种技术。2013年伊犁德瑞骏发生物科技有限公司通过胚胎移植技术,将纯种汗血宝马胚胎移植到伊犁马母体代孕,2014年培育成功,成为我国首次人工繁育汗血宝马成功案例。后来采用此项成功的技术不断培育出优良马匹种群。目前,我国已有纯血马场3个,北京华骏育马有限公司已有纯血马1140

匹,加上日商投资龙头牧场和营口纯血马以及部分俱乐部的纯血马已超过3000匹,其中,部分为我国育成,部分为进口。我国在马匹繁育方面初见成效,前景广阔。

(三)马饲料发展现状

据中国纯血马登记管理委员会秘书长、知名马业专家王振山教授介绍,2015年国内马匹保有量大约是690万,绝大多数是农耕马,休闲娱乐仅占10%左右,但这也意味着有60多万匹马有喂精饲料的需求。王振山补充道,即使是6万匹,也是一个不小的数字。况且,我国马业市场不断在扩大,据官方统计,我国每年平均递增2000多匹进口马,还不包括非正规渠道进来的马和在国内繁育的休闲娱乐运动马。饲料对于马匹而言,是消耗品和刚需。当前我国并没有自己的饲料品牌,所以每年国内马展三分之一都是国外饲料品牌参展。这也说明国内马饲料市场具有发展潜力。

国内当前的精饲料售价多在5000元/吨以上,像目前得到市场认可的进口爱尔兰饲料品牌"康诺利红磨坊"售价在7000元/吨以上。进口饲料的品质能得到市场认可,但高昂的价格让很多马主望而却步,这直接导致国内大部分马主在自己配制、调拌饲料以降低喂养成本。但由于专业知识的缺乏,饲料配比的科学性和合理性无法保证。

新西兰"DUNSTAN"诞生于20世纪80年代中期,是新西兰最著名的饲料品牌。该产品在满足当地市场的同时,多出口至南半球国家,通过2015年与莱德马业的合作,进入中国市场。"DUNSTAN"将把世界领先的技术、设备、人才以及管理带入我国,填补我国市场的空白。

第五节　马产品开发

马的全身都是宝,马奶、马肉、马脂、孕马血清、马皮、马鬃、马骨、马尾、马胃液和孕马尿等都是可以带来巨大经济效益的宝贵原料,由此可以开发出许多高附加值产品。马产品开发具有巨大的市场前景,现阶段我国高附加值马产品市场占有率较低,马产品研发基础薄弱,与发达国家存在一定差距。

一、马肉开发

马肉有独特的营养价值,它瘦肉多、脂肪少,含有较多的不饱和脂肪酸,这种不饱和脂肪酸能够降低血管中胆固醇的沉积。近年来,国际市场对马肉的需求不断增长,马肉成为最畅销的肉类之一。在发达国家,马肉产业已经进入相对成熟的阶段,表现在马肉产品深加工程度高、市场规模大且呈逐步上升趋势,消费者对马肉产品消费心理成熟。

我国马肉制品开发时间不长,在整个肉类加工中所占比例不大,但由于其具有独特的营养和风味,受到越来越多人的喜爱。

据统计,2015 年我国的马肉产量达 20.91 万吨,居世界首位,约是产量第二国家(墨西哥)的 2.4 倍。从 1961 年到 2015 年,经过几十年的发展,世界马肉生产国已由原来的欧美国家为主转移到亚洲国家,特别是生产和市场潜力巨大的中国(如表 5-5)。

表 5-5　世界马肉产量前十名的国家

名次	1961 年		2015 年	
	国家	产肉量（吨）	国家	产肉量（吨）
1	法国	102000	中国	209100
2	意大利	46250	墨西哥	83700
3	墨西哥	42925	哈萨克斯坦	73633
4	巴西	39700	俄罗斯联邦	48500
5	阿根廷	27520	阿根廷	30351
6	蒙古国	26000	美国	29000
7	德国	25600	澳大利亚	26260
8	日本	23340	蒙古国	24888
9	中国	21600	巴西	22500
10	比利时与卢森堡	16906	吉尔吉斯	22100

　　由表可见,我国 1961 年马肉产量为 2.16 万吨,2015 年马肉产量为 20.91 万吨,54 年间增长了近 10 倍。可见,我国在世界马肉生产和供给中占据着越来越重要的地位。

　　我国肉用型马的生产和马肉加工在近十几年有了很大的发展,大连、天津、石家庄等地陆续建立了马肉加工企业,约每年屠宰两万匹马,主要出口于日本和欧洲一些国家。随着更多的人对马肉营养价值的认可和马肉加工工艺的发展,马肉及其加工产品必将成为国内市场上的一种紧俏产品。

　　我国马肉价格一般与牛肉相近,但在一些喜食地区,马肉价格高于牛肉。马肉消费主要集中在新疆、内蒙古等喜食马肉的少数民族聚集区,马肉市场销售量在逐年上升。

　　除鲜肉食用外,马肉还可制成各类深加工制品,如马肉干、马肉松、熏马肉、香肠、灌肠、腊肠、罐头等。

二、其他产品的利用

1. 孕马血清 为重要的生物医药原料,在母马妊娠55~100天内采血制作的血清含有孕马血清促性腺激素,具有促卵泡素和促黄体素的双重作用,其半衰期长,作用效果没有种间特异性,对促进家畜的发情排卵效果明显。发达国家早已将其列入制剂目录及药典。由于孕马血清促性腺激素功能特殊,在国内外广泛使用,产品长销不衰,需求量不断增长,价格不断上涨。由于孕马血清资源有限,导致国内外孕马血清促性腺激素供不应求,因而具有广阔的市场前景。

2. 精制马脂 精制马脂是从马脂组织中经萃取精制等工艺获得的产品,用途广泛。①抗衰老和软化血管:对高血压、动脉硬化等有显著的预防和治疗作用;②美容养颜:有吸收快、渗透力强、涂展性好的特点,可护肤养颜,可取代羊毛脂;③可做高级液体洗涤剂、皮革加工护理助剂、纺织助剂及精密仪表的润滑剂、防锈剂和缓蚀剂等。我国新疆普瑞特马业生物科技有限公司已开发出了精制马脂产品,研制出了马脂护肤化妆品和护发用品,产品进入市场后反响很好。但国内外尚无大规模的马脂原料生产和加工企业,还未形成大规模的批量生产,市场有需无货,潜力巨大。

3. 马乳 马奶比牛奶、羊奶等奶类更易被人体消化吸收。马奶成分接近人奶,适于缺乏母乳的新生儿食用。马乳制品有冰冻马乳、酸马奶(马奶酒)、马奶粉、奶片、马奶露、马奶啤酒等。

4. 结合雌激素 结合雌激素是从孕马尿中提取的一种具有生物活性的天然复合激素类物质,可用于防治生理和病理原因引起的雌激素分泌不足而导致的妇女更年期综合症、骨质疏松症。结合雌激素药品1942年就在美国上市,近10年来在世界处方药销售排名中一直处于前10位,且呈不断增长态势。

5. 加工副产品 精致马皮是制作各类皮帽、皮包、皮鞋等皮具制品的上等材料;马骨、马蹄、马尾等是重要的轻工业材料,可制作乐器弓弦、刷子、骨粉等;马肠可制成肠衣,用于灌制肠类制品;马肺等脏器可制成饲料粉;马胃液是提取生物活性物质的最理想原材料之一;马血经过不同加工可得到血浆、血红蛋白粉等。

第六节　人才教育

近年来,现代马业更趋于专业性、专门化,因此,无论是马匹的饲养管理、马匹调教训练、赛事赛程,还是以休闲娱乐为主的马术运动等方面都需要有章可依,而这些都需要大量的专业人才来完成。

一、我国马产业人才培养概况

目前,马产业相关专业人才储备不足,在国内从事马学学科教学与科研的专职人员极为短缺,直接影响着我国马产业科技人才队伍的建设。虽然我国高校近几年在马产业学科方面加大了投入,增加了学科设置,扩大了招生量,从一定程度上缓解了马业教练、骑师紧缺的问题,但马产业相关配套人才的稀缺,仍然是制约中国马产业快速健康发展的瓶颈。

在这种形式下,依据草原旅游区,环渤海片区,长江三角洲、珠江三角洲片区三大区马业人才的需求,高校依据地域特点开设了马术相关专业,主要教学模式有马术俱乐部模式、那达慕培养模式、学校基地培养模式、学校基地与国外联合培养模式、职业资格培养模式、校企合作模式等。虽然我国各地高校形成了多种马业人才培养模式,但仍和欧美等国的马产业人才培养存在较大差距。

近年来,由于马产业专业人才不断受到国家重视,我国马产业与世界马产业的交流合作持续增加,国内学者、马术运动员、教练员、马兽医、驯马师等先后到德国、法国、澳大利亚等进行学习深造。与现代马产业的国际合作

为我国马产业的发展奠定了坚实的专业基础,在探索和发展中逐步缩小差距,有助于我国在马产业人才培养上走出一条自己的道路。

二、我国马产业人才培养机构

2008年,武汉商学院率先在全国进行赛马人才培养。直至2010年,以农业类传统学院为主,合作办学为辅,马产业人才培养院校陆续增加到10所以上,涵盖运动马驯养与管理、动物医学马兽医方向、休闲体育专业等10多个专业。其中,内蒙古农业大学职业技术学院成为全国首个设立运动马驯养与管理专业的院校,同年,天津体育学院与武汉商学院合作,设立国内首个马产业硕士专业(体育专业硕士学位马术运动竞赛与管理方向)。近年来,我国不断加大马产业管理和技术人才培养,以满足日益增长的马产业市场需求,加快追赶欧美发达国家的步伐(如表5-6)。

表5-6 我国马产业专业人才培养机构表

名称	地点	性质	成立时间(年)	培训专业及内容	学制	授课地点及教师
内蒙古农业大学职业技术学院(内蒙古运动马学院)	包头市	全国高等职业教育示范院校建设院校	2010	运动马驯养与管理专业	三年	内蒙古农业大学职业技术学院
内蒙古农业大学	呼和浩特市	省重点大学,国家西部大开发"一省一校"重点支持建设院校	2012	动物医学马兽医方向	五年	内蒙古农业大学

名称	地点	性质	成立时间（年）	培训专业及内容	学制	授课地点及教师
东方马城马术学校	武汉市	由香港东方神马集团控股的东方神马实业(武汉)有限公司	2003	盛装舞步、障碍赛速度赛马、马球比赛等10多项课程	——	训练基地
山东体育学院	济南市	普通高等体育院校	2014	休闲体育专业	四年	与济南爱马人马术俱乐部联合办学
中国农业大学	北京市	"211""985"全国重点大学	2011	马术专业	四年	中国农业大学
四川传媒学院	成都市	应用型全日制普通高等学校	2015	马术运动与管理专业	两年	学校附近的马术俱乐部
武汉商学院（体育与马术学院）	武汉市	普通本科院校	2008	赛马产业、马术运动与管理,马术运动竞赛与管理方向(硕士点)	三年	武汉商学院、天津体育学院
青岛农业大学	青岛市	普通本科院校	2011	马业科学	四年	青岛农业大学
新疆农业大学	乌鲁木齐市	普通本科院校	2011	遗传与繁育	四年	新疆农业大学
西北农林科技大学	杨凌农业高新技术产业示范区	"985""211"重点院校	1934	动物医学	五年	西北农林科技大学

续表

名称	地点	性质	成立时间（年）	培训专业及内容	学制	授课地点及教师
锡林郭勒盟职业学院	锡林浩特市	全国高等职业院校	2016	运动训练（马术）	三年	锡林郭勒盟职业学院
莱德马术学院	乌兰浩特市	兴安职业技术学院与内蒙古莱德马业股份有限公司联合创办的马业高级人才培训机构	2015	运动马的驯养与管理	三年	兴安职业技术学院
鄂温克族自治旗职业中学	呼伦贝尔	全国高等职业中学	2016	马术专业	三年	鄂温克族自治旗职业中学与俱乐部
太原理工大学玉龙国际赛马学院	山西	国家"双一流"重点建设高校，国家"211工程"重点建设大学	2018	赛马	——	以山西玉龙马业发展有限公司为培训基地
河北省对外贸易职业学院	秦皇岛市	全国高等职业院校	2016	马术运动管理	三年	河北省对外贸易职业学院
中国马会·中奥邦成学院	北京	——	2018	——	——	——

第七节　行业协会

目前,中国有关马方面的行业协会共两家:中国马业协会和中国马术协会,其下分别设有地方行业协会数家。

一、中国马业协会

中国马业协会(简称"中国马会"),英文名称为 China Horse Industry Association(缩写 CHIA),源起于 1976 年 3 月,2002 年 10 月在"全国马匹育种委员会"和"中国纯血马登记管理协会"的基础上合并成立了"中国马业协会"。

中国马会的职能包括:加强行业自律,制定行规行约,协助政府有关部门完善行业管理,促进中国马业科学健康发展;参与制定马匹和马场的饲养、防疫、专业人员配备等标准,推进标准化管理;依照有关规定,制定和实施马属动物血统登记、种马选择和马匹比赛成绩认定的管理规则;接受农业部委托,负责全国马匹品种登记工作,完善马匹品种登记制度,加强与国外马(驴)品种登记组织的交流与合作;按照国际纯血马登记管理委员会规则,全权负责中国境内纯血马的登记和管理工作;出版发行中国纯血马登记册;根据《中华人民共和国畜牧法》和《优良种畜登记规则》相关规定,组织实施马匹性能测定(速力、挽力、持久力等)的工作;开展行业培训,提供产业咨询,组织专业交流,促进产品开发与技术推广,加强专业化队伍建设;受政府委托承办或根据市场和行业发展需要,组织展览会、展销会,组织或协调有关单位进行评比、拍卖、进出口贸易、赛马、马术竞技比赛及登记管理等工作,弘扬民族文化,提高全民马文化水平;依照有关规定,经批准,组织实施马匹特别是运动马匹的违禁药物检测;依照有关规定,出版发行《中国马会》

期刊和专业图书、图片、音视频等资料。

中国马会创办的重要品牌活动有中华民族大赛马、中国马会北京时间、中国马会天山论马、中国马会广东讲习、中国马会上海论道、全国各级马业社团组织会长秘书长论坛等，并倡导确立了每年的9月19日为"中国爱马日"。2018年4月，中国马业协会与世界马医协会共同主办第15届世界马医大会暨2018"一带一路"国际马展。

二、中国马术协会

中国马术协会(简称"中国马协")，英文名称为 Chinese Equestrian Association(缩写 CEA)。中国马术协会成立于1979年，是由从事和热爱马上运动的团体和个人自愿结成的全国性、行业性、非营利性的社会组织，接受国家体育总局的业务指导和民政部的监督管理，总部设在北京。

中国马术协会是中华全国体育总会的团体会员，是中国奥林匹克委员会承认的全国性运动协会，1982年成为国际马联的正式会员，是代表中国参加各类国际马上体育活动，以及参加国际马术联合会、亚洲马术联合会、国际速度赛马组织、国际马球组织、国际绕桶联盟组织和其他国际马上运动(体育)组织的唯一合法组织。作为中国马术运动的最高管理机构，中国马术协会负责场地障碍、盛装舞步、三项赛、速度赛、耐力赛、绕桶赛、马球等各类马术运动在中国的推广和与国际组织的交流。

中国马协的目标是研究、制定发展规划和方针政策；组织、实施各项竞赛活动；组织各级教练员、骑师、裁判员培训；制定运动用马管理规定；评定、审核运动用马的种类和等级划分；组织选拔运动员参加国际和全国性比赛活动；办理有关国际比赛事宜和赛马进出口工作。

中国马会的业务包括：宣传和普及马术运动，积极组织并支持国内各种等级和不同类型的马术活动，加强各会员协会之间的联系与交流，增进马术运动员、工作者之间的团结和友谊；根据国家体育行政主管部门和国际体育组织有关规定，负责协调、组织举办国际性比赛，向有关部门提出国际活动及有关事项的建议,获批准后负责全面实施;拟定有关马术教练员、运动员管理制度、竞赛制度,报请国家体育行政主管部门批准后施行;负责协调、组织马术教练员、裁判员、运动员的培训工作,制定马术运动员、教练员、裁判员的技术等级制度,负责运动员资格的审查和处理;根据国家体育行政管理部门和全国体总、中国奥委会的规定,选拔和推荐国家队教练员、运动员,负责组织国家队集训和参加马术比赛;负责教练员出国任教的选拔和运动员个人到境外训练、比赛的归口管理工作;负责协调和组织马术运动的科学研究工作;开展与项目发展有关的非经营性活动,为马术事业的发展积累资金。

第六章

内蒙古马产业发展现状

内蒙古是具有深厚的马文化底蕴的少数民族地区,草原文化和蒙古族文化都是以马的形象和马文化为重要标志。牧民的生活形式和生活方式都离不开马。可以说,内蒙古是马的摇篮、现代马的发源地,在内蒙古的蒙古族聚集地区养马、发展马业是畜牧业必不可少的一项内容。近年来,内蒙古各级政府非常重视马产业的发展。2017年12月,内蒙古自治区人民政府出台《关于促进现代马产业发展的若干意见》,制定和落实支持现代马产业发展的配套政策和相关措施,将促进现代马产业发展纳入当地经济社会发展规划中;2018年11月,内蒙古自治区农牧业厅印发了《现代马产业发展重点项目实施方案》的通知,这些政策和措施将大力推动马产业发展的步伐。

一、内蒙古马产业发展总体状况

2017年,我国马匹饲养量达343.6万匹,主要集中在内蒙古自治区、新疆维吾尔自治区、四川省、广西壮族自治区和西藏自治区,其中我区马匹数量64.4万匹,仅次于四川省(75.5万匹)和新疆(68.6万匹),位居全国第三位。

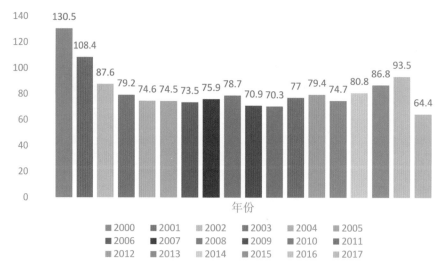

图6-1　内蒙古马匹数量变化(单位:万匹)

注:数据来源于《中国统计年鉴-2018》

2010 年以来,我区马匹数量有逐年增加趋势,由 2010 年 70.3 万匹增加到 2016 年的 93.5 万匹,2017 年略有下降。品种以蒙古马、三河马、纯血马、温血马为主。我区各地积极探索和加快推进马产业发展,采取各种措施促进马产业与旅游休闲娱乐融合,重视马匹的繁育与培养工作,积极发展民族和现代赛马,开发酸马奶、马肉等马产品。从总体上看,我区现代马产业虽然还处于起步阶段,但养马、驯马历史悠久,马品种资源丰富,马文化丰富多彩、底蕴深厚,现代马产业发展前景极其广阔。

表 6-1　内蒙古地区主要马匹存栏量(2017 年)

盟　市	马匹品种及数量(匹)				
	蒙古马	纯血马	温血马	改良马	三河马
呼伦贝尔市	151320	38810	5286		78503
锡林郭勒盟	182390	9627	3432	23245	
通辽市	150168	8958	3769	19267	
赤峰市	100864	7634	40169	13246	
兴安盟	48471	3632	1581	11089	
鄂尔多斯市	3218	947		1069	
总计	636431	69608	54237	67916	78503
占全区总量(%)	70.2	7.7	6.0	7.5	8.6

二、国内马匹进口情况

2016 年,全国进口非屠宰马的数量约 1800 匹(见表 6-2),品种以温血马、纯血马为主,另外约有 140 匹到中国参加比赛,赛后即离境。从表 6-3 可见,2016 年全国进口马匹国家主要有荷兰、新西兰、澳大利亚等。

表 6-2　2015～2016 年全国进口马匹品种情况

品种	2015 年		2016 年	
	数量(匹)	比例	数量(匹)	比例
温血马	500	22.52%	500	29.24%
纯血马	500	22.52%	480	28.07%
迷你马	360	16.22%	220	12.86%
阿哈尔捷金	180	8.11%	60	3.51%
蒙古马	130	5.65%	210	12.28%
阿拉伯马	70	3.15%	20	1.17%
奥尔洛夫马	70	3.15%	20	1.17%
弗里斯马	50	2.46%	20	1.17%
其他品种	360	16.22%	180	10.53%
合计	2220	100.00%	1710	100.00%

表 6-3　2015～2016 年全国进口马匹国家情况

2015 年			2016 年		
国家	数量(匹)	比例	国家	数量(匹)	比例
荷兰	800	34.78%	荷兰	700	38.89%
新西兰	300	13.04%	新西兰	300	16.67%
澳大利亚	230	10.00%	澳大利亚	210	11.67%
蒙古国	180	7.83%	蒙古	190	10.56%
哈萨克斯坦	170	7.39%	俄罗斯	80	4.44%
美国	150	6.52%	德国	75	4.17%
俄罗斯	110	4.78%	西班牙	40	2.22%
德国	100	4.35%	比利时	35	1.94%
其他国家	260	11.30%	其他国家	170	9.44%
合计	2300	100.00%	合计	1800	100.00%

内蒙古马匹进口国家主要有美国、英国、爱尔兰、荷兰、新西兰、澳大利亚、蒙古国、俄罗斯等。进口马匹品种主要为蒙古马、奥尔洛夫马、安达卢西亚马、卢西塔诺马、德国温血马、速步马、阿拉伯马、纯血马、弗里斯马、设特兰矮马、比利时温血马、美国花马等竞技比赛、观赏用马和喀扎那特、库斯塔乃、杰也别、阿代等优良种用马。

第一节　马匹繁育情况

内蒙古是我国乃至世界马匹品种资源最丰富的地区之一，有自然形成品种如蒙古马，主要包括乌珠穆沁马和乌审马两大类群；有人工培育品种，如"兴安马"、三河马、锡林郭勒马、新锡林郭勒马；有引进品种，如纯血马、阿哈尔捷金马、温血马、美国花马、冷血马等 10 多个优良品种。

进入 21 世纪后，随着经济社会的发展和人民生活水平的提高及赛马运动的发展，民众对高质量的骑乘马需求日益增加。为提高马匹品质，内蒙古部分马场、马术俱乐部先后引进了品质更好的英纯血马、阿拉伯马、温血马等品种开展纯种繁育和杂交改良，以生产高质量的竞赛用马和培育专项性能的国产运动马。但目前为止，我区仍然是蒙古马的主产区，马匹的繁育依旧以传统的马群自然交配为主，没有建立起一套完善的马匹繁育体系，蒙古马优良基因在不断退化。当前，随着内蒙古养马业的不断发展，人们逐步认识到，加快我区现代马产业发展，必须首先加强育马业的发展。因此，在建立专业的马匹繁育基地的基础上，我区已经开始实行马匹的人工繁育和改良，有计划有组织开展杂交改良和育种工作，自主培育出科尔沁马、三河马和锡林郭勒马。此外，在引进纯血马、阿拉伯马等品种的同时，我区利用蒙古马善于长距离持续奔跑的优势，着力培育耐力强、速度快的竞技马新品系和蒙古马新品系。下面，对我区主要的马匹培育基地作简要介绍。

一、内蒙古农业大学职业技术学院运动马学院

内蒙古运动马学院(内蒙古农业大学职业技术学院)位于包头市土默特右旗境内,现建有教学马场一个,占地103.1亩。学校有教学用英国纯血马38匹;繁育母马20余匹,包括纯血母马4匹、蒙古马10余匹、渤海马3匹、三河马3匹;种公马6匹,主要包括纯血马、温血马、蒙古马和渤海马多个品种;人工繁育改良马驹10余匹。2015年,运动马学院马匹驯养基地开始实施马匹人工繁育与改良工作。通过引进国际先进的马匹冷鲜精液、冷冻精液人工授精技术获得多匹具有优良基因的改良马匹。从2017年开始,内蒙古运动马学院马匹人工繁育团队多次深入锡林郭勒盟苏尼特左旗和苏尼特右旗为牧民开展马匹人工繁育技术培训,为牧民的马群进行人工繁育和改良工作。

二、白音锡勒草原马场

内蒙古锡林郭勒盟白音锡勒草原马场位于锡林浩特市东南60公里处,坐落在巴音锡勒草原上。锡林郭勒盟巴音锡勒草原是内蒙古中部的一个真正的原始大草原,是内蒙古自治区较早开展马匹改良和人工繁育的草原马场。

白音锡勒草原马场是培育竞技型新锡林郭勒马品系的基地,把新锡林郭勒马培育为长距离耐力好、短距离速度快的适合我国现代马产业发展需求的经济型新品系。马场的马匹培育技术流程为:制订选配计划→配种→繁殖→产驹→调教马匹→选留为种马或出场。新锡林郭勒马是以优秀的蒙古马为母本、引进的优良纯血马(有比赛成绩)为父本进行杂交,培育到第四代杂种马进行横交固定,完成新品系的繁育。

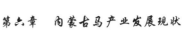

表 6-4　2009~2017 年新锡林郭勒马匹繁育情况

	2009 年	2010 年	2011 年	2012 年	2013 年	2014 年	2015 年	2016 年	2017 年
参配母马(匹)	154	160	162	178	185	196	208	214	225
受胎率	47%	75%	78%	75%	77%	78%	79%	78%	77%

马场在进行马匹培育的同时,还对马驹进行调教、训练。如今,2009 年和 2010 年的马驹都已成年,在各大小赛场上经常能看到拥有"太阳花"烙印的马匹驰骋在赛道上,并取得许多骄人的成绩。2012 年 9 月在鄂尔多斯举行的中国首届马术节上 83 公里国际标准耐力赛的比赛中,一匹 10 岁印有"太阳花"烙印的 203 号新锡林郭勒马获得了冠军;2017 年 9 月 24 日,在鄂尔多斯市伊金霍洛旗举办的首届中国马术大赛上 83 公里国际标准耐力赛中,一匹肩印有"太阳花"的骏马最先冲过终点。近几年,在我区举办的大大小小的赛事中,"太阳花"——白音锡勒草原马场培育出的新马屡屡夺冠。被注入英国纯血马血液的新锡林郭勒马体型高大优美,既有速度,又有耐力。从这些马匹的表现来看,经过改良后马匹的性能确实有了很大的提高。

白音锡勒草原马场不仅是"内蒙古马业科学研究与开发应用"创新团队的试验基地,而且是内蒙古农业大学动物科学学院本科生实训基地。马场每年为我区乃至全国培育出优秀的马匹,同时为马产业人才提供了实践平台。

三、鄂温克族自治旗科兴马业发展有限公司

鄂温克族自治旗科兴马业发展有限公司是呼伦贝尔市特色马产业龙头企业,总产值 2000 万元。该公司以种业创新为起点,引进英国纯血马、法国速步马、奥尔洛夫马等国外优良品种种公马 20 余匹,引进国际先进的马冷鲜精液、冷冻精液人工授精技术,建立了 100 余匹规模三河马育种核心群。公

司主要利用英国纯血马、俄罗斯布琼尼马速度快、遗传性稳定,三河马耐力好、适应性强等特点进行杂交改良,培育和调教竞技赛马、旅游骑乘马、娱乐用马、休闲骑乘马。2017年育种群规模突破400匹,包括引进品种种公马9匹、三河马种公马10匹、成年母马163匹、育成马171匹、幼驹40余匹。并与日本、法国、俄罗斯、美国、德国、澳大利亚、吉尔吉斯斯坦、阿根廷等国家马产业机构建立合作关系,引进国外先进的马匹育种繁殖技术,不断提高供种配种技术能力,搭建三河马乘用型新品系选育联合育马框架,辐射鄂温克族自治旗、新巴尔虎左旗6000余匹规模马群,完成1200余匹母马的选种选配育种任务,获得926匹选育后代。

2017年,科兴马业发展有限公司在国家科技部国际科技合作基地引进专家团队,成立了科兴马业现代马产业研究院,通过组建马产业技术研发团队,促进科技成果转化。该研究院现拥有三河马种质研究实验室1000平方米,具有冷冻精液实验室、胚胎移植实验室、采精大厅、基因库、质量检测实验室、育种数据资料室、技术培训厅等多个功能科室,常年与中国农业大学、中国农业科学院哈尔滨兽医研究所、内蒙古农业大学、呼伦贝尔学院、内蒙古自治区畜牧工作站、呼伦贝尔市畜牧研究所、呼伦贝尔市畜牧工作站等高校、科研院所合作,承担20余项国家、自治区、市级科研课题。

四、内蒙古卡伦堡大兴安岭马繁育有限公司

公司成立于2011年8月10日,在凤凰山庄卡伦堡马场建立了"大兴安岭森林马良种繁育区",繁育区内现有大兴安岭马600余匹,其中种公马15匹、基础母马400匹、育成马200匹。公司在进行大兴安岭森林马纯种繁育的同时,尝试用纯血马、阿尔哈捷金马(汗血宝马)、阿拉伯马与大兴安岭森林马进行杂交试验,加大大兴安岭森林马向轻型化选育的力度,目标是培育适于休闲娱乐骑乘的专门化马种,体型结构优良兼外貌体质上佳的休闲骑乘用马,并进一步完善马场管理,规范大兴安岭森林马休闲娱乐骑乘型的选育规划。公司着力将大兴安岭马在旅游、休闲娱乐、竞技比赛等方面进行开

发利用,开拓大兴安岭马发展的途径。公司建立了以大兴安岭马核心群和选育群为重点的良种繁育体系,建立了完善的育种技术档案,加强了选育群的饲养管理,提高了优质种马利用率。

五、通辽市马匹繁育

通辽市重点保护的马品种为科尔沁马和蒙古马。自 1950 年起,先后引进了三河马、顿河、苏高血、阿尔登等品种的种公马,对当地蒙古马采取级进杂交和复杂杂交方式进行改良,又根据对自治区西部、新疆、西藏、甘肃、宁夏等地的马市场需求情况的分析,先后购进俄系种公马、汗血种公马、新西兰纯血马,与存栏的纯血统马进行杂交改良,使马品种多样化。主要有以下四种:蒙古×三河(级进 2~3 代),蒙古×三河×苏高血,蒙古×苏高血(或顿河级进或复交二代),蒙古×三河(苏高血、顿河)×阿尔登(苏重挽)。

当前,通辽市马品种改良采取自然交配与常温人工授精相结合的方式,多数散养殖户通过与周边良种种马进行自然交配的方式进行改良,部分地区和有一定规模的养殖户在旗县、苏木乡镇家畜改良部门人口受精技术员的指导下采取常温人工受精进行改良。

六、鄂尔多斯市马匹繁育

截至 2016 年,鄂尔多斯市有马匹 1.5 万匹,品种以蒙古马为主,主要集中在乌审旗、鄂托克前旗、鄂托克旗、杭锦旗、达拉特旗、鄂托克前期、伊金霍洛旗等地。引进国外马匹 7 种 160 余匹,引进国内马种 260 余匹,用于赛马和配种繁育。已建成蒙古马改良基地、天骄御马苑、走马御马苑、达拉特旗邦成马匹基地等 5 个马匹繁育基地。其中,蒙古马改良基地面积 10 万亩,初步具备了蒙古马改良繁育能力。天骄御马苑和走马御马苑已经位列内蒙古三大竞技马新品系培育基地;天骄御马苑拥有 100 匹高端马,每年可稳定培育良马 30~50 匹;走马御马苑可稳定培育良马 67 匹。目前,鄂尔多斯市的

良种马群已初具规模,走马质量逐年提高。

第二节　产品开发情况

马的全身都是宝,马奶、马肉、马脂、孕马血清、马皮、马鬃、马骨、马尾、马胃液和孕马尿等都是可以带来巨大经济效益的宝贵原料,由此可以开发出天然、绿色、营养的高附加值产品。内蒙古马产品的开发重点在马奶制品的开发利用上。

一、马奶制品的开发利用

蒙古族有喝酸马奶和马奶酒的习惯。每年七八月份牛肥马壮,是酿制马奶酒的季节。马奶酒和酸马奶开发利用比较好的地区当属锡林郭勒盟,尤其是阿巴嘎旗和东乌珠穆沁旗、二连浩特市、锡林浩特市,产品开发已初具规模,市场范围不断扩大(详见表6-5)。其他盟市,如鄂尔多斯市、呼伦贝尔市等地,马奶产量也初具规模。

表6-5　锡林郭勒盟马奶生产合作社具体情况统计表

合作社所在地	合作社数量(个)	成员户数(户)	占地总面积(平方米)	员工人数(人)	年产值(万元)
二连浩特市	6	60	4200	115	380
锡林浩特市	3	32	5890	30	109
阿巴嘎旗	5	45	2000	107	165
东乌珠穆沁旗	15	93	30000	180	898
苏尼特右旗	2	12	1200	24	23
镶黄旗	11	63	9130	130	138
西乌珠穆沁旗	17	105	35000	210	1262

照富经贸有限责任公司是阿巴嘎旗一家马奶生产和销售的企业。在阿巴嘎旗政府的支持下,该公司把周边养马的牧户组织起来,成立了黑马合作社,通过收购马奶,带动了牧民致富增收,也带动了大家养马的积极性。目前,已经有57家牧户加入了该合作社。2015年,该公司出资1000万元在阿巴嘎旗建成了1136平方米的马奶生产加工、销售、存储为一体的马奶生产基地,每年生产马奶50多吨,产值200余万元,实现了马奶加工、销售、存储为一体的批量化生产。该公司是全国第一家通过ISO9001:2015质量管理体系和乳制品HACCP食品安全管理体系认证的马奶企业,在马奶加工和研发方面处于行业领先水平。

阿巴嘎旗阿吉泰生物技术开发有限公司是一家运用现代生物技术从事畜产品研发、生产、销售为一体的民营创新企业。公司成立以来积极与知名高校、科研单位开展技术合作,以冷冻干酸奶马奶粉为原料,开发研制酸马奶粉食品、马奶化妆品、酸马奶保健药品等10余种产品,并已申请国家3项生产专利。该公司研发的马奶雪颜紧致修护系列化妆品于2017年成功上市,有天然、绿色、无害、滋养等特点,但因其上市时间短,销售渠道单一(上市之初仅通过微商推广),受众面较狭窄,产品宣传不足,销量不理想。

酸马奶疗法:酸马奶疗法是使用酸马奶对某些疾病进行治疗的方法,早在14世纪,著名的元代宫廷饮膳太医、蒙古族营养学家忽思慧所著的《饮膳正要》中就记载了大量的蒙古族饮食卫生及饮食疗法的内容。蒙古人在长期的酸马奶治疗疾病的临床经验中获得了丰富的治疗经验,对高血压、瘫痪、冠状动脉粥样硬化性心脏病、肺结核、慢性胃炎、十二指肠溃疡、肠结核、细菌性痢疾、糖尿病等疾病用酸马奶疗法有显著疗效。锡林郭勒盟蒙医医院从1961年开始开展酸马奶疗法,并进行了临床疗效研究,结果显示酸马奶具有显著的降血压、降血脂等功效。2013年,锡林郭勒盟蒙医医院建立策格工作室,不断完善策格的临床疗法及对疾病的预防保健作用,同时,将这种疗法从过去的夏季疗程拓展到四季疗程。该医院对188名高血脂患者进行了酸马奶疗法测试,结果得出有效率在93%以上。

二、马肉的开发利用

马肉在国际市场上盛销不衰,尤其在欧美许多国家及日本、韩国、菲律宾等国大受欢迎。马肉已经成为我国哈萨克族等少数民族人们日常生活不可缺少的肉食品。在食用方式上,除将鲜马肉烹饪之外,还有多种多样的加工制品。同牛肉、羊肉、猪肉相比,马肉具有高蛋白、低脂肪的特点,因此深受广大消费者的青睐。我区马匹数量有逐年增长趋势,但马匹多用于赛马、休闲骑乘、旅游等,在蒙古人眼中,马是人们最忠诚的伙伴,因此很少食用马肉,和牛羊相比,马的屠宰量较少,每年的增长幅度不大。马肉进口量总体上逐年增加,而且多销往北京、河北、东北、天津、新疆等地,内蒙古市场较小。近年来,马肉产量及进口量如表6-6所示。

表6-6 马肉屠宰及进口量

	2012 年	2013 年	2014 年	2015 年	2016 年	2017 年	2018 年
屠宰量(吨)	4807.5	4797.5	4902.4	5023.6	5245.2	5367.4	5423.2
进口量(吨)	164.01	2296.16	753.01	2108.44	2754.8	23069.3	29000

注:数据来源于《内蒙古统计年鉴2018》

目前市场上主要的马肉产品有分割冷鲜马肉、冷冻马肉、熏马肉、熏马肠、马肉干、马肉松、马肉香肠及其他马肉制品。据不完全统计,内蒙古马业主要发展城市之一呼伦贝尔市销售马肉制品的企业主要有6家,具体情况如下表。

表 6-7 呼伦贝尔市马肉生产企业具体情况统计表

企业(合作社)名称	基本情况	经营方向和主要产品	所在旗县区
兴安绿康公司	存栏 65	旅游、肉用	鄂伦春自治旗
志远牲畜养殖合作社	成立于 2012 年 12 月,现有马 240 匹	旅游、肉用	额尔古纳市
呼伦贝尔腾骏有限公司	现有马 210 匹	肉用、旅游	额尔古纳市
巴彦嵯岗苏木敖拉马业合作社	2010 年 11 月成立于巴彦嵯岗苏木	饲养、马匹改良、销售马肉	鄂温克族自治旗
鄂温克族自治旗骏马马业牧民专业合作社	位于锡尼河西苏木,成立于 2015 年	马养殖、销售马肉	鄂温克族自治旗
鄂温克族自治旗好力宝诺尔畜牧业牧民专业合作社	2014 年 1 月 2 日成立于呼伦贝尔市鄂温克族自治旗锡尼河西苏木浩力宝嘎查	马饲养、销售马肉、牧户游	鄂温克族自治旗

三、孕马血清的开发

孕马血清是珍贵的药物原料:在母马妊娠 55~100 天内采血制作的血清含有孕马血清促性腺激素,具有促卵泡素和促黄体素的双重作用,而且半衰期长,作用效果没有种间特异性。我区有多家企业对孕马血清进行产品开发,其中具有代表性的企业如下:

内蒙古赤峰市博恩药业是一家以生物、生化、动物脏器、血液制药为主体的科技型生产企业,主要生产孕马血清促性腺激素和破伤风抗毒素抗体血清系列产品,共 5 条生产线 18 个品种。该公司自有马 2000 多匹,具有一整套的马匹检疫、饲养繁殖、马匹副产品加工利用的生产管理体系和生产加

工技术,以保证妊娠母马血清提取生产孕马血清原料。现生产的 400 单位/支、1000 单位/支孕马血清已销售到内蒙古、辽宁、河北、北京、天津、山东、广西、青海等地,深受广大消费者欢迎。

四、马产品的综合开发利用

目前,我区正在积极扶持培育一批马产品生产加工龙头企业,鼓励开展高端养生系列马产品研发,充分挖掘马产品食用、药用及保健价值,开发马肉、马奶饮品等食用产品,推广马奶、马骨粉、马血清、结合雌激素、马脂等产品在蒙医蒙药领域及护肤领域的应用,旨在将内蒙古打造成国内最主要的马产品加工销售基地。

2017 年 4 月落地的中蕴实业集团有限公司马产业综合利用项目,总投资 2.5 亿元,将开发面向全球市场的孕马血清、结合雌激素等生物制品,马油、马奶等日化制品,产业化酸马奶、马奶乳酸菌饮料、马奶粉、马奶酒等食品饮品,马臀皮等生活用品,马骨胶片等医疗影像用品,马尾鬃毛等文化用品以及民族工艺品等六大品系 745 个高附加值产品,形成完整的马产业链。2018 年中国国际食品饮料展览会上,中蕴生产的马产品——“元一”元玉浆(酸马奶乳酸菌)饮品和“极马力”系列酸马奶活力饮品首批签订的国内国际销售订单额达 6 亿元,研发的“伯尔尼”马奶啤酒已完成产品试生产,即将上市。中蕴将全产业链形成产能后,可每年实现销售收入 50 亿元,利润 7.5 亿元。随着中蕴马产业基地的建成,我区将形成完整的马产业链,这将提高我区产品马业的市场竞争力。

第三节　饲草料的种植

我国饲料行业的主打产品为鸡饲料、鱼饲料及其他哺乳动物饲料,草食性动物饲料一直处于边缘化状态,尚未形成科研及生产一体的产业化发展模式。目前,全国进口各类马匹和国内繁育的国外品种存栏 3 万匹,每年消耗牧草量约 10.8 万吨。全国有 700 万匹国产马,如果 30% 的牧草由内蒙古提供,大约每年需要提供 3.2 万吨牧草。但长期以来,受干旱气候的影响,内蒙古仅有 65% 的草场可提供干草,年产量大约为 8000 吨。加之草原退化,干牧草产量及质量也随之下降。目前,我区优质牧草仍需从美国和蒙古国进口,且数量逐年增加,导致养马业的经济支出较大。

一、内蒙古牧草人工种植情况

当前内蒙古从事草产品生产经营的企业 107 家,其中专业化规模生产干草或青贮企业 97 家,专业化生产牧草种子企业 10 家。形成苜蓿、燕麦、天然草和青贮玉米四大类,生产干草、青贮、草粉、草颗粒及草种 5 种产品,苜蓿燕麦干草或青贮及天然草成为市场主导产品。苜蓿和燕麦干草年商品量 150 万吨左右,天然草年商品量 250 万吨左右。目前内蒙古形成节水灌溉种植规模在 10 万亩的以上的草产品优势区 7 个:以阿鲁科尔沁旗为核心的科尔沁沙地优势区、以鄂托克旗为核心的阿尔巴斯优势区、以达拉特旗为核心的库布齐沙漠沿黄南岸优势区、以磴口县为核心的乌兰布和沙漠优势区、以乌审旗为核心的毛乌素沙地优势区、以土默特左旗为核心的敕勒川优势区、以呼伦贝尔+锡林郭勒的寒冷牧区优势区(赵景峰 等,2019)。

以鄂托克旗和阿鲁科尔沁旗为例。近年来,鄂托克旗"立草为业,以种促养",积极打造精品化的苜蓿草产业,转变畜牧业发展结构。目前鄂托克旗苜蓿种植面积已经达到了 13.2 万亩,机械化、自动化程度达到 95% 以上,现代化的草产业基础支撑体系已经形成,初步发展成为了全国最大的连片苜蓿种植基地。至 2017 年,全旗苜蓿产量超过 1.3 亿公斤,产值超过 2 亿元,当地农牧民纯收入超过 2 万元。按照一匹马每天吃 10 公斤牧草来计算,每吨苜蓿 2200 元(一匹马三个月用量),除去饲草收割、库存、采食的损耗,一吨牧草只可以提供每批马 67% 的采食率,而国外的采食率可以达到 95%

以上。2013 年,阿鲁科尔沁旗被中国畜牧业协会草业分会命名为"中国草都",同年被自治区科技厅批准为"内蒙古自治区农业科技示范区",2017 年被国家标准化委员会确定为第九批"国家紫花苜蓿种植示范区"。从 2011 年至 2018 年,阿鲁科尔沁旗以每年不低于 20 万亩的速度集中连片推进人工草牧场建设。截至 2018 年上半年,全旗优质牧草规划种植面积达到 110 万亩,牧草年产量达 65 万吨,创造产值 13 亿元。这不仅让草原生态得到彻底改善,也使农牧民从中受益。阿鲁科尔沁旗在优质牧草产业发展方面连续创下集中连片种植全国规模最大,机械化程度、科技化程度全国最高等几项全国第一,牧草质量、产量均位居全国前列。

表 6-8　内蒙古优质苜蓿年产量和进口数量

	2008 年	2010 年	2013 年	2015 年	2017 年
每亩产量(公斤)	5158	5079	5245	5769	5678
价格(元/吨)	2000	2200	2400	2800	3300
市场需求	小	小	小	大	较大
进口数量(万吨)	967	1245	1117	1326	1456

二、天然草场利用情况

长期以来,在草地上放牧马匹是一直沿用至今的粗放管理方式,但由于马、牛、羊等放牧家畜数量的急剧增加,导致草地退化现象严重。赤峰市克什克腾旗天然草地面积 1.81 万公顷,已退化草场面积占 70%以上,全场鼠害受灾面积达 0.39 万公顷,占可利用草原面积的 21.8%,天然草场牧草产量较 1983 年平均下降幅度达 30%,天然草场年减少产草量 1.48 亿公斤,年少养畜 10.28 万个羊单位,经济损失 3084 万元。大部分草地拥有者或牧场主的生产目标就是增加牧草产量,提高草地的载畜量,降低额外的投入,保证较高的收益。

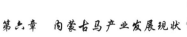

表 6-9　内蒙古天然草场利用情况

	2010 年	2011 年	2012 年	2013 年	2014 年	2015 年	2016 年	2017 年
草场面积(万公顷)	8800	8800	8800	8800	8800	8800	8800	8800
草库伦面积(万公顷)	2826	2871	2829	2815	3092	3158	3070	3130
人工种草保有面积(万公顷)	438.4	431.1	440.8	332.5	356.0	379.3	385.8	368.54
天然草原冷季可食牧草贮存量(万公顷)	——	——	1376.6	1483.9	1379	1350	1263	1043.51
打草量(万吨)	3349	3714						
价格（元/吨）	600	600	700	770	800	1000	1100	1200

注:数据来源于《内蒙古统计年鉴 2018》

第四节　马术赛事举办情况

一、内蒙古赛马活动概况

近年来,内蒙古不断涌现出大大小小的赛马场和马术俱乐部,赛马运动较为活跃。如 2018 年第五届内蒙古国际马术节,吸引了自治区 9 市 3 盟的全面参与,累计举办赛事超过 300 场,有超过 1000 名运动员、突破 5000 匹马参赛,到场观赛的群众突破 10000 人次,参与马术知识培训和骑乘体验的青少年超过 8000 人。此外,各旗县组织的赛马活动也如火如荼地开展。可见,赛马活动在内蒙古有着举足轻重的地位。近年来,内蒙古举办的主要国际、全国和地方赛事分别见表 6-10、表 6-11、表 6-12。

表 6-10　近年来内蒙古举办的国际赛事一览表

赛事名称	举办地	比赛时间	骑手人数（人）	马匹数（匹）	观众人数（万人）
国际驭马文化节	鄂尔多斯市	2017 年	13	32	2
国际那达慕大会	二连浩特市	2015 年始每年一届	2800	1400	70
内蒙古（国际）马术节	呼和浩特市	2014 年始每年一届	1000	200	12

注：表中数据为 2018 年统计

表 6-11　近年来内蒙古举办的全国赛事一览表

赛事名称	举办地	比赛时间	骑手人数（人）	马匹数（匹）	观众人数（万人）
中国马术大赛	鄂尔多斯市锡林郭勒盟	2012 年始每年一届	1400	2100	94
全国中国马速度大赛	兴安盟	2008 年始每年一届	2000	3000	100
奥威蒙元马文化嘉年华	呼和浩特市	2017 年始每年一次	100	70	3

注：表中数据为 2018 年统计

表6-12　近年来内蒙古举办的地区赛事一览表

赛事名称	举办地	比赛时间	骑手人数（人）	马匹数（匹）	观众人数（万人）
中国游牧文化旅游节	达尔罕茂明安联合旗	2013年始每年一届	240	360	3
乌拉特中旗那达慕	巴彦淖尔市	2014年始每年一届	100	150	5
四子王旗马文化节	乌兰察布市	2012年始每年举办	700	2100	7
"2018巴音温都尔杯"马文化那达慕	阿拉善盟	2018年5月开幕	200	300	3
"8.18"赛马节	通辽市	1995年始每年一届	10000	8000	70
奥威蒙元蒙古马常规赛	呼和浩特市	2018年8月11日至10月14日每周末举行	160	120	2

注：表中数据为2018年统计

二、内蒙古的品牌赛事

（一）内蒙古（国际）马术节

自从2014年7月第一届内蒙古马术节开幕至2018年，已经连续五届。第一届马术节于7月25日至27日在呼和浩特市举行，马术节的主题为"马年　马术　马尚"，主要活动包括专业赛事、趣味体验、文化纵横、马具展示四个部分。专业赛事包括场地障碍、盛装舞步、走马、速度赛马和马上两项（跑马射箭、跑马拾哈达）5个项目，参与比赛、表演的马匹总数超过200匹。

第二届马术节于 2015 年 7 月 19 日在内蒙古赛马场举行，为期 3 天，进行 1.4 米以下 1600 米、2400 米、5000 米赛，无限定 2400 米、3200 米赛，走马 2000 米、3000 米、5000 米赛，马上两项赛，青少年场地障碍赛等比赛项目。第三届内蒙古（国际）马术节于 2016 年 9 月 24 日在呼和浩特市启幕，此次马术节共吸引了中外 32 支代表队、110 名骑手，将参加 4 个大项、17 个小项的比拼。其中最引人注目的是速度赛马，包含了 3 岁马组、无限定 4 岁以上马组和 1.4 米以下马组三组在内的 8 个小项比拼。第四届内蒙古（国际）马术节于 2017 年 8 月 12 日在内蒙古赛马场拉开帷幕，此次马术节以"欢乐·传承"为主题，先后展开"主题发布""文化活动""庆典交流""欢腾赛马"四大主题活动，在呼伦贝尔市、阿拉善盟、呼和浩特市等 9 个分赛场举行百余场赛事，有 12000 多名运动员、近万匹马参与。第五届内蒙古国际马术节于 2018 年 9 月 21 日开幕，以"开放·共享"为主题，有包括呼和浩特市、包头市、呼伦贝尔市等 9 个盟市参与马王争霸赛、马产业论坛等系列活动。此次马术节共设 4 大项、11 个单项，包括民族赛马 1000 米、2000 米、3000 米、5000 米、8000 米，走马 1000 米、2000 米、3000 米、5000 米，跑马射箭，跑马拾哈达。

每年举办的内蒙古（国际）马术节，将国际化品质与民族性特色有机融合，逐渐形成我区具有全国乃至全球视野的特色马术节，打造了内蒙古国际马术品牌。

（二）"8.18"赛马节

1995 年 8 月 18 日哲里木盟（现在的通辽市）盟委、盟行署在珠日河赛马会的基础上成功举办了第一届"8.18 哲里木赛马节"，并确立在每年 8 月 18 日举办哲里木赛马节。赛马节设有赛马、马术绕桶、搏克、射箭、布鲁、蒙古象棋等比赛。赛马包括速度赛马和走马，速度赛马包括 1000 米、2000 米、3000 米、5000 米、16000 米，走马包括 1000 米、2000 米、3000 米、10000 米。"8.18"赛马节现已成为自治区规模最大的赛马节。

（三）国际驭马文化节

国际驭马文化节是 CHC 杰士马主俱乐部发起的年度品牌盛事，是首个立足于中国内地,并唯一获得国际赛马联合会官方认证的速度赛马赛,在海内外引起高度关注。值得一提的是,国际驭马文化节一路走来一直有众多海内外贵宾支持。在过去几届的国际驭马文化节上,主办方曾数次成功邀请到国际赛马联合会主席、英国女王纯血马顾问等国际业界知名人士。国际驭马文化节每到一处,会受到当地政府在各方面的大力支持和社会各界的广泛关注。2017 年,这项集高水平、高奖金、高市场化运作的无博彩性商业赛事成功举办至第六届,在鄂尔多斯市伊金霍洛旗赛马场火热举行。来自俄罗斯、澳大利亚、特立尼达和多巴哥、南非以及国内的 13 名优秀骑师和 32 匹纯血赛马参与比赛。

(四)中国速度赛马大奖赛

兴安盟科尔沁右翼中旗作为全国蒙古族人口比例最高的少数民族聚居旗,自 2008 年成功承办首届全国中国马速度大赛以来,至 2017 年再次承办中国速度赛马大奖赛(内蒙古赛区),连续十年承办"国"字号大赛。科尔沁右翼中旗不仅为远近闻名的"赛马之乡",还是全国马术赛事优秀承办单位。

2017 年中国速度赛马大奖赛(科尔沁右翼中旗站)共设 4 岁及以上马组 1200 米、3 岁马组 1200 米、2 岁马组 1200 米、4 岁及以上马组 2850 米、1.4 米以下马组 1200 米、4 岁及以上马组 2000 米、3 岁马组 2000 米、1.4 米以下马组 5300 米 8 场赛事。赛事吸引了来自北京京华兴马业俱乐部、科尔沁左翼后旗乌日进赛马养殖合作社等 15 个代表队参加比赛,共 38 名骑师同场竞逐。经过激烈的比拼,最终内蒙古莱德马业股份有限公司荣获最佳马主奖,内蒙古伊泰大漠马业有限责任公司的金元宝荣获最佳马匹形象奖。

(五)中国马术大赛

首届中国马术大赛是由国家体育总局自行车击剑运动管理中心、中国马术协会、内蒙古自治区体育局、鄂尔多斯市人民政府联合主办,由伊金霍洛旗人民政府、鄂尔多斯市体育局、内蒙古射击射箭马术运动管理中心共同承办的集马术赛事、马文化、马术选手交流于一体的马术界盛会。首届大赛

于 2012 年 9 月 20 日在伊金霍洛旗开幕,赛事为期 6 天,主要包含盛装舞步、三项赛、速度赛马、绕桶赛、耐力赛、走马、马术模特大赛等项目。比赛邀请了来自广西、云南、广东等地的 38 支马术代表队参赛,其中包括俱乐部、马术协会和农牧民群众组成的代表队。英国纯血马、蒙古马、欧洲温血马、美国夸特马、汗血宝马等 10 余种马匹进行表演或比赛。

2018 年 8 月 4 日,第七届中国马术大赛在锡林浩特市隆重开幕。本次大赛由中国马术协会、内蒙古自治区体育局、锡林郭勒盟行政公署联合主办。大赛历时 4 天,共设国际马联一星级耐力赛、速度赛、全国场地障碍青少年锦标赛、绕桶团体赛和个人赛、北京马协速度赛马公开赛锡林浩特站,以及蒙古马绕桶和马上拾哈达六大赛事。作为中国最具知名度的赛马比赛之一,自 2013 年第二届到 2018 年第七届,中国马术大赛已在锡林浩特市连续成功举办六届,在国内外马术行业极大地提升了锡林浩特市的国际知名度。

第五节　草原马文化旅游发展情况

2017 年,内蒙古各级景区已达 374 家,包括 AAAAA 级景区 4 家、AAAA 级景区 117 家、AAA 级景区 114 家、AA 级景区 138 家、A 级景区 1 家。其中著名的草原旅游区有阿尔山柴河旅游景区(AAAAA)、苏泊汗大草原旅游景区、辉腾锡勒草原黄花沟旅游区、敕勒川文化旅游区、锡林郭勒盟太仆寺旗御马苑旅游区、乌兰察布市四子王旗格根塔拉草原旅游中心、阿拉善盟通湖草原旅游区。

一、草原马文化旅游项目

近年来草原旅游的热度越来越高,草原旅游越来越受到旅游者的青睐。但是,人们对于草原旅游已不再只是走马观花地观赏、到度假村去吃一顿手把肉那么简单了,去草原骑马、看马术表演成为新的时尚,感受民族风俗、体验民族文化是游客们的追求。

内蒙古草原马文化旅游项目可分为三种类型:观看类型、体验类型、休闲类型。每一类型的旅游项目如表6-13所示。

表6-13　内蒙古草原马文化旅游项目

旅游项目类型	项目内容
观看类型	牧民驯马,牧民套马,观看马驹赛,精美的蒙古马雕塑
体验类型	骑马漫游,蒙古马车旅行,穿蒙古袍模拟骑马游牧,品尝马奶及参与马奶制作,认养马匹
休闲类型	讲解蒙古马文化的历史,介绍蒙古马文化民俗和禁忌,讲解蒙古马形象艺术,欣赏蒙古马文化雕塑及岩画,教授骑蒙古马注意事项

二、草原马文化旅游收入

草原马文化旅游创造了巨大的经济价值。2017年实现旅游总收入突破3000亿,达到3440.1亿元,比上年增长26.7%;接待入境旅游人数184.8万人次,比上年增长3.9%;旅游外汇收入12.5亿美元,比上年增长9.4%;国内旅游人数11461.2万人次,比上年增长19.1%。

图6-2　2013~2017年内蒙古旅游收入统计

草原马文化旅游对内蒙古相关产业的带动也是显著的。2017 年,在草原马文化旅游业的带动下,A 级旅游景区达到 337 家,比上年增加 19 家;星级饭店 319 家,比上年增加 1 家;旅行社 966 家,比上年增加 10 家;旅游商品销售企业 414 家,比上年增加 12 家。全年旅游直接就业人数达到 27.63 万人,比上年增加 8840 人;带动间接从业人数 138.15 万人,比上年增加 4.4 万人。乡村旅游农牧民直接从业人员达到 15 万人,带动间接从业 60 多万人。

鄂托克前旗为了发展旅游业,各旅游景区都拥有自己的马队,成功开展了骑行比赛等体育旅游项目,为旅游产业开拓新的领域。2018 年上半年,鄂托克前旗接待游客累计 52.12 万人次,同比增长 14.5%,在此基础上增加草原旅游马业项目,人均消费可提高 100 元左右,旅游总收入可增加 5200 万元。

第六节 马术实景剧演出情况

大型实景剧以恢宏的现场感、丰富的文化体验、独特的自然风格和丰富多彩的文化现象赢得越来越多人的喜爱。内蒙古依托蒙古族马文化将具有草原标志的马术实景剧推上了舞台,展现了草原民族传统文化的独特内涵。

一、马术实景剧目介绍

(一)《永远的成吉思汗》

2015 年,自治区体育局和旅游局主办,内蒙古澳都文化传媒有限公司、内蒙古赛马场、内蒙古马术协会联合承办了大型马术实景剧《永远的成吉思汗》。该剧以马术的形式表现铁木真自出生、成长、建功立业,直至成为草原可汗的过程。从 2015 年 7 月 8 日首演到 9 月 15 日,该剧共计演出 124 场,

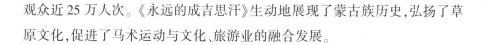

观众近 25 万人次。《永远的成吉思汗》生动地展现了蒙古族历史,弘扬了草原文化,促进了马术运动与文化、旅游业的融合发展。

(二)《天骄传奇》

大型马术实景剧《天骄传奇》于 2017 年 7 月 15 日晚 8 点在二连浩特市综合性体育广场震撼上演。该剧由蒙古国和自治区的表演艺术家团队合作推出。该剧以蒙古族的精湛马术表演为主,以蒙古族马文化为主要表现内容,以马术特技和展现历史情景为主要表现特色,赋予传统蒙古族文化精髓和时尚元素。

(三)《蒙古马》

2017 年是《蒙古马》大型室内实景剧的首个演出季,作为中国马都文化旅游的新名片,该剧已成为锡林郭勒草原旅游的经典项目。《蒙古马》用 14 个篇章,从"战争"和"爱情"双线生动地讲述了年轻的蒙古族战士与爱马在战争中相伴相随、不离不弃的情感历程及男女主角相识相爱、生死分离的爱情故事。2017 年共计演出 38 场,接待游客近 4 万人次。《蒙古马》大型室内实景剧不仅进一步拉动了中国马都锡林郭勒文化旅游产业的发展,有效带动了当地就业,更为蒙古草原文化、蒙古马文化艺术的传承、保护、传播发挥了十分重要的作用。该剧共有近 400 名演职人员和 120 匹蒙古骏马参加演出,阵容强大,实力空前。2018 年该剧在锡林浩特市中国马都马文化演艺厅演出 40 余场,接待观众约 5 万人次。

(四)《千古马颂》

2014 年,内蒙古民族艺术剧院依托蒙古马文化、草原文化,首创中国大型马文化全景式演出《千古马颂》,并在马都锡林浩特市首演。该剧讲述了一个牧人之子的成长,折射出蒙古族守望相助、砥砺奋进、追求文明进步的伟大历程。至 2016 年,该剧累计演出 130 余场,接待中、俄、蒙、美、德、韩、印度、新加坡等 20 多个国家和地区的游客及观众近 20 万人次。2017 年《千古

马颂》成功落地呼和浩特市,累计演出 39 场,接待观众 8 万余人。2018 年,《千古马颂》在内蒙古少数民族群众文化体育运动中心演出 70 余场,接待观众约 16 万人次。

二、马术实景剧演出情况统计

马术实景剧演出情况见表 6-14。马术实景剧自从上演以来,好评如潮。实景剧展现了蒙古族的历史文化内涵,歌颂了美好的草原生活,将马背上的民族风情演绎得活灵活现,将观众带入一个人与马和谐共处的美好境界。马术实景剧的演出,不仅填补了我区文化与旅游高品质融合的空白,还探索出了一条民族演艺资源优势有效转化利用的创新之路,为内蒙古民族文化强区建设发挥了重要作用。

表 6-14　内蒙古马术实景剧演出统计表

剧目名称	首映时间	参演人数(人)	马匹数(匹)	演出地点	演出场次(场)	观看人数(万人)	门票价格(元)	演出总收入(万元)
《永远的成吉思汗》	2015 年	70	60	呼和浩特市、阿拉善盟、托克托县神泉生态旅游景区	620	100	90	9000
《天骄传奇》	2017 年	50	50	二连浩特市	250	24	150	3600
《蒙古马》	2017 年	100	120	锡林浩特市	78	9	180	1620
《千古马颂》	2014 年	300	129	锡林浩特市、呼和浩特市	259	44	180	7920

注:表中数据为 2018 年统计

第七节 马术俱乐部经营情况

马术俱乐部是畜养马匹并提供马匹骑乘体验与教学服务的经营机构。马术俱乐部的发展推动了马术大众化,推进了马术比赛商业化进程,带动了旅游文化产业的发展,为普通大众提供了一个能够了解、体验、参与马术运动的体育休闲平台。目前,内蒙古有 40 多个马术俱乐部,规模较大的有蒙骏国际马术俱乐部、奥威蒙元国际马术俱乐部、呼和浩特大漠马术俱乐部、贝多美乐马术俱乐部、赛马场青少年马术俱乐部、蒙马马术俱乐部、邦成马术俱乐部、天骄马术俱乐部、卡伦堡马术俱乐部、科尔沁马术俱乐部、伊泰大漠马术俱乐部等。

表 6-15 马术俱乐部经营情况统计表

俱乐部名称	马匹数(匹)	主营业务	会员人数(人)	会费收入(万元)
蒙骏国际马术俱乐部	50	骑术培训、马术比赛、休闲娱乐	1100	2200
奥威蒙元国际马术俱乐部	130	马具加工、育马、马术教育、生态旅游	60	60
赛马场青少年马术俱乐部	32	赛马、休闲骑乘、马术训练	34	51
邦成马术俱乐部	350	休闲骑乘、马匹集训赛马、酒店、餐饮	82	98
蒙马马术俱乐部	30	马术专业培训和马术健身	32	48
呼和浩特大漠马术俱乐部	135	养马、驯马、育马及马术训练	100	20

注:表中数据为 2018 年统计

第八节　赛马场建设与赛事情况

赛马场作为赛马活动的载体,其发展与赛马业的发展相辅相成,并受各国与当地政府政策的影响。面对国内外赛马产业市场发展的广阔前景,内蒙古多个盟市旗县区都在依托蒙古族马文化,进一步开发马产业,努力打造马产业品牌。在已有的一些规模较大的独立的赛马场基础上,近年来,内蒙古新建设的赛马场数量也在增加,规模较大的赛马场主要分布在呼和浩特市、锡林郭勒盟、兴安盟、通辽市和鄂尔多斯市。

一、赛马场建设情况

(一)内蒙古赛马场

内蒙古赛马场位于呼和浩特市北郊,始建于 1956 年,占地面积约 32 万平方米,建筑面积约 8329 平方米。场内设有障碍马术场、技巧表演场、标准环形速度赛马跑道等,可同时进行多项比赛活动。场地东侧是由主席台、观众台组成的建筑体,长约 275 米,最高处约 36 米。在宽阔的大屋顶上有五座蒙古包式的建筑,一大四小。赛马场东西长约 850 米,南北长约 400 米,跑道呈椭圆形,宽约 18 米,周长约 2100 米。整个赛马场外可供约 10 万人观看比赛,观礼台可容 700 余人。场内另附设 12 个贵宾休息室、2 个健身房、45 间运动员宿舍、会议室、游艺厅、展览厅等。该场现已成为世界著名的主要赛场之一。

(二)呼和塔拉草原赛马场

呼和塔拉草原赛马场位于内蒙古少数民族群众文化体育运动中心东

侧。场内设有看台、标准赛道、亮马圈、马厩及停车广场等。其中,看台主建筑及马厩区占地约 19.46 万平方米,赛道区占地约 44 万平方米,室外广场占地约 40 万平方米。地上总建筑面积约 8.18 万平方米,投资 8.39 亿元。亮马圈位于多功能楼东侧,为钢结构玻璃幕墙建筑。内场共设座位 3000 个,内场面积约 7200 平方米。赛道区的北侧为马厩区,建筑高度约 6.85 米,单体建筑面积约 1795.7 平方米。目前建成投入使用马厩为三组,每组马厩包括 48 个马房及 8 间骑手休息办公用房,可容纳马匹约 144 匹。

(三)锡林郭勒赛马场

锡林郭勒赛马场是锡林郭勒盟的重点旅游景区,是以"马文化"为灵魂充分展现马背民族风采、集蒙古族悠久文化特色及现代文明于一体的标准化赛马场。该赛马场位于锡林浩特市额尔敦南路西侧,是由内蒙古元和集团按国际标准投资 4000 万元兴建的赛马场,为半敞开式,占地面积约 26 万平方米,可同时容纳 70000 位宾客,门前设有广场、停车场及绿化景观带。作为当地最大的赛马场,它除了可为举办草原"那达慕"盛会等各种大型比赛提供场地外,冬天还可为群众提供冰上运动项目的活动场地。

(四)图什业图赛马场

兴安盟科尔沁右翼中旗图什业图赛马场占地面积约 50 万平方米,主体建筑面积约 13.7 万平方米。主席台为大型蒙古包式造型,设 240 个座位,并建有约 200 平方米的贵宾休息室,主席台两侧建有 6600 个座位的观礼台,还有可容纳 8 万名观众的看台。赛马场门前广场有"五畜兴旺""飞马"等雕塑和大型彩虹门,并有占地面积约 2.5 万平方米的商业区,整体建筑布局新颖,别具一格,体现了民族传统与现代时尚的统一。该赛马场是全国最大的封闭式赛马场之一。

(五)博王府赛马场

通辽市科尔沁左翼后旗博王府赛马场是一处设施完善、管理规范的赛

马、驯马、育马基地。场地占地约 50 万平方米。主席台面积约 3000 平方米,可容纳 600 多名观众,观礼台可容纳 6000 名观众。赛马跑道长约 1300 米,宽约 30 米,马闸 12 位。马厩占地约 5000 平方米,有马舍 80 间。

(六)珠日河赛马场

珠日河赛马场坐落于美丽的科尔沁草原中心地带的珠日河草原旅游区内,距离通辽市约 101 公里。旅游区总占地约 3260 平方米,五座殿堂式迎宾包气势磅礴。赛马场位于建筑的正南方,比赛跑道周长约 1000 米。

(七)伊金霍洛旗赛马场

伊金霍洛旗赛马场位于鄂尔多斯南部的伊金霍洛旗,始建于 2008 年,总占地约 83 万平方米,总建筑面积约 7.5 万平方米。主体结构采用了钢柱与外包混凝土结合的方式,动用了约 3 万吨的钢材,投资超过 10 亿元。主体部分由看台区和高层区两个部分组成。运动场看台区建筑面积约 4.1 万平方米,长约 587 米,宽约 39 米,最高点约 41 米。看台为单侧带罩棚看台,端部悬挑长度约 50 米。看台总坐席数 26306 席。其他附属建筑约 4000 平方米。

(八)上海庙国际赛马场

上海庙国际赛马场坐落于鄂尔多斯市鄂托克前旗上海庙镇万亩马兰花草原上,是目前国内设计一流、建设规模最大的标准化赛马场之一,占地约 33 万平方米,投资约 7000 万元。比赛场地设有标准环形跑道及马术表演场地等。跑道周长约 2500 米,里圈约 2000 米。赛场看台坐南朝北,长约 270 米,可容纳 3700 人观看表演。三座穹庐式屋顶飘逸大方,兼具鲜明的蒙古族文化特点和现代建筑时尚的风格。赛马场整体设计体现了生态化、人文化,是集蒙古族文化与现代时尚一体的国际性赛马场。

二、赛马场赛事情况

内蒙古主要的赛马场赛事情况见表 6-16。

　　除此之外,内蒙古各马术俱乐部、草原旅游景区、高校运动马教学基地等也根据自身需求纷纷兴建赛马场,组织马术赛事。重要的赛马活动一般在 5~10 月份,其他月份一般组织小型赛事。每年各赛场共组织开展赛事 1500 余次,参与人数达 200 万人次。可见,赛马活动已经成为内蒙古对外开放、招商引资和传承民族文化、丰富群众文化生活的一种重要活动。但是赛马活动具有季节性,当旅游旺季过去之后,赛马场的运营状况不是十分理想。

表 6-16　内蒙古主要的赛马场赛事情况

盟市	赛马场	占地或建筑面积	容纳观众	举办赛事项目
呼和浩特市	内蒙古赛马场	32 万平方米	10 万	2017 年度马王争霸赛、内蒙古(国际)马术节等
	呼和塔拉草原赛马场	8 万平方米	15 万	
锡林浩特市	锡林郭勒赛马场	26 万平方米	7 万	全国中国速度马大赛、"阿吉奈"800 匹蒙古马耐力赛挑战吉尼斯世界纪录等 50 多项大型马文化主题活动
鄂尔多斯市	伊金霍洛旗赛马场	83 万平方米	2.6 万	国际驭马文化节等
通辽市	博王府赛马场	50 万平方米	8.6 万	全市赛马比赛,全旗各类赛马比赛等
	珠日河赛马场	3260 平方米	2.0 万	"8.18"赛马节等
兴安盟	图什业图赛马场	50 万平方米	8 万	全国中国马速度大赛等

第九节　马文化博物馆建立情况

一、概况

马文化博物馆是马文化挖掘、展示和保护的重要基地。马文化博物馆的建立,对培育文化产业,带动相关产业的发展,促进经济、文化共同繁荣,实现两个文明建设双丰收,有重要作用。目前内蒙古已建成的马文化博物馆有 10 家左右,主要有蒙古马文化博物馆、御马苑马文化博物馆、锡林浩特市中国马都核心区马文化博物馆、蒙古风情园马文化博物馆、奥威蒙元马文化生态旅游区的马文化博物馆、多伦马具博物馆、乌珠穆沁博物馆,马文化博物馆以图片和实物相结合的方式向大家介绍了内蒙古地区名马品种、中国民间马术的起源与沿革、蒙古人与马息息相关的生活等,人们可以直观、深刻地了解蒙古族博大精深的马文化。

表 6-17　内蒙古马文化博物馆概况

名称	位置	特色	景区级别
蒙古马文化博物馆	镶黄旗	1988 年在镶黄旗出土的金马鞍(仿制)、13 世纪北京到蒙古国的驿站路线沙盘	AA
御马苑马文化博物馆	太仆寺旗	2000 种有关蒙古人与马息息相关的生活生产器具	AAAA(御马苑旅游区)
中国马都核心区马文化博物馆	锡林浩特市	以蒙古马为核心,深入挖掘蒙古马文化,弘扬蒙古马精神	AAAA(锡林浩特市中国马都核心区文化生态旅游景区)

名称	位置	特色	景区级别
蒙古风情园马文化博物馆	呼和浩特市	介绍了马与游牧民族、与草原文明,展图丰富,有文物300余件	无
奥威蒙元马文化生态旅游区的马文化博物馆	和林格尔县	蒙元马文化与现代科技结合	无
马具博物馆	多伦县	展示了从元、明、清、民国到现代700余年马具文化的沿革	无
乌珠穆沁博物馆	东乌珠穆沁旗	乌珠穆沁部落古老的民风古俗马具	无

二、典型马文化博物馆简介

（一）马具博物馆

多伦县马具博物馆是全盟第一家也是唯一一家个人出资筹建获得自治区注册的博物馆。展厅近300平方米,馆藏主要以辽、金、元的马具为起点,展示了从元、明、清、民国到现代700余年马具文化的沿革。藏品主要分为"全套马具""马蹬系列""多伦马具制作"三个专题,数量有3000余件。"全套马具"专题主要展示古游牧民族的审美艺术和精湛技艺,普通牧民到王公贵族以及男女马具配备的样式、工艺变化等;"马蹬系列"专题主要展示辽金元以来马蹬的起源、发展、演变过程和制造工艺。"多伦马具制作"专题主要展示多伦马具制作历史、工艺流程,以实物见证多伦历史上商业鼎盛时期"跑上海马"等商贸活动。

（二）蒙古马文化博物馆

博物馆位于锡林郭勒盟镶黄旗,建于 2008 年 5 月,建筑面积为 600 平方米,陈列有 300 多件展品。展区分图片文字区和实物区两部分。图片文字区主要用浮雕壁画、灯箱图片、文字解说、影像资料等方式全面展现了蒙古马文化的内涵;实物区内陈列了蒙古人与马息息相关的生活、生产器具,包括骑马器具、驾驭马器具、马的羁绊、驯服马的器具、比赛用马的器具、骑马着装、有关马的斗智游艺、生产食用马奶产品的用具、马的医疗器械和文艺用品、1988 年在镶黄旗出土的金马鞍(仿制)、13 世纪北京到蒙古国的驿站路线沙盘等。

（三）蒙古风情园马文化博物馆

博物馆建于 2006 年 8 月,面积 1500 平方米,是国内第一家反映蒙古族马文化历史的博物馆,陈列有 300 多件套文物。展览厅分序幕、蒙古马的起源、古代北方民族与马、蒙古马的辉煌时代、牧人与马和影视厅六个部分,展现了草原人与蒙古马密不可分的情感和蒙古马在人类历史上的特殊贡献。

（四）御马苑马文化博物馆

博物馆位于内蒙古锡林郭勒盟太仆寺旗御马苑旅游区,建于 2006 年。馆内陈列着近千件关于马文化和蒙古民族文化的历史文物及展品。博物馆分为上下两层:第一层展示马文化的起源和发展,包括文字展区、马镫展区、马鞍展区、综合展区等;第二层主要展示太仆寺旗御马苑、太仆寺衙门、察哈尔部落、蒙古族的诞生和发展史等。

第十节　马具研发生产情况

马具是人驾驭马的时候为了更方便地控制马所使用的一些辅助器物。

发展到今天,马具的样式也在不断地完善,形成了很多新的款式。现代马具用品大体上分为两类:一类是供马使用的,主要有马鞍、笼头、衔铁、马衣、低头革和水勒等;一类是供骑手使用的,主要有头盔、马靴、马裤和马鞭等。

2018 年 5 月 21 日,蒙古族马具制作技艺入选第一批国家传统工艺振兴目录,6 月 7 日,被国务院批准列入第二批国家级非物质文化遗产名录。马具的发展迎来了新的春天。目前,内蒙古马具生产模式主要有两种:

一、公司化生产模式

马具公司化生产模式以呼和浩特奥邦马术用品有限公司为典型。该公司定位中高端市场,以技术创新为导向、产品研发为依托,开展了马靴、骑装定制等服务,为马术专业人员和爱好者提供优质的马术用品。根据调研发现,该公司生产的马具用品,原材料采购比较稳定,综合质量有保障,但市场占有率小,未能实现规模化生产,生产的样式比较简约,缺乏蒙古族浓郁的文化特色。

二、传统手工艺生产模式

马具传统手工艺生产模式以家庭作坊生产为主,靠手艺传承人、学徒制延续,艺术传承局限在家庭成员之间,生产样式多样化,配饰丰富,能够通过视觉感官更直接表达草原文化的魅力。传统马鞍的制作周期长,一周只能制作 5~6 个,无法做到规模化生产,况且每个匠人的手艺和认真程度不同,品质难以统一。

蒙古族是马背上的民族,蒙古人自古以来就十分重视马鞍具工艺。马鞍不仅是蒙古人日常用品,同时也是一种身份的象征,这种浓厚的社会氛围和传统创造了马鞍文化。一副好的全鞍,首先要有一个好的裸鞍,从现在流传在各地的马鞍来看,由于地域和背景不同,形制也多种多样,各地各具特色。

克什克腾旗马鞍制作工艺有着悠久的历史。晚清时期，克什克腾旗的马鞍就享有盛誉，制品多供官兵和牧民使用，倍受青睐。克什克腾旗制作的马鞍与其他地方制作的有所不同，主要有以下特点：

（1）使用的工具是几个铁锛子，不用任何电动工具，全凭手工砍制。

（2）用四块木头、两个丫木作为前后鞍桥，两块木板作为左右鞍板，不用铆钉，只用少许水胶粘接而成。

（3）用当地自然生长的桦木作材料，结实、耐用。

（4）样式多样，有大三元式和小三元式鞍子、元宝式鞍子和哈达哈式鞍子。

（5）造型美观，线条流畅、轻巧，标准是4.7市斤重。

多伦诺尔马鞍具盛行于清代，多伦马鞍选材讲究、造型美观、坚固耐用、乘坐舒适，因其做工精致曾一度闻名于草原。马鞍产品针对不同马型有不同型号。马鞍的前后鞍鞒都有各种装饰，或绘图案，或镶嵌贝雕、骨雕，还有软垫、鞍鞒、鞍鞴、鞍花等处均饰以边缘纹样或角隅纹样。鞍花多用银或铜制作，软垫鞍鞴多用刺绣。

巴尔虎马鞍前后鞍鞒低，鞍座宽大，银饰较多，图案细致。马镫比别处大一些，因为当地冬天寒冷，布靴或者皮靴外面要套毡靴，镫小了脚蹬不进去。有的地方，即使一个部族，马鞍方面也有微小的差异。就是一户人家，平时和那达慕上使用的马鞍也有朴素和华丽、廉价和昂贵的不同。

科尔沁左翼后旗马具制作手工艺人制作技术精良，马具用料考究、装饰华丽、使用舒适，与其他民族和地区的马具相比有突出的特点。例如，鞍桥是用科尔沁沙地百年以上树龄的干柳木或榆木的根结部分制成，美观耐用。马笼头、马鞭、褡裢、车马具等是用鬃毛、皮革、帆布以及玉石、金属等制作。它的制作涉及木工工具、铁匠工具、皮匠工具、刺绣工具等多种工具。因此，它是集木工工艺、金属工艺、刺绣工艺及皮件编织等独特工艺于一身的蒙古族民间手工艺。

第十一节　人才培养情况

随着国内以休闲娱乐为主的马术运动的兴起,马产业发展相关人才已经供不应求,骑师、蹄铁师、驯马师、营养师、马兽医、马房管理等专业技术人才缺口达 3000 多人。目前,马产业人才培养的主要渠道有俱乐部行业培养和学校专业培养两种模式。俱乐部培养的人才有较强的实践技能,但缺乏系统的理论基础;学校培养的人才既有系统的理论知识,也有很强的实践技能,同时还具有管理协调等优势,但是学校受招生规模等限制,培养数量有限。近年来,内蒙古马产业发展逐渐加快,越来越多的人认识到本土人才培养和现代马医学的重要性,各地加快了人才培养步伐。2017 年 12 月 13 日内蒙古自治区人民政府下发的《关于促进现代马产业发展的若干意见》指出:"以'引进来'与'走出去'相结合的培训方式,打造马产业高层次管理队伍。"要求以人才培养的校企合作、引进或借鉴国外先进教学体系等方式,设立"运动马学院",开展现代马产业人才培养,以达到"逐步将我区建成面向全国的现代马产业技能型人才输出基地"的目标。

表 6-18　内蒙古马业人才统计表

盟市	马主	训练师	马医师	专业骑手	总数
鄂尔多斯市	2447	51	19	774	3291
锡林郭勒盟	1139	212	75	544	1970
呼和浩特市	128	11	16	24	179
呼伦贝尔市	1285	236	31	64	1616
通辽市	2920	12	4	16	2952
兴安盟	154	7	27	5	193

注:表中数据为 2018 年统计

表6-19　内蒙古马术专业人才培养统计表

学校	招生专业	共计招生（人）	办学时间	毕业人数（人）	马匹数量（匹）	区外招生（人）	区内招生（人）
内蒙古农业大学职业技术学院	运动马驯养与管理	400	2010年	250	63	45	355
内蒙古农业大学	动物医学专业马兽医方向	95	2012年	95	0	50	45
锡林郭勒职业学院	马术专业	95	2016年	25	210	–	95
鄂温克族自治旗职业中学	马术专业	60	2016年	30	25	–	60
莱德马术学院	运动马驯养与管理	98	2016年	14	20	–	98

注：表中数据为2018年统计

一、内蒙古农业大学职业技术学院运动马学院

2010年，经教育部批准运动马驯养与管理专业在内蒙古农业大学职业技术学院运动马学院建立并招生。该专业是我国高等教育中首个以实战为主的马术类专业。专业建立以来，已经为我国马业市场培育了200多名毕业生。这些毕业生就业于全国各马术俱乐部、赛马场，有的已成为部门骨干。经过几年的探索与实践，学院在师资队伍培养、课程体系建设、教材开发、人才培养模式等方面形成了较完善的体系，积累了宝贵的经验。运动马学院规划在未来三年内建设成为集人才培养、马匹品种繁育、马文化传承和弘扬、赛事规程研究和表演、校政企典范合作、社会服务为一体的产教深度融合示范基地。

二、内蒙古农业大学兽医学院

内蒙古农业大学兽医学院从 2012 年开始招收动物医学专业马兽医方向本科学生(五年制),是全国唯一的毕业后可从事运动马诊疗的专业方向。该学院为满足国内赛马保健和临床疾病诊治的需求,开设了赛马疾病临床诊断及防治课程,着力为我国培养马兽医人才。

三、锡林郭勒职业学院

锡林郭勒职业学院于 2016 年 8 月成立马术学院,建有教学楼约 2000 平方米,马术训练馆约 1800 平方米,马厩约 1500 平方米,拥有马匹 210 匹,建有国际标准室内赛马场 1 个、室外赛马场 1 个,还有越野赛道、马文化广场等。主要培养马术运动、马术教练、马业科学管理、马房管理、传承马文化等工作的高素质技能型专门人才,为锡林郭勒盟、自治区乃至全国相关企事业单位输送专业马术教练员、马术比赛人员和马术表演人员。

四、鄂温克族自治旗职业中学

鄂温克族自治旗职业中学是采用蒙汉两种语言授课的公办中学,是自治区重点职业高中、国家级农民科技培训星火学校。主要培养障手、速度手、马房管理人员、运动马的护理与调教人员、马术初级教练员等。部分毕业生在内蒙古农业大学职业技术学院运动马学院继续深造,还有一些毕业生在国内各大马术俱乐部就职。

五、莱德马术学院

莱德马术学院是兴安职业技术学院与内蒙古莱德马业股份有限公司联

合创办的马业高级人才培训机构,采用校企合作"双主体办学模式"。该学院依托兴安职业技术学院雄厚的办学实力,培养适应现代马产业发展要求,具有马术产业较系统的基本理论知识和技能,能较熟练地从事运动马饲养管理、赛事策划、骑乘竞技、兽医服务以及马产品开发等方面急需的高技能应用型人才。

六、内蒙古自治区射击射箭马术运动管理中心

内蒙古自治区射击射箭马术运动管理中心挂牌"内蒙古马术学校",前身是1956年成立的"内蒙古国际体育协会"。学校坐落于呼和浩特市大青山南麓,与京包公路、呼包高速公路相邻。学校办公及训练区域占地约5.65万平方米,设有马术(场地障碍和盛装舞步)、射击、摔跤(古典)、击剑、速度赛马以及民族传统马术表演项目。学校现有教练员、运动员、员工共计350多人。有纯血马39匹、温血马15匹、国产良驹30匹,用于育种的基础母马9匹、幼驹30匹。马匹数量足以保证正常训练、竞赛及其他活动的进行。厩舍区域占地约1350平方米,建有与训练相配套的设施。还有先进的标准马舍(房)数座。科学的饲养管理为马匹提供了舒适的生存环境。与之相配套的还有大型草料库、配料室、兽医室、马鞍房等附属设施。学校的职责是为国家和自治区培养专业竞技体育人才,并已取得了优异的成绩。

第七章

内蒙古马产业发展
存在问题及其原因

现代马业是一种新型的产业,包括赛马、马术运动、马车赛、马术表演、文化娱乐马术、旅游马术、育马及服务行业、马产品开发等,它集文化、体育、竞技、休闲等于一体,为社会提供商品以及相关的服务。内蒙古拥有适合马匹生存的优越地理环境和气候条件,马匹数量和马品种资源都相当可观。内蒙古自治区马产业发展起步较晚,由于马产业处于转型期,产业发展还不够成熟,各产业链处于半停滞状态。内蒙古现有的马文化资源优势还未能转化为产品优势,马文化产业特色优势还不明显,马文化产业竞争力不强,在开发规模和深度等方面还有待于进一步挖掘和提升。目前,内蒙古马文化与马产业结合不够紧密,存在马产业发展基础薄弱、马产业发展主体不完善、马产业发展条件不成熟、马产业发展系统性不够、马产业融合发展的思路不够明确、马产业发展社会氛围不浓以及马产业发展的政策支持力度不够等问题。

第一节　马产业发展基础薄弱

在漫长的历史上没有一个民族像蒙古族一样与马有着如此密切的联系,没有一个民族像蒙古族一样对马有着如此深厚的感情。曾经依靠百万铁骑横扫欧亚大陆,但今天的内蒙古草原,马渐渐退出了人们的视野。马匹的数量、质量是马产业发展的基础,目前我区马产业发展基础薄弱,具体表现如下:

一、马匹存栏量减少,马品种资源退化严重

(一)马匹存栏量持续减少

随着社会文明的不断发展,马的历史地位也在发生着变化,它从以前的

役用、骑乘逐渐转变为供游客观赏、娱乐,马不再是人们的生活必需品,马匹存栏数因而急剧下降。此外,我区马业缺乏强大的经济利益驱动力,广大农牧民养马积极性受挫,也使得我区马匹数量呈逐年递减趋势。此外,近十年来,为了保护草原生态系统,内蒙古许多旗县实行了禁牧、轮牧、休牧的政策,也迫使许多牧户不得不减少马的存栏数。

80 年代以来,我区马产业相对于其他产业发展速度较慢,马匹数量呈现出逐年递减趋势。1975 年前后我区马匹数量达到鼎盛时期,此后,马匹数量以较快的速度逐年减少;2005 年以来,马匹数量虽有回升趋势,但回升势头较弱。近年来,作为内蒙古极具地方特色和优势的蒙古马资源优势正在弱化,马匹调教训练水平较低、规模较小,大部分马匹不适合大众骑乘,不适合俱乐部教学用马,马产业整体优势不明显。马匹存栏数少、形不成规模是制约内蒙古马产业发展的突出问题。

近年来,市场对马匹的需求量越来越大,而马匹的发展远远跟不上市场需求的变化,马匹的繁育不成体系。由于马匹无计划地混乱杂交导致母马繁殖低下,新生马驹数量较少,不成系谱的杂交现象也使得新生马驹的存活率降低。目前,马业生产依然采取靠天养畜,逐水草而居的方式,生产分散,规模小,饲养管理科技含量不高。马的改良体系呈现出良种场规模小,种群退化,良种马和生产母马比重失衡,繁殖成活率低,马匹改良育种中优秀公马的数量和质量难以得到保证。蒙古马曾是世界名马之一,它是内蒙古人民长期精心培育的优良马种,具有优良基因(耐粗饲、耐力强、能适应低温环境、抗病力强)。由于管理混乱,这种优良基因正逐年退化。此外,作为全国马匹存栏量较大的地区之一,我区培育优良运动赛马的水平很低,大多数优良的运动赛马主要依靠国外进口,而进口马匹的价格很高,适应当地气候环境的能力较差。

目前,我区常见的马匹养殖模式有传统散养模式、传统群牧模式和马术俱乐部养殖模式。前两种模式虽然产权分明,不会出现纠纷等,但是该模式经营规模小,农牧民往往很难获取经济效益。此外,马匹的养殖没有形成规模化的基地,也致使马匹的繁殖质量下降,我区急需建设规模化的马匹养殖基地。

（二）马品种资源减少

马品种资源有着独特的研究意义和经济价值，特别是稀缺的地方品种，在马品种中显得极为珍贵。但是我区马业尚缺少具有自主知识产权的高性能良种，大多数主要还得依赖国外引进。我区地方马种遗传资源保护利用力度还不够，列入农业部全国 138 个国家级畜禽遗传资源保护品种的马匹种类不多。原有稀缺品种退化、流失现象严重，良种体系尚未形成，使得世界闻名的蒙古马的数量变少（乌日娜，2016）。蒙古马骨骼结实，肌肉充实，运动中不易受伤，体力恢复快；耐粗饲，不易掉膘；蹄质异常坚硬；肺部发育良好致使其呼吸能适应超负荷的驮载；睫毛致密，无眼疾，视力强于其他马种，色盲程度稍轻；关节不突出，更善于负重行走；在乘骑方面，蒙古马的平稳、舒适度更不用多说。但是，近年来，蒙古马的数量和质量都在下降。

（三）尚未形成科学的马匹繁育体系

内蒙古被世人誉为马的故乡，蒙古马作为内蒙古的特色马匹，虽然没有英国纯血马和阿拉伯马那样高大漂亮、速度快，但长跑它却有绝对的优势，其耐久力、抗病力、抗寒力是世界独一无二的。地方品种马和培育品种马最大的特点是经过上百年、几千年的自然选育、人工选育使马具备了很多优良的特性，例如耐粗饲、耐寒、耐旱、耐力、抗病力强、适应力强等。但是作为我区特色优势的蒙古马在数量和质量方面都在逐年递减。目前，我区尚未形成马匹品种繁育体系，没有形成很好的保护机制，没有明确的系谱登记。马产业的基础在牧区，牧区大多数养马户养马的基础设施过于简陋，甚至缺失，饲养管理过于粗放。一些先进的国家已经形成科学的马匹品种繁育体系。如加拿大，从马的育种、繁殖、幼驹培育，饲养、训练等程序都是按照科学技术的要求进行管理和调教的，而且每匹马的资料和档案都详细地记载了马场培育的马匹谱系、体质状况、外貌情况和竞技水平能力测试成绩等资料，并长期储存于电脑系统中，对繁育的后裔马匹也做科学的鉴定和详细的记载，使其培育出的马匹质量达到世界先进水平。

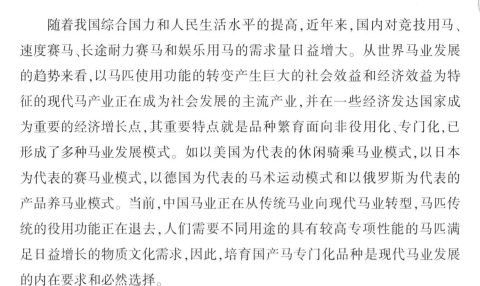

随着我国综合国力和人民生活水平的提高,近年来,国内对竞技用马、速度赛马、长途耐力赛马和娱乐用马的需求量日益增大。从世界马业发展的趋势来看,以马匹使用功能的转变产生巨大的社会效益和经济效益为特征的现代马产业正在成为社会发展的主流产业,并在一些经济发达国家成为重要的经济增长点,其重要特点就是品种繁育面向非役用化、专门化,已形成了多种马业发展模式。如以美国为代表的休闲骑乘马业模式,以日本为代表的赛马业模式,以德国为代表的马术运动模式和以俄罗斯为代表的产品养马业模式。当前,中国马业正在从传统马业向现代马业转型,马匹传统的役用功能正在退去,人们需要不同用途的具有较高专项性能的马匹满足日益增长的物质文化需求,因此,培育国产马专门化品种是现代马业发展的内在要求和必然选择。

目前,国内市场每年至少需要骑乘型马5000匹以上。专用马的培育成为新的马业发展模式。我区缺乏专用的运动马品种培育机构,运动马品种与国外优秀的运动马相比,运动性能不如人意,而且生产规模相对小,市场供不应求。截至2018年国产马匹在马术俱乐部马匹品种中占比25%,部分需求者只好花高价从国外进口运动马,不但价格高,而且进口手续繁杂,成本大,管理难。

随着人们生活水平的提高、保健意识的增强、旅游业的发展等,人们对马肉、马乳及其制品的需求进一步扩大,其市场潜力和发展前途不可限量,因此培育肉用型和乳用型专门化品种马匹以及生产特色马肉、马乳制品前景广阔。

(四)马疫病防控体系不健全

马疫病防治、兽医保健、动物福利体系不完善,无规定疫病区建设滞后,马疾病防控、马保健新技术,马专属药品、疫苗、保健剂等产品的研发生产,以及马诊疗服务机构建设也相对落后,缺乏国内一流的马医院,马产业健康发展保障能力差。由于近二十年来我国马科学研究近于停滞,对于马的疫苗的研发几乎空白,使得在现代马业发展迅猛的时期,马的疫苗和治疗药物

不足问题严重凸显,大多数只能依赖进口药品。马用保健药物的研发也是体现马业发达水平的重要标志。目前,马流感、马鼻疽等马属动物疫病仍然还没有彻底决断。因此在马的疫病防治、营养饲料、兽药保障等方面仍是马产业发展的瓶颈因素。开发具有自主知识产权的马用疫苗,积极推进"无疫区"建设是解决的关键问题之一(乌日娜,2016)。

(五)马饲草料生产体系建设滞后

现代马产业区别于一般畜禽养殖业,对于马的营养和保健要求格外严格,因此制定合理的饲草料配合,配置优质的保健饲料是大多数养马者的迫切需要。我区长期对马用草地的保护、建设和管理重视程度不够,加之多年持续干旱,天然牧草产量不高,马仅靠天然草地放牧、刈割及饲喂农作物秸秆已难以满足生产需求,特别是冬季饲草,补料得不到保障,造成马匹冬季失重较多,死亡数增加,人工种植优质牧草生产已然迫在眉睫。目前,内蒙古正规的马饲料生产企业较少,养马企业大多以自主配制饲料为主,马用饲草的研究和利用空白,马饲料配比缺乏统一标准。由于缺乏饲草料配置的科学指导,且饲草料来源不一,致使饲草料营养元素不平衡现象非常严重,影响了马的生长发育和生产性能的发挥。还有一部分养马企业完全依靠进口产品,导致饲养成本过高。

二、马匹经营模式不完善

近几年随着马产业的发展、市场的知名度提高,马匹的交易量也在增长。原有的马匹交易市场已经不能满足发展的需求,出现了一系列问题。一是马匹交易市场规模大小不一。我区目前的马匹交易市场主要以小型市场为主,大型马匹交易市场较少。二是马匹交易方式较为落后。我区很多马匹交易方式依旧为传统模式。交易全过程由中介人操作,口头讨价还价,采用"现款、现货"的结算交易方式,没有形成正规的交易方式,马匹交易得不到保障。三是马匹交易市场规划布局不合理,普遍存在着"小、乱、散、简"

等突出问题。四是大部分交易的马匹没有进行信息登记,没有相关的信息管理系统,直接在市场进行交易(乌日娜,2016)。马匹交易市场以及经验规模不正规,导致交易没有保障,抗风险能力低。

第二节　马产业发展主体不完善

马产业目前存在发展主体不完善的问题。能够带动整个产业发展、带动农牧民增收、具有竞争优势和知名品牌的马产品企业较少;产业各个环节关系还没有理顺;以马业育种企业为支撑,马竞赛文化娱乐企业和马产品加工企业为引领的产业发展格局还没有形成;养马专业合作社虽然数量有所增加,但是合作社的自身实力、发展活力以及推动内蒙古马产业发展的能力都相对较差,辐射带动农牧民和服务马产业发展的能力有待提高。在马术赛事方面,中国几乎所有的马术活动都是围绕马术俱乐部展开的,我区马术俱乐部数量较少。具体问题如下:

一、行业龙头企业较少

马产业目前存在着市场发育程度低,综合开发和利用能力不高,没有形成消费热点等问题。现有的马产品加工企业普遍生产规模偏小,影响力和带动能力较弱,市场开拓不足,还未形成大规模商业化运作、商品化生产的局面。缺少能够带动整个产业发展、带动农牧民增收、具有竞争优势和知名品牌的马产品企业。缺乏科学合理的利益联结机制,导致以企业为主导、市场为引领、企业与农户合作养殖的多种经营模式还没有普遍建立。产业各个环节关系还没有理顺,以马业育种企业为支撑,马竞赛文化娱乐企业和马产品加工企业为引领的产业发展格局还没有形成。

马产业信息化服务建设滞后,市场化程度不高,马产业的发展潜力没有

充分得到发挥。目前,广大牧民养马经营粗放,基本以一家一户为牧养单位或5~6户组成合作社,缺乏龙头企业带动。此外,由于缺乏长远的规划,身处产业不同环节的龙头企业各自为战。由于没有进行科学合理的产业链发展规划,缺乏相关产业的配套,龙头企业很难发挥出规模优势,甚至在竞争中败下阵来,只能迁往产业链更加成熟的地区来谋求新的发展。

现阶段,我区已培育一批养马牧户成为专业户和养马大户,但是,这些养殖户的组织化程度还很低。加工企业以小型生产企业、合作社为主,生产设备简陋、加工工艺落后、产品品牌杂乱,市场战略定位不高,销路不宽、缺乏对马产业有较大影响力和带动能力的龙头企业,商品化程度低。现在虽然已建起部分马业协会,但都较为松散,不是经营实体,不能把养殖户组织起来,实现马业生产的规模化、专业化和规范化。马产品的开发较大规模的龙头企业仅3~4家,小企业商品化程度低,产量小,同时抗风险能力和谈判能力差,从而引起马产业生产与加工发展失衡,产品开发力度严重不足,产品深加工滞后。仅有的几家初具规模的马产品大规模工厂,开发生产的马产品种类不多,大多马产品以原料形式销售,深加工程度低,产品档次上不去,价格较低。马产业发展更多的局限于传统的牧民养殖,现在"企业+合作社(协会)+牧户"的产业化模式只是有了一个雏形,在产业化经营中还不能发挥较大作用,在这方面最大的问题是还没培育出一家上规模、上档次、上水平的龙头企业。

二、马术俱乐部发展不尽人意

(一)俱乐部知名度低

由于历史原因,国民未能积淀起深厚的"马文化底蕴",而现代社会生活与马匹的关联性也越来越小,加之欧洲马术运动在进入我国之后就一直被视为"贵族运动",以至于无形中使马术运动与民众之间拉开了距离。尽管近年来,我区马术俱乐部从无到有,迅猛发展,但在整体上民众对马术运动的认知依然不足,马术运动的普及程度低,致使马术俱乐部目前参与人群少,缺乏民众基础。马术俱乐部作为马产业的核心部分,有自身的产业链结构,包括文化、娱乐、体育等,涉及面较广,如销售、展览、赛事、养殖以及人才培养等内容。若能使该产业链得以构建,其带动的经济效益应相当可观。然而,我区当前马术俱乐部机构并不完善,无论从分工角度或规范性角度都表现较差,很难与国外马产业发达的国家媲美。

(二)俱乐部盈利模式不清晰

马术曾经在中国几度繁荣和衰落,目前随着人们生活水平的提高和对于健康生活方式的追求,马术成为一项朝阳产业,伴随户外体育休闲产业、旅游产业、宠物产业和会所俱乐部等产业的发展逐渐进入人们的日常娱乐消费形态中。马场投资对盈利模式和核心竞争力考虑不足,很多项目没有引入行业专家进行项目的前期可行性研究,投资往往是根据投资者个人的马术爱好或马术情结,或者是当地政府的某种需要,而不是根据市场需求;投资往往是根据个人的主观设想,而不是根据对当地消费形态和消费习惯的调研,缺乏单项特色和竞争优势,在众多竞争中难以保持其竞争优势。

马术俱乐部营销推广手段落后,不少行业专家和顾问都是侧重于技术,如马匹繁育、马术竞赛等,对于马术企业的经营经验缺乏,对于马术消费者行为的分析和市场运营的一手资料缺乏。所以不少投资人和投资顾问乐于思考马术俱乐部建设的细节,却不敢面对经营的细节;重视硬件设施,忽视服务和软件环境;投资花钱踊跃,而推广销售乏力。另外,守株待兔式的经营,使不少马术俱乐部陷入恶性循环。

(三)俱乐部运营成本高

马术俱乐部在国外从前期的设计、规划、土地征用到建设、马匹购买都需巨额成本,单是一匹英国纯血马的价格都在60~70万元之间,除了前期投资外马匹每天的饲料、护理都需要一大笔开支。据统计,一匹国产马每天的饲料、药品等护理成本在30元左右,价格不菲的纯血马以及温血马每天的开

销更高。再者,运营一家马术俱乐部不仅仅涉及马术饲养、进出口检验检疫、日常护理等环节,还需要承担日常建设和业务开展所产生的费用,这些都造成了俱乐部的运营成本居高不下,高运营成本催生了虚高的价格,也影响了赢利能力。

第三节　马产业发展保障条件不成熟

目前,我区马产业发展保障条件不成熟。一方面是马产业发展的基础硬件,如马博物馆、马展览馆、传统民族体育赛马场、马主题公园等公益性、群众性设施建设还不够充分,缺乏以马术运动为主题的大型综合性体育休闲娱乐马术活动中心,现有马产业发展相关的设施辐射能力差,难以辐射到京津冀晋及东三省地区。此外,还存在两个方面的问题:实践中缺乏特色,出现了趋同化的问题;功能的单一化,除具有承办大型商业性赛马活动及国家级各类民族体育赛事的功能外,其他诸如养马基地、马术学校、马匹选育研究所、草原沙漠影视拍摄基地、马饲料生产加工基地及民族体育表演和比赛场地等方面的功能发挥不足。另一方面,致力于培养现代马产业人才的高校专业和运动马学院数量还比较少,教学体系和教学内容都有待于和国内外马业发展的先进水平接轨。此外,招生方式仍比较固定,计划招生、自主招生外,缺少定向招生、联合招生等招录方式,导致专业骑师、驯马师、教练员、裁判、马兽医、饲养师等技能型专业人才短缺。

一、赛马场经营不当

(一)赛马场普遍亏损经营,收益较低

我国内地赛马场的建设高潮始于 20 世纪 90 年代初,多地相继开始建设

赛马场,并举办赛马活动,我区相继建设了多个赛马场。目前,由于中国马术产业的一度衰落和断代,新投资的赛马场存在着很大的盲目性。

不少马场建设和管理水平以及运动马匹的采购,取决于总教练或马房经理的水平与偏好。而目前国家行业标准还没有完备和推广,导致投资人无所适从,盲目跟随落后的技术与观念,在马场建设方面缺乏细节,经验主义成分多,缺乏全面性、系统性和前瞻性,缺失专业的质量监理。

投资建设与采购时,投资人往往被身边的行业人士所引导,直接指定了设计建设单位和采购对象,而没有采用招标方式,没有充分利用马术专业媒体丰富的资讯进行比稿和竞价。信息闭塞,必然导致采购与建设缺乏良好的性价比。

(二)赛马场缺乏运营经验

由于马彩受阻、赛事有限等原因,在如火如荼的体育赛事之后赛马场出现连年亏损,逐渐失去活力,陷入发展困境。经营较好的国外的赛马场,有两点值得国内的赛马场借鉴:一是从单一转向综合,即从单一的比赛场地,向集马术运动、赛马育种、娱乐休闲、文化交流于一体的马术综合体模式转型,让自身的经营风险降到最低。二是开展活动,缔造人气,即在频繁的赛事、运动、休闲之余,利用赛马场的空档期开展精彩纷呈的节庆活动,以独特的造势手段,为赛马场缔造人气、财气与地气。简单总结起来,就是"跳出单一做综合、跳出赛事做产业、跳出赛场做区域"的原则,上升为"马术文化休闲综合体",即以赛马场为核心,以马术文化为纽带,以马术配套设施为支撑,以活动经营为手段,以主题地产为保障,以休闲平台为目标,推进区域土地连片综合开发运营的文化体育休闲综合项目,从而实现"盈利来源多元化、健康经营持续化"。

同时,赛马场没有健全的管理体制,运行机制存在局限性,产业化规范程度不高,从业人员整体专业技能不高。近年来,赛马赛事较少,大众对赛马的认识度不高。

（三）赛马场周边缺乏配套设施

赛马场周边缺乏配套的特色食宿设施、游客服务中心等配套设施，不能通过旅游带动赛马场的发展。都市规划建设中没有以马元素为主的主题公园。如美国的肯塔基州马公园，位于著名的肯塔基蓝草区中心地带，占地约485万平方米，这里有大约50多个品种的马，其主题活动包括马电影短片、马国际博物馆、美国鞍马博物馆、成人骑马、儿童骑矮马、乘坐马车、马品种检阅、冠军马大厅、马场旅游观光等。每年大概有100万游客、爱马人和学生参观肯塔基马公园。

二、马文化博物馆建设运营存在困难

（一）政府主导的马文化博物馆数量较少

目前我国的马文化博物馆数量较少，而且大部分的马文化博物馆是由私人、中国马术协会、中国马业协会、中国文物学会独立建设或与人民政府联合主办，政府主导的马文化博物馆数量较少。我区的马文化博物馆大多是非政府主导的博物馆，缺乏政府的主导作用，马博物馆的建设受到严重的影响，这必然会影响马文化与马产业融合发展的速度。

（二）展览内容缺乏文化挖掘，展示手段比较单一

陈列展览作为博物馆对外宣传的重要窗口，是博物馆展现藏品保护与研究成果，传播文化职能的载体和桥梁，同时也是直接服务于社会公众的重要手段。目前，我国马文化博物馆数量不多，质量也不尽如人意，给人一种"千人一面"的感觉，博物馆中充斥着相似的展品，雷同的陈列布置。多数马文化博物馆在展示内容上过于强调从马文化历史等方面展开，而对内蒙古特色地域文化以及蒙古马精神挖掘力度不够；在展示手法上，多以静态展示为主，采用文字、图片、实物等方式向观众传递文化信息，缺乏互动触摸等多

媒体展示技术;在观众体验方面千篇一律,互动体验方式少且单调,让观众感到厌倦。博物馆应该集思广益,增加富有趣味及个性的互动体验设施。

(三)马文化博物馆对外宣传力度不足

马文化博物馆虽然在如火如荼地建设中,但是除了个别馆外,多数博物馆开馆多年还处于门庭冷落,养在深闺人不识的状态下。马文化博物馆的馆舍多建在马术俱乐部和景区内,加上马文化博物馆还没有扭转坐等观众上门的思想,造成观众知晓度低。很多博物馆只有建成开馆的新闻,至于其后续运营以及观众参观情况的报道则没有。马文化博物馆不注重对博物馆的宣传,是造成博物馆观众少的原因之一。因此,需要加大马博物馆的宣传力度,让群众对马博物馆有全新的认识。

(四)缺乏稳定充足的资金

博物馆作为非营利性文化机构,在馆舍建设、藏品征集和管理、日常维护以及人员招聘等方面都面临着一笔不小的开支。私人创建的马文化博物馆的建设和运营经费一般由创办人独自承担,投入力度大、回报小,在发展过程中面临着经费短缺的困扰。而由马术俱乐部或马产业企业出资创建的马文化博物馆因为有马业作依靠,情况要比私人博物馆好,虽然不用担心生存问题,但是却面临着发展资金短缺的现状。企业以营利为目的,它拨付给博物馆的资金一般只够维持博物馆的日常运营。此外,这类博物馆的资金来源于企业,企业发展得好或者企业对博物馆较重视的话,对博物馆的投入就大,而当企业效益差或者企业战略调整的话,博物馆就成为了企业的一个包袱。因此马文化博物馆要想持续健康地发展,就必须做到能够自负盈亏,摆脱对企业资金的过度依赖。

三、专业人才不足，人才培养体系尚不健全

（一）专业技能人才严重不足

人才是保障产业发展的先决条件。内蒙古马产业相关的教育和培训工作起步较晚，专业人才远远不能满足市场的需要。目前，各俱乐部的马术教练大部分仍来源于各省队的马术队，大多文化程度不高；马产业人才培养没有统一的行业标准和人才培养体系，培训内容受到很大限制；俱乐部培养的人才缺乏系统的理论基础；学校培养受招生规模限制，人才培养数量有限，在马匹饲养、训练、饲料加工配制、马房管理、修蹄、常见疾病防治、赛事组织管理等方面的人才匮乏。从事马匹改良、繁育、训练调教等技术人才的匮乏，导致马产业示范推广难度大，阻碍马产业尽快转型。现阶段，马术相关专业在我区相关院校仍处于冷门专业，每年招生的总人数和规模远远不能满足产业发展的需求，致使我区马产业的各个环节都面临着不同程度的人才荒。

（二）没有规范的行业标准

马业的发展人才培养是关键。马产业是个劳动密集型产业，包括饲养、护理、调教、配套服务、兽医、马会管理等环节。我区现代马业的发展条件尚在培育和不断完善中，没有形成规范的行业培养标准。

内蒙古农业大学职业技术学院运动马学院、内蒙古农业大学兽医学院等学院为马产业的发展输送了专业人才，但这远远不能满足现代马产业发展的需求。目前，兽医、骑师、营养师、调教师等马产业人才仍然不足。专业设置需要持续拓展。新兴的现代马业涉及诸多领域，由于办学体制限制，大部分学院仅开设运动马驯养与管理专业，专业设置单一，远不能满足产业发展对人才的需求。

（三）人才培养设施条件不完善

目前,我区对于马产业相关人才的教育和培训工作起步时间不长,与发达国家相比还有很大的差距,在人才和技术等方面的差距尤其明显。现在,各学校、俱乐部在对学生、学员培训时,由于没有统一标准的设施,培训内容受到很大的限制,尤其是在各高校更加明显,人才培养设施的不完善,进一步导致人才的短缺。各地区不断举办各种层次的赛事,但是,由于设施不规范或不具有统一标准,所以赛事成绩亦不具有公认性,这不但影响了赛事的吸引力,而且也影响了运动马产业的快速发展。为此,各地应根据具体情况,统筹规划、指导建设适应现代赛事要求的基础设施,保证赛事的规范进行。

（四）招生体制制约招生,社会认知程度低

虽然国际上运动马产业发展已经非常成熟,成为许多国家主要的支柱产业,在解决就业、上缴利税、社会慈善等方面都起着举足轻重的作用。但是,由于我国产业政策因素,目前现代运动马的活动还只是部分群体的娱乐活动内容,社会参与度很低。所以,运动马专业的社会认知度也很低,受国家高考制度要求,只能按照审批的名额计划通过普通高考招生,学校不能自主招生,这就限制了招生的规模,有天赋的少年学员进行全面培养受到限制,错过最佳训练年龄,只能进行马房管理、初级教练等培养,很难成为行业优秀人才。

第四节　马产业发展的系统性不够

马文化与马产业融合发展的系统性统筹不够,文化是最能凝练人们思维的稳定因素,人们能否从文化上接受马产业是决定马产业能否在我区乃

至我国快速健康发展的关键性问题。传统马文化和马功能让人们在意识形态上对马有崇拜和感激之情，要让马的文化功能价值迅速与马产业融合和对接，让马与人扮演从生产到生活的蜕变，从工具到休闲玩具的蜕变，这需要人们对新时期马功能价值的文化认同。

受传统"文化搭台、经济唱戏"观念的影响，内蒙古许多地方偏重于马产业发展，借助于内蒙古国际马术节、中国游牧文化节、中国驭马文化节等马术赛事，以此为契机招商、推销地方特色产品，却缺乏对马文化本身的深入研究，忽视了马文化的挖掘、培育、传承。马文化包括精神文化、物质文化、制度文化等多个层面。目前，内蒙古的马文化挖掘多以马鞍、马镫、马鞭等简单的整理与展示为主，涉及制度文化方面的挖掘思考较少，精神文化层面的解读和应用更是几乎空白。

马文化与马产业融合发展的最终目的是提高农牧民收入。从目前开展的情况来看，马文化与马产业的融合一定程度上提高了农牧民收入，但是还缺乏具体的利益分配机制，相对于马术俱乐部、旅行社以及相关企业，农牧民的收益还相对有限。值得注意的是，在一些即将开展马文化与马产业融合发展的地区，还没有明确地将提高农牧民收入列入工作计划，这是值得关注的问题，因为如果融合发展不以农牧民为本，这种产业融合本身也容易出现严重的问题。具体表现如下：

一、马产品产业化开发滞后

马产品开发力度不够，产品品种少，缺乏创新。蒙古马全身是宝，供牧民生活生产，提供生活必需品，用于赛马、马术、竞技表演等文化娱乐活动，也是农牧民生活和经济来源，在经济发展中占据重要的位置。现阶段市场发育水平很低，产品的综合开拓和利用能力不高，基本停留在马奶产品的开发，对马油、马骨及利用孕马血清、孕马尿等开发生物制品及保健品进展缓慢。同时，消费群体对马产品的认识程度不高，特别是在马产品产业化运作方面，农牧民对马匹的使用更多的是赛马、骑乘，而对马制品的开发还处于停滞状态。

马可开发利用的产品种类很多,如结合雌激素、孕马血清、马脂、马肉、马乳等。马肉在国际市场上盛销不衰,其营养价值及医用价值较高,其食用方式多种多样,分割肉、冷冻肉、马肉干、马肉松、熏马肉、酱马肉、蒸马肉、马肉香肠等。马奶是一种白色稍微带淡青色的稀薄液体,马乳含有人体必须的九种氨基酸,研究表明,马奶比牛奶、羊奶等奶类更容易被人体消化吸收,牛磺酸含量丰富,对缺乏母乳的新生儿和早产儿有重要意义,马乳还可以制作成冰冻马乳、酸马奶(马奶酒)、马奶粉、奶片、马奶露、马奶啤酒、洁肤护肤用品,其保健医用价值极高。孕马尿中富含雌激素,可以充分利用孕马尿来提取天然激素。马血可以制作食品添加剂、血红蛋白粉、脱色血红蛋白粉、止血粉及其他医疗用品。孕马血清是珍贵的药物原料。此外,马皮是制作皮椅面、皮箱面的上等材料,也可以制作皮带、皮包、皮鞋等。马鬃和马尾拉力强,弹性好,耐磨,耐热,耐寒,具有抗酸蚀的特性,主要用于制作刷子、工业滤布、高级服装的衬布、马头琴等各种乐器。马骨可制作高档工艺美术品和马骨泥等。马蹄壳可加工制成蹄壳粒出口。马肠可制成肠衣,用于灌制肠类制品。此外,可以开发的马产品还有很多其他种类,但由于受生产条件、技术装备、市场需求的影响,我区目前马产品开发品种较少,特别是在马奶和孕马血清的开发利用上更为缺乏。国际上目前对于马产品开发的链条较长,如马肉的深加工,我区由于文化传统等方面因素的制约,马肉加工非常滞后,即使有所发展的马奶加工,产品形式也较为单一,仅限于灌装的酸马奶、马奶酒。

二、马具研发缺乏特色

(一)我区马具市场占有率低

内蒙古的马具在我国市场上占有率较低。马具用品在中国已有几千年的历史,马具包括马鞍、马笼头、马鞭、马镫等多种用品。在所有的马具中,

马鞍是最重要的一件马术用品,因此,目前市场上的马具主要以马鞍为主。作为马背上的民族,蒙古族马具的生产历史悠久,但是近年来在我国马具市场上的占有率却很低。马具的制作涉及木工工具、铁匠工具、皮匠工具、刺绣工具等多种工具,我区的马具生产目前没有形成规模化,生产周期较长,此外没有统一的安全标准,我区的马鞍在国内市场占有率仅为 10% 左右。

(二)马具缺乏内蒙古特色文化元素的融入

蒙古族马具的制作技术自远古一直走到今天。传统的马具制作工艺人制作的马具,其制作技术精良、用料考究、装饰华丽,与其他民族和地区的马鞍具相比有突出的民族特色。随着时代的发展,传统的马具逐渐走进博物馆、居民住宅,成为一种装饰品,取而代之的是现代马具。在我区现代马具生产中,没有将传统的内蒙古特色文化回纹、万字纹、盘肠纹等元素融入其中,没有将民族特色融入其中,没有传承我区传统马具的民族特色,缺乏特色与创新。

(三)马具品牌建设不足

随着赛马运动的兴起和发展,人们对赛马运动的要求也越来越高,然而我区生产赛马装备等马具用品的专业型厂家却是少之又少。目前,马具的生产主要以生产马鞍为主,内蒙古马具的生产主要以各个地区的手工作坊为主,马鞍的生产比较分散,手工作坊生产的马鞍又各具特色,没有形成产业化经营。小规模的手工作坊生产企业缺乏品牌建设,我区马具生产企业知名度低,没有形成一个知名品牌,未能产生品牌效益。品牌建设不足,导致我区马具在整个行业中知名度低,市场占有率低。品牌是产品的灵魂,品牌帮助消费者做出选择,经过适当的营销,品牌会触发消费者心中强烈的情感认同,进而强化他们对于产品的忠诚度,因此,拥有品牌的企业,可以提高企业价值。

（四）民间手工艺者未得到保护和传承

我区马具的制作工艺拥有悠久的历史，民间手工艺者是传统马具制作的主体，是其根本所在，他们丰富的经验和生动的创造力，反映了较长历史时期的文化发展面貌。随着时间的推移和社会的变迁，传统的蒙古族马具制作技艺正在逐渐流失。目前，我区缺乏对马具民间手工艺人的重视，近年来忽视了马具制作工艺的传承，愿意传承传统马具制作的手工艺人较少。同时，缺乏对手工艺制作流程的梳理，手工制作工艺正面临失传的困扰，缺乏对手工艺文化保护和传承的相关政策。我区需要加快步伐制定对传统手工艺制作技术及传承人的保护和传承的相关政策，重视传统手工制作工艺。

（五）马具研发人才不足

马具的研发、制作和销售缺乏优秀人才，随着各行各业的快速发展，马具制品市场不断缩水，越来越多的人不愿从事马具的制作，马具制作技艺的传承人以及公司化生产人员匮乏，马具研发人才的短缺，导致马具的发展停滞，多样性减少，马具制作人才的短缺还导致马具产品质量下降，因此，人才的短缺不利于马具制品产业的发展。

三、马术赛事发展落后

（一）马术赛事规模较小

随着休闲体育的多元化发展，有着"贵族运动"之称的赛马运动被越来越多的人所接受和喜爱。近年来，内蒙古许多地方建立了大小不等的运动马场，虽然我区有着完善的比赛场地，但是没有国际化的赛马赛事品牌，在各个赛马场举办的赛事很大程度上参与者都来自本地区，没有辐射到其他地区的参与者，总的来说，我区的赛马运动，尤其是现代赛马处于初期发展阶段，由于政策等原因，商业赛马没有放开，对经济的拉动作用没有体现出

来,无法和赛马业比较发达的美国、日本等国家相比。美国在 2015 年,仅纯种马比赛场次就达到 5 万场,博彩投注额 10 亿美元,马产业对美国经济的产值贡献达 1121 亿美元,马产业对国民经济的贡献超过铁路运输、广播电视等行业。而我区的竞技赛事,主要由各马术俱乐部、马业协会主办,由专业人士参与,基本是自娱自乐,观众较少,规模小,经济的带动作用不明显。

(二)赛马活动的社会关注度差

赛马在我国已有两千多年的历史,在盛唐时期已居当时世界领先地位。但是近年来,赛马活动的社会关注度越来越少。赛马运动在我区并未形成媒体效应,也没有被大众普遍理解与接受,关于赛马文化的宣传相当薄弱。而香港、英国、美国等地,每到赛季,著名的电视频道黄金时间轮番宣传赛马活动,各个电视台直播和转播赛马赛事全过程,各大报纸头条头版都与赛马活动相关。高效传播商业赛马赛事信息,让民众都了解各国对赛马运动的重视,让人感觉到赛马活动是不可或缺的一种生活方式。1964 年东京奥运会马术比赛时,不仅举办赛马,还通过马术等活动普及日本马文化,让更多人了解马文化,并在东京赛马场内设立了小型赛马博物馆,让人知道赛马的历史、宣传马文化。

(三)赛马活动没有形成产业链,群众参与程度低

目前,处于传统马产业向现代马产业过渡时期,即育马、养马、拍卖、赛马、马术、马文化的传统单线条产业链已经逐步向一个集体育休闲、体育竞技表演、餐饮、服装、电子商务、酒店等行业的综合产业链转变,但由于传统马文化与产业推进不同步,导致赛马产业消费者较少。大多数人对现代赛马缺乏了解、缺乏热情,市场需求少,促使赛马缺乏动力和资金。目前,随着旅游产业和房地产业大举进入马术产业,投资的理性和管理的规范,已经悄悄地在不少马术投资过程中体现。我们预计,规范的马术即将进入一次现代化的"发展季"。

（四）赛事缺乏创新，观赏性差

赛马形式多种多样，现代赛马运动起源于英国，其竞赛方法和组织管理远比古代赛马先进和科学，比赛形式也发展为平地赛马、障碍赛马、越野赛马、轻驾车比赛和接力赛马等不同种类。我区民族赛马的形式主要包括奔马和走马，由过去的 20 公里、30 公里、40 公里逐渐缩短为 3000 米、5000 米、10000 米等短程赛。多年来变化不大，比赛形式单一，缺乏创新，没有形成形式多样、具有观赏性的赛事。观众对原有赛事已经习以为常，民族赛马正在逐渐失去吸引力。

第五节　产业融合发展的思路不够明确

内蒙古马产业是一个可以预见的集合一二三产业的庞大产业链条，马产业已经在马匹饲养繁育、马相关生物制品为代表的第一、第二产业构建起了清晰的产业链条。纵观国外现代马产业的发展历程，可以看到第三产业在整个马产业链条中具有重要地位，拥有很大的发展潜力。对融合发展的重要性认识不足，重视不够，马产业与马文化的融合发展不够，在内蒙古乃至全国都在大力提倡发展马文化与马产业，但是，对于马文化的内涵与外延、马产业的现状与特点以及两者之间的辩证关系没有充分认识与理解，特别是没有意识到只有马文化与马产业深度融合才能实现马产业健康、快速、可持续发展，才能发挥马产业多业态的巨大推动力，出现了马文化只谈文化，马产业只谈产业，把两者割裂开来的现象，使马文化与马产业融合停留在表面，马文化与马产业融合的具体政策、制度、实施方案尚不健全。马产业与其他产业的融合发展不够，相关部门对马产业多业态特点认识不足，对于马产业快速发展仍然停留于传统马产业的发展阶段，寄希望于商业赛马等博彩业的发展上，忽略了马文化旅游、休闲骑乘、马文化创意产业等方面

的潜在经济效益,围绕马文化开展的旅游业、房地产业、传媒业等其他关联行业带来的经济收益也较为局限,绝大部分都依托草原进行广告宣传,同质化严重,缺乏投资吸引力。推动马产业与马文化融合发展的措施不够明确,对以农牧民分享产业链增值收益为核心,以延长产业链、提升价值链、完善利益链为关键,加强马产业与加工流通、休闲旅游、文化体育、科技教育、健康养生等产业深度融合,形成多业态打造、多主体参与、多机制联结、多要素发力、多模式推进的马产业融合发展体系等方面探索的还不够。

一、马文化旅游项目内容单一

内蒙古草原旅游景区中马文化产品形式单一,产品种类少。草原旅游中大多数旅游景区中的马文化资源的应用处于开发阶段,以骑马体验和参观马文化为主要旅游项目。游客体验产品简单且少,没能形成自己的特色产品。草原旅游项目缺乏特色、文化内涵和创新意识,存在严重的雷同现象。许多景区并没有打造与马文化相关的旅游产品与项目,有限的马文化元素也没有抓住马文化的核心和重点,目前蒙古马文化在内蒙古草原旅游景区当中主要应用于两个方面,一是骑马观光,二是马术表演。然而以骑马及参观赛马、马术表演等为主的蒙古马文化旅游产品已经不能满足旅游者的需求了,而旅游者更加注重体验和参与蒙古马文化旅游产品。当前,我区各草原旅游景区中除了观看马术表演及赛马和骑马等基本旅游产品以外,缺乏高端特色马术活动,缺乏牧民日常生活中挤马奶、套马、赛马等有特色的民俗活动。

二、草原马文化旅游项目对民族特色、民俗文化挖掘不足

尽管有部分景区和相关部口逐渐认识到民族特色、民俗文化的重要性,及其对提高地区知名度、塑造区域形象、平衡地区旅游季节性做出的巨大贡献,但是除了少数较大的旅游景区关注和利用民族、民俗资源外,很多景区

并没有打造与马文化相关的旅游产品与项目。我区大部分景区进行的草原旅游还是仅仅停留在走马观花式的观景、购买纪念品等粗放式旅游项目中，没有抓住马文化的核心和重点，导致其开发形式较为简单粗略，重复性高，缺乏文化内涵和创新意识。

三、马术实景演出内容缺乏创新

现阶段，我区的马术实景演出主要有《千古马颂》《永远的成吉思汗》《蒙古马》等大型实景剧，这些实景演出深刻体现了蒙古族的民族文化特色，但随着内蒙古旅游业的快速发展，人们观念的更新变化，人们对旅游产品的需求也不断发生变化，为了不断满足旅游者的需求，促进《千古马颂》等剧目永葆青春和活力，延长成熟期，仍然需要不断深度挖掘和创新地域文化特色，不断的推陈出新，把文化的内容和形式有机的结合起来，通过载体化的设计将文化的深层内涵表现出来。而现有的马术剧目基本雷同，差异性较小，内容缺乏创新，越来越难满足消费者的需求。

第六节　马产业发展社会氛围不浓

历史上，内蒙古是我国传统的养马大区，有着悠久的养马历史、浓厚的马文化底蕴和广泛的群众基础，但是，近年来，伴随着经济社会的发展，这一基础和优势已经不复存在。

一、牧民的认识与观念落后

现代马产业不同于传统马产业，它是一个具有经济效益和社会效益的第三产业，并具有广阔的内涵与文化理念。现代马产业对人们的身体健康

和文化生活都有积极的贡献,同时需要相关的法律制度为其保驾护航,而如今国民的这一观念还未完全转变,仍停留在传统马产业和农耕阶段,还未树立对马产品进行多方向、多用途、综合开发、深加工利用的主导思想。

二、与马产业相关的机构组织相对较少

除国家和自治区层面的马业协会经常开展工作外,旗县层面的马业协会工作开展较少,会员数量也较少。反观国外现代马产业比较发达的地区,以德国为例,德国马协作为德国马术运动的最高组织,下辖 17 个州马协,403个县马协,7429 个大大小小的马术协会,直辖着 2927 个马场和 76 万会员。缺少马产业相关组织机构导致的后果就是难以将牧民、专家、学者组织起来加强与宣传文化部门的沟通,难以定期举行马业座谈会和论坛,共同研究和探索加快内蒙古马产业发展的机制,探寻具有我区特色的马产业发展之路。

三、马文化传承机制断裂

在我国,特别是内蒙古的文化发展史上,马文化占据着重要的地位,是中华民族灿烂文化中不可忽视的一部分。马文化在不同地区、不同民族中,以不同程度影响了人们的生活习惯。由于传统马产业的衰落,马文化也日益被边缘化,社会成员特别是青少年群体对马的直观感知度下降,使得马产业发展的群众基础被弱化。加之随着改革开放和社会经济的发展,人们过分地追求物质利益以及盲目的吸收西学,逐渐减少了对我国传统文化的关注,而马文化作为中华民族优秀文化中的一部分,在当今社会的关注度和普及程度较低。

四、缺少推动融合发展的舆论环境

（一）马产业宣传力度不够

限于经费缺乏、马产业基础薄弱、马产业规模不大等原因，我区对马产业的宣传推广工作滞后，没有得到国家有关部门的重视，没有引起投资企业家的关注。一是宣传载体单一，马产业的宣传还大多停留于传统媒体层面，对马产业发展在促进传统优势资源转换、优秀民族文化传承、劳动力转移就业及农牧民增收等方面的积极作用宣传的还不够充分，目前基本仍依托地方电视、报纸等传统媒体播发一些活动新闻，受众面窄，吸引力、感染力不强。二是缺乏包装策划，没有深度挖掘马文化内涵、地区发展马产业优势，未拍摄有影响力的宣传片，也没有承办过大型专题论坛会议，参与举办的马产业大型新闻发布会也寥寥无几。

（二）市场培育不足，消费者缺乏对马产品认知

马产品利用途径非常广，马肉具有高蛋白、低胆固醇的特点；马奶与人奶成分接近，营养丰富、营养价值全面；马脂化妆品对人体皮肤渗透力强，涂展性好，皮肤吸收快；孕马尿中富含雌激素，可以充分利用孕马尿来提取天然激素；孕马血清是珍贵的药物原料。马全身都是宝，但由于缺乏马产品的宣传和市场培育，消费者对马产品的了解较少，对马产品的功效认知不深，导致市场和消费群体有限，没有形成大规模的市场需求。

第七节　马产业发展的政策支持力度不够

产业发展离不开政策的大力支持，马产业本身属于多要素融合产业，势

必涉及多个部门的协调,在内蒙古自治区政府已经制定的《内蒙古自治区人民政府关于促进现代马产业发展的若干意见》基础上,然而目前文化部门、体育部门、旅游部门、农业部门,没有从政府层面建立统一协调机制,没有出台相关措施和政策,从上到下还没有充分认识到马产业发展对整个区域经济的重要意义,马产业发展经常会陷入无章可循的窘境。

一、马产业发展缺乏必要的顶层设计和规划

马产业发展目标、规划不明确,政策支撑体系不完善,对发展现代马产业缺乏科学、完整、可行的宏观思路、整体规划、战略措施和扶持政策,对传统马业向现代马业转变的路径缺乏明晰的指引。内蒙古自治区《关于促进现代马产业发展的若干意见》中虽然明确提到要将促进现代马产业发展纳入当地经济社会发展规划中,制定和落实支持现代马产业发展的配套政策和相关措施。截至目前,只有鄂尔多斯市、锡林郭勒盟、包头市进行了马产业发展规划,其他盟市包括呼和浩特市、呼伦贝尔市等盟市仍没有完善的马产业发展规划。

现有的规划中,没有充分体现和强调马产业发展要坚持"因地制宜、优化布局、突出特色"的原则,对如何紧密结合内蒙古自治区马产业发展的基础和优势,充分利用资源环境条件,实现产业相对集聚、功能相互依存、资源环境支撑可靠的发展模式,如何优化马产业空间布局,培育优势产业和特色产业,形成差异化竞争优势,弥补内蒙古特色现代马产业研究的不足缺少深入思考。

二、缺乏对马产业的财政金融支持

内蒙古自治区马产业发展现在主要依靠政府投入,市场发育不健全,产业要素优势不明显,不能满足马产业快速发展的需要。仅就财政投入而言,没有重点支持马良种繁育体系、疫病防控、饲草料种植加工、人才培养、规模

养殖及马产品开发、认证等关键环节建设的马产业发展专项资金。地方政府每年安排的畜牧业项目资金中,很少有用作马产业发展的资金。

三、缺乏适合马产业发展特点的金融政策和信贷新产品

由于金融机构对马产业相对不熟悉,信息不对称的情况更为严重,在不了解马文化产品的属性、特点和盈利规律的条件下,金融机构更愿意把资金投向熟悉和能把握风险的行业,对投资马产业的积极性不高,对养马户和马业企业的信贷支持不够。缺乏马产业发展的社会金融政策,马产业发展基金、多元化融资渠道、马产业PPP合作模式都还在探索阶段,缺乏吸引区内外大型企业集团、民间资本和工商资本投入马产业发展的手段。此外,马未被纳入畜牧业政策性保险范围,马产业保险业务的缺失导致马产业抗风险能力差。

四、马产业发展优惠政策落实不够

马博物馆、马展览馆、传统民族体育赛马场、马主题公园等公益性、群众性设施建设用地纳入当地土地利用总体规划等政策还没有很好的得到落实。对专门开发生产马产品的中小企业还没有制定优惠政策,给予资金、人才、技术、宣传、营销等方面的支持,以便鼓励扶持形成一大批马产品生产企业,切实提高马产品的规模和生产能力。

五、限制商业赛马政策的制约

出台相关政策,运行赛马有奖竞猜,带动体育旅游发展。内蒙古在开发商业性赛马,发展马产业具备一定的优势,但缺少国家政策的扶持、相关法律文件和规章制度的保障以及专业知识技能人才的匮乏,造成我区马产业发展不景气。赛马彩票和赌博是有区别的,在我国《刑法》第168条和公安

部颁布的《关于禁止赌博活动的通知》中的界定是：赌博的行为是指以营利为目的的聚众赌博或以赌博为业的行业。而赛马彩票和体育彩票中的足球彩票一样，都不是以个人营利为目的的行为，所筹集的资金用于公益事业，这是赛马彩票与赌博的根本区别。国家应出台相关政策给予支持，借鉴国外马彩和武汉赛马有奖竞猜的成功经验，按照《体育彩票》的管理办法和销售系统进行运作，制定《内蒙古赛马有奖竞猜规则》和《内蒙古赛马有奖竞猜发行与管理办法》，利用我区优势，规定时间在呼和浩特市、通辽市、锡林郭勒盟、鄂尔多斯市、兴安盟等赛马场让马跑起来，并以赛马、马术表演、马队接送、骑马、驯马等活动，带动内蒙古草原文化旅游的发展。赛马收益分配遵循"取之于民，用之于民"的原则，让政府、赛马场、马迷都能得到实惠，除此之外，还应考虑到骑师、驯马师、马主和马房等方面的利益，调动他们的积极性，使内蒙古的商业赛马可持续发展。

内蒙古民间赛马的传统从未中断，有奖赛马也一直存在。即使在国家政策尚不允许进行博彩型赛马的情况下，我区应重视民间传统赛马、马术活动的传承和繁荣，在此基础上将这种赛事专业化、产业化和制度化，引进通行的国际赛马规则后，结合我区特有的赛马文化，形成集体育、旅游、文化为一体的赛马运动品牌。政府或马协、马术俱乐部等民间组织需要定期举办常规性的赛马大会，先让内蒙古的"马"跑起来，积累运营和管理的经验，一旦国家政策允许就可以进一步展开博彩型赛马活动。

第八章

内蒙古发展马产业的环境分析

第一节　内蒙古发展马产业的优势与劣势

一、内蒙古发展马产业的优势分析

（一）民族优势

从历史上看，我国北方少数民族游牧文化是华夏文明的源头之一，而蒙古族又被誉为"马背上的民族"，为我区发展马产业奠定了坚实的历史文化基础。从现实上看，我区33个牧业旗市、21个半农半牧旗市农牧民的生产生活与马有着密切关联，为我区发展马产业奠定了坚实的群众基础。在我区民族文化中，马文化既具有马在人们生产、生活、军事中相互关系的丰富性，也有与支撑现代马业的马术、赛马、骑乘娱乐等文化的高度契合；而且这种文化在保留的较为完整、具有其独特性的同时，与现代文化获得了同步发展。内蒙古民族文化、马文化丰厚的积淀，是我区现代马业发展的基石，构成了与其他地区相比更易识别和认同的文化优势；国际化的蒙古族文化传播，以广袤草原获得外部认同的独特地域特征，和谐、文明的社会环境，与周边文化、现代文明高度契合的发展基础，能够支撑我区现代马业更易获得市场认同的优势。

内蒙古有发展运动马产业坚实的群众基础。如果说北方草原是蒙古民族成长的摇篮，那么奔放的蒙古马就是蒙古民族创造历史的主要见证。草原上的牧民一生中有三分之一的时间在马背上度过。从古至今，蒙古民族对马的感情始终没有改变，在生产劳动、行军作战、社会生活、祭祀习俗和文学艺术中，几乎都伴随着马的踪影。

在各种马文化旅游节和每年一度的那达慕大会上，牧民群众会举行赛马活动和马术表演活动。我区各类马协会拥有大量的会员。蒙古族被称为是马背上的民族,常年与马打交道,熟悉马,对育马驯马有独到之处,掌握着独特的育马、驯马技术和技巧,在业界有着极好的口碑。

虽然我区尚未形成产业化的养马、育马,但许多爱马的蒙古族人出于对马的深厚感情,始终坚持着马匹的驯养和品种改良,各盟市都不乏远近闻名的养马大户。许多牧户已经看到了运动马产业发展的广阔空间,有了向养马要经济效益的意识。其中一些牧户从实践中摸索出了通过育马、驯马、出售马匹获得丰厚收入的途径。

(二) 区位优势

我国现代马业正处于稳健发展时期,各省区和发达城市对现代马业发展予以高度关注,市场需求旺盛,为我区发挥资源、地域、文化优势,促进现代马业发展提供了充分的空间。我区在充分挖掘区内市场的同时,毗邻省区、城市较为发达,对现代马业发展较为重视,有利于我区现代马企业和农牧民以较低的成本进入。我区地处祖国北疆,毗邻 8 省区,首府呼和浩特市距离北京仅 500 余公里,赤峰市、通辽市、乌兰察布市、锡林郭勒盟距北京都很近。良好的区位优势、便利的交通条件,使得我区拥有马产业发展的良好前景和市场,具有吸引京津冀及东三省乃至全国富裕阶层中爱马人士成为我区马产业客户的潜力。

内蒙古旅游资源丰富、风情独特、民风淳朴,有着悠久的历史和深厚的民族文化底蕴;大草原、大沙漠、大森林的恢宏壮美吸引了海内外大量游客,内蒙古将逐渐成为中国 21 世纪生态旅游的重要基地。

内蒙古横跨东北、华北、西北地区,是中国邻省最多的省级行政区之一,北与蒙古国和俄罗斯联邦接壤,与京津冀、东北、西北经济技术合作关系密切,是京津冀协同发展辐射区。"一带一路"是中国扩大同各国各地区利益汇合点的重大战略,是构建开放型经济新体制的重要举措。内蒙古作为"一带一路"视角下中蒙俄经济走廊建设的重要组成部分,是扩大向北开放,增强经济发展动力的桥头堡。

内蒙古从东到西直线距离 2400 多公里,南北跨距 1700 多公里,面积 118.3 万平方公里,约占我国国土面积的 12.3%。内蒙古东北都与黑龙江、吉林、辽宁接壤,西部与甘肃、宁夏毗邻,南部与河北、山西、陕西相连,北部与蒙古国和俄罗斯交界,国境线长 4221 公里。中东部地区面向京津唐,靠近东三省,融入环渤海经济圈,西部"金三角"地区依托包兰铁路被列入国家规划的西部开发重点区域——西陇海兰新经济带,北部接壤俄罗斯和蒙古国,有满洲里、二连浩特等 18 个边境口岸。因此,内蒙古在我国经济发展和对外开放的总格局中,不仅具有承东启西的重要地位,也是我国向北开放的桥头堡。良好的区位优势,便利的交通条件,使得内蒙古拥有运动马产业良好的发展前景和市场。

(三)马匹品种资源优势

内蒙古处在最适于牧草生长和马匹生存繁衍的地理位置,广阔的草原使内蒙古成为我国乃至世界原始地方马品种资源最丰富的地区之一,是公认的世界现代马品种的发源地。

蒙古马原产地海拔 1000 米以上,冬季严寒,夏季酷暑,年温差及日温差大,为典型的大陆性气候。蒙古马全年在纯牧条件下放牧,长期受外界条件的影响,能够利用高寒草地的牧草资源,对高寒草原的生态环境条件具有极强的适应性。在牧草生长期短、枯草期长的恶劣条件下,它们依然自如生活,繁衍后代。

蒙古马体型中等偏小、气质彪悍、体格结实、适应性强、抓膘复壮快、耐力好、抗病性强、抗寒、耐粗饲等独特的遗传特性,这些国外纯血马无法比拟。目前,在全国马术俱乐部和马场中,几乎一半的赛马都由内蒙古提供。世界各地从事马遗传信息研究和致力于马产业发展的专家、教授以及相关机构,都把内蒙古地区及毗邻的蒙古国视为马遗传资源信息的重要基地。联合国农粮组织(FAO)的家畜遗传信息管理战略及家畜遗传多样性研究组织,都把我区的蒙古马列为保护和开发利用的主要地方品种资源。

在内蒙古,马的品种资源丰富,目前有蒙古马、锡尼河马、鄂伦春马、三河马、锡林郭勒马以及国外引进的英国纯血马、美国标准马、汉诺威马等种质资源,其中蒙古马品种有乌珠穆沁白马、百岔铁蹄马和乌审马等优良类群;正在培育的品种有新乌审马、新锡林郭勒马和新三河马。

内蒙古地形特征由东北向西南斜伸,呈狭长形,东西跨度达 2400 多公里,草场面积 8000 多公顷,是我国乃至世界原始地方马品种资源最丰富的地区之一,也是公认的世界现代马品种的发源地之一。内蒙古自治区马匹拥有量在全国占有重要份额,2016 年全区马匹饲养量达到 93.5 万匹,居全国之首。内蒙古马匹主要分布在呼伦贝尔市、锡林郭勒盟、通辽市、赤峰市和兴安盟 5 个盟市,占到全国马匹总量近 15%(表 8-1)。

表 8-1　马匹数量在 5 万匹以上的盟市

盟　　市	数量(匹)	占全区总量(%)
呼伦贝尔市	273919	29.3
锡林郭勒盟	218694	23.4
通辽市	182162	19.5
赤峰市	126713	13.6
兴安盟	64771	6.9

(四)民族赛马和现代赛马优势

那达慕大会是蒙古族历史悠久的传统节日,而赛马、套马等马术项目作为那达慕的主要赛事在牧业旗市常年举办,每个旗市基本都拥有举办那达慕的赛马场地。在此基础上,我区还建成了一些规模较大的赛马场地,对举办大型赛事具有丰富的组织管理经验。目前规模较大的赛马场主要分布在呼和浩特市、通辽市、鄂温克族自治旗、锡林郭勒盟、兴安盟、鄂尔多斯市,其中呼和浩特市的内蒙古赛马场始建于 1956 年,是全国影响力最大的赛马场,举办过多次国际、国内大型速度赛马比赛和那达慕大会。2007 年建成的通辽市科尔沁左翼后旗僧格林沁博王府赛马场有着较好的运作模式,2007 年曾承办了中国马业发展大会、全国速度马锦标赛总决赛、中国马术模特大赛

总决赛等赛事,具有丰富的赛事组织经验。2017年建成的鄂温克族自治旗少数民族体育运动中心承办了第九届全区少数民族运动会。

目前,我区多个盟市旗县区都在依托蒙古族马文化,进一步开发运动马产业,努力打造运动马产业品牌,在已有的一些规模较大的赛马场基础上,计划建设的赛马场数量也在增加,对举办大型赛事也积累了一定的经验。区内规模较大的赛马场主要分布在兴安盟、通辽市、锡林郭勒盟、鄂尔多斯市和呼和浩特市。内蒙古全境内较知名的马场有呼和塔拉赛马场、内蒙古赛马场、锡林郭勒赛马场、鄂尔多斯市赛马场、图什业图赛马场、博王府赛马场、呼伦贝尔市鄂温克族自治旗民族体育运动中心,其中内蒙古赛马场为当时亚洲规模最大的国际标准赛马场,场地总面积32万平方米。赛马场的数量和面积基本满足需求,有利于后续内蒙古马产业的快速发展。内蒙古各地马匹数量均有增长,在大草原重现"万马奔腾"的景象指日可待。各地还成立了马文化协会,加强马文化挖掘、保护,马种改良,马产品开发及马业管理。将旅游业与马产业发展有机结合,通过举办大型主题活动、建设马文化景区、开发专项旅游产品等,打造马文化品牌。以"马"为核心的旅游业将得到快速发展。

近几年,我区各盟市积极申办了一些运动马的赛事,积极参与了国内、国际上的重要赛事,在这些赛事中我区选手取得了优异的成绩。这就增加了内蒙古马产业的影响力和知名度,为后续马产业发展创造了条件。

(五)人才培养优势

内蒙古农业大学成立于1952年,是内蒙古自治区创办最早的本科高等学校。1952年,为了加快内蒙古自治区经济建设和社会发展的步伐,解决缺乏大量草原畜牧业人才的问题,中央人民政府决定,将河北、平原、山西三所农学院的畜牧、兽医专业迁到呼和浩特市,1958年在内蒙古创办全区第一所本科高等学校——内蒙古畜牧兽医学院。当时设有畜牧、兽医两个系两个专业,其目的是培养动物饲养及兽医两个专业的高级技术人才,为内蒙古广大牧区的畜牧事业服务。

1960 年内蒙古畜牧兽医学院更名为内蒙古农牧学院。1963 年内蒙古农牧学院被列为华北地区重点高等农业院校,成为内蒙古自治区最早招收国外留学生和研究生的高校。1971 年,内蒙古自治区革命委员会决定撤销内蒙古林学院,并入内蒙古农牧学院。1978 年,内蒙古自治区党委决定,恢复内蒙古林学院,从此,农林两校进入了各自的恢复、发展和振兴期。1981 年,内蒙古农牧学院成为全国首批具有硕士学位授予权的学校。1983 年,经内蒙古自治区党委和政府批准,内蒙古农牧学院被列为内蒙古自治区重点院校。1985 年,内蒙古农牧干部学校并入内蒙古农牧学院。1993 年,经国务院学位委员会批准,内蒙古农牧学院成为内蒙古第二个具有博士学位授予权的学校。1999 年,经教育部批准,撤销内蒙古农牧学院和内蒙古林学院,合并组建内蒙古农业大学。2000 年,学校成为内蒙古第一个具有一级学科博士学位授予权的高校。2001 年,学校被确定为国家西部大开发"一省一校"重点支持建设高校。

2010 年,在农业部首席兽医官贾幼陵先生的倡导下,内蒙古农业大学开始建设运动马教学马场,已投入 900 多万元建设了马房、室外训练运动场、马匹福利设施、马兽医院、马装蹄室、实验室、马饲草生产及饲料研究基地、综合办公区、草库、鞍具房、饲料加工室、饲料储存室、工具房、除污设施、监控设备、办公配套设施等大量的设施。

2011 年 3 月,国家教育部正式批准了《运动马驯养与管理》三年制专科专业,由此,内蒙古农业大学成为全国第一所由国家教育部批准成立、颁发大专学历的运动马驯养及高级人才培养基地。2011 年 6 月,内蒙古农业大学、香港赛马会、中国农业科学院哈尔滨兽医研究所、英国利物浦大学兽医学院、英国动物健康基金会携手成立了"马兽医学教育及疾病防治研究国际交流平台"。2012 年 8 月,内蒙古农业大学、法国赛马会和马来西亚 TAK 控股集团三方签订了运动马驯养人员培训协议,由马来西亚 TAK 控股集团提供培训资金,法国赛马会每年为内蒙古农业大学教师和学生提供运动马驯养等培训服务。

2015 年 12 月,兴安职业技术学院与内蒙古莱德马业股份有限公司联合创办的、校企合作"双主体办学模式"的莱德马术学院。马术专业是紧跟市场需求、发展空间大、前景广阔、就业渠道畅通的特色专业。本专业以悠久的草原文化为底蕴,以蓬勃发展的马业市场需求为导向,依托兴安职业技术学院雄厚的办学实力,培养适应现代马产业发展要求,具有马术产业较系统的基本理论、知识和技能,能较熟练地从事运动马饲养管理、赛事策划、骑乘竞技、兽医服务以及马产品开发等方面急需的高技能应用型人才。

2016 年 8 月,锡林郭勒职业技术学院成立马术学院,并于同年 9 月份招收第一批马术专业的中职学生 72 人,采用蒙汉双语教学。2017 年秋季开始招收高职运动训练专业(马术方向)学生。旨在培养能够掌握马术运动知识、竞赛与管理知识,具备马术运动技能及运动指导、马匹管理能力,主要从事马术运动员、马术教练员、马业科学管理、马房管理、传承马文化等工作的高素质技能型专门人才,为锡林郭勒盟、内蒙古自治区乃至全国相关企事业单位输送专业马术教练员和马术表演人员。

二、内蒙古发展马产业的劣势分析

目前,内蒙古马产业发展速度迅猛,优势较明显,但是也不能否定劣势对马产业的制约,如:现有的马文化资源优势还未能转化为产品优势,马文化产业特色优势还不明显,马文化产业竞争力不强;马文化与马产业结合不够紧密,存在马产业发展基础薄弱、马产业发展主体不完善、马产业发展条件不成熟、马产业发展系统性不够、马产业融合发展的思路不够明确、马产业发展社会氛围不浓以及马产业发展的政策支持力度不够等问题;生产方式落后,马产业经营风险大;产业化经营水平低,专业化程度不高;马产业发展研究宣传平台没有建立等问题。这些问题以及产生原因在上一章节有详细的描述,不再一一展开赘述。

第二节　内蒙古发展马产业的机遇与挑战

一、内蒙古发展马产业面临的机遇

（一）政策支持

2017 年 12 月，内蒙古自治区人民政府发布《内蒙古自治区人民政府关于促进现代马产业发展的若干意见》，明确提到要将促进现代马产业发展纳入当地经济社会发展规划中，制定和落实支持现代马产业发展的配套政策和相关措施，推动现代马产业又好又快发展。

高度重视马种保护和改良繁育。不仅要加强蒙古马等地方品种资源保护，同时也要加快推进马品种培育和纯种繁育。要开展品种资源普查，建立国际标准的马品种登记管理制度。

促进现代马产业发展。现代马产业，是建设现代农业的重要内容，也是现代产业融合发展的体现。要加快马产品加工业、旅游休闲等多产业深度融合，培育以马产业为基础消费热点。

完善服务体系。建立健全马产业服务体系，包括马产业科研水平及应用能力、马疫病防控体系、人才培养体系、产业交流合作体系等。

政府提供政策支持。政府将提供财税、金融、用地等多方面的政策支持。例如建立马产业发展专项资金，设立产业发展基金，建立多元化的产业融资渠道，对于重点马产业项目，给予支持和补助等。

2018 年为贯彻落实《内蒙古自治区人民政府关于促进现代马产业发展的若干意见》（内政发〔2017〕147 号），今年我区财政安排专项资金 8000 万元支持现代马产业发展。为确保政策有效落实，提高资金使用效益，经内蒙

古自治区财政厅同意,农牧业厅会同旅游发展委员会、文化厅、新闻出版广电局、教育厅、经济和信息化委员会、体育局、科学技术厅等相关厅局,制定了《现代马产业发展重点项目实施方案》。

(二)草原马文化旅游融合发展极具吸引力

内蒙古是我国首个少数民族自治区,主要分布有汉、蒙古、满、回、达斡尔、鄂温克等49个民族,民族众多。辖9个地级市、3盟,共计22个市辖区、11个县级市、17个县、49个旗(自治旗)。民族区域自治这一具有开创性的制度设计,为一个统一多民族国家的繁荣发展与团结进步奠定了坚实的基础。此外,内蒙古少数民族独特的饮食起居和草原文化是博大精深的中华文化的一部分,将文化资源转化为经济优势,能带动相关产业发展。

旅游资源是内蒙古的优势资源之一。内蒙古积淀深厚的红山文化、蒙元文化、辽文化等历史文化,现代经济发展造就的旅游城市及不断发展的边境口岸等,为内蒙古旅游开发奠定了良好的基础。

1. 旅游资源具有多样性

内蒙古旅游资源丰富,按照《旅游资源分类、调查与评价》国家标准衡量,内蒙古旅游资源8个主类全部具备,34个亚类中拥有30种,181个基本类型中拥有112种,分别占全国旅游资源亚类和基本类型的88.2%和61.9%。另外,内蒙古气候条件较好,空气清新自然,没有工业污染,加之奇特的自然景观,可使游人享受到内蒙古夏季凉爽的气温,新鲜的空气。

内蒙古有着悠久的历史和深厚的民族文化底蕴。大草原、大沙漠、大森林的恢宏壮美吸引了海内外大量游客,内蒙古将逐渐成为中国21世纪生态旅游的重要基地。总体来看,内蒙古旅游资源类型多样,丰富的旅游资源展现了内蒙古景观多样性、生物多样性、文化多样性、民族的独特性等旅游资源特色。

2. 独特性

内蒙古东部、西部自然景观环境差异和以沙漠、草原、湖泊、河流、温泉、森林、山地景观在小区域范围内的多元化组合,不仅对旅游市场有很强的吸引力,而且为内蒙古开发丰富多彩的旅游产品和旅游活动提供了回旋空间。各具特色的蒙古、鄂伦春、鄂温克、达斡尔等少数民族文化在地域上的组合,在很大程度上改变了自然旅游景观单一性与同质性,给旅游产品多样性开发造成的约束,使得不同地域上开发的旅游产品可以保持鲜明的特色。

总体来看,内蒙古旅游资源类型多样,具有丰富的旅游资源赋存。丰富的旅游资源展现了内蒙古景观多样性、生物多样性、文化多样性、民族独特性等旅游资源特色。

(三)市场需求旺盛

从市场需求来看,随着我国综合国力和人民生活水平提高,社会对骑乘运动型马的需求量大增,目前国内市场每年至少需要骑乘型马5000匹以上。长期以来,蒙古马的优良品系、运动性能被低估,耐力赛更多选用价格高、手续繁杂的进口马。除大力培育优质的竞技型用马外,品质优良的休闲娱乐型用马、食用型用马和医用型用马,需求量都非常大,社会需求决定了马的品种改良面广量大,全国存栏近900万匹的马业市场,是育马业未来最大的赢利点(骏发生物2017年马产业行业深度研究报告,2016)。

"马背"经济正在成为全区一二三产业融合发展的重要引擎。以蒙古马为元素的多元文化体育旅游休闲项目风生水起,内蒙古国际马术节、通辽市"8·18"哲里木赛马节、莱德马业国际赛马文化旅游活动周、中国速度赛马大奖赛(呼和浩特站)以及遍布草原牧区的各种规模的那达慕赛马等一批精品体育旅游赛事和特色休闲运动项目每年举办600多场次。内蒙古马术运动取得的成绩位居国内领先水平,俱乐部马术产业相关从业人员超万人。良种马生产、"策格"制作、生物制药、马产品精深加工等产业体系建设不断加快,马产业的市场宝库正逐渐被打开和发掘,走向全国、走向了世界。

(四)国际马产业蓬勃发展,证明产业潜力巨大

自从20世纪初期马逐渐退出肉畜和役用的行列后,大部分国家的马匹数量都有不同程度的下降。但近50年来各个马业发达国家都积极拓宽利用

马的渠道,将马逐渐引入赛马、马术竞技、表演和娱乐等领域,都顺利实现了马社会角色的转型。目前,全世界有 150 个国家和地区拥有马匹,实行纯血马登记的国家和地区共有 67 个,大部分都集中在西欧,北美等发达国家所在地区。马业和各国经济发展都具有非常密切的关系,马业较为发达的国家主要有美国、日本、澳大利亚、英国、法国、意大利、爱尔兰、德国、土耳其、墨西哥。在以上国家,马产业对国民经济的总贡献都占有较大的比例(刘新春,时晓寒,文武,2008)。

相比之下,外国对马产业成熟的经营体系和完善的商业模式,在市场占据了主导地位,而我国马产业仍然处于较为落后的水平,导致在马产业市场并不占优,缺乏市场经济利益驱动。但是,随着我们经济的发展,马产业也将迎来快速发展期,前景非常光明。

二、内蒙古发展马产业面临的挑战

(一)经济效应不高

1. 区域经济发展

内蒙古地区经济发展较为缓慢,缺乏强大的经济利益驱动,导致广大区内养殖马匹的个人和企业积极性不高,马匹数量逐年减少。马产业在区内的发展并不完善,未形成综合成熟的产业体系。

2. 市场发育程度较低

我区马产业市场发育程度很低,马产业综合开发和利用能力不高。没有形成消费热点,广大消费者对马产业认识程度不高,特别是在马产品和传统赛马的产业化运作等方面。在市场信息方面,由于缺乏全面优质的宣传平台且马产业的宣传渠道相对单一和分散,内容质量参差不齐,导致广大消费者对于马产业及马产业相关产品信息了解较少,消费认知片面,消费兴趣低。

我区马产业部分地区生产经营水平均较低,特别是马相关产品的精加工滞后,生产工艺落后,品牌杂乱不好管理、销路不宽、市场定位不准确,总的来说商品化程度低(王国英,2011)。导致生产出的马类产品成本较高,消费者对于马产业相关产品购买力不强,无法拉动马产业链快速发展。

(二)政策支撑不足

1. 政策解读

在不同时期我区对于马产业及生态环境政策的不同也会对马产业造成威胁。如:我区从 20 世纪 80 年代开始在牧区实行草场承包到户责任制,在大量建设围栏草场的情况下,以传统群牧方式发展养马业困难很大,牧民没有找到养马业合理科学的经营方法和模式,导致马匹数量逐年减少。而在草原执行"草场承包责任制"后,牧民大力发展网围栏的建设(赵一萍等,2010),这对马群的放牧草场产生了负面影响,导致了一部分马类品种的退化。

内蒙古发布多项政策如《关于促进现代马产业发展的若干意见》,推动现代马产业又好又快发展。但是,在马产业发展过程中,出现了很多政策误读和过分解读的情况,尤其是赛马业因为相关法律法规未出台,在国内仍然属于限制行业。虽然政策方面对内蒙古马产业有许多利好信息,但是马产业从业人员目前观望的情况较多。

2. 政策规划

我区尚未形成可持续发展的马产业总体规划与思路,没有积极地探讨和系统的研究如何发展现代养马业,没有对相关的课题给予足够的重视。这导致我区在马产业缺乏科学、完善、可行的产业化思路和扶持政策(赵一萍等,2010)。

(三)行业限制

1. 地区生态限制

内蒙古地区近些年来草原退化、沙化、盐渍化现象严重。全区可利用草原面积逐年减少,由于草原不断退化、沙化,导致生态环境恶化,草原生产力

明显下降,牧草质量降低,产草量减少,直接影响了传统的群牧式养马业的发展,我区马匹数量逐年递减。

动物疫病暴发的风险。近年来,动物疫病如口蹄疫、禽流感等在国际、国内养殖业中时有暴发,在一定程度上影响了畜牧业的发展。如果暴发大规模的动物疫病,将会对养殖户的马匹养殖产生影响,严重时,甚至会导致马匹的死亡或宰杀,将对马匹的生产经营造成重大的打击。

自然灾害风险。马匹的生产繁育对自然条件具有一定的依赖性,过冷或过热都可能导致马匹产生应激反应,影响马匹的生产能力和繁育能力。同时,天气等自然条件的变化也会对马匹所需的牧草等食料植物生产产生影响。在全球极端天气日益增多的今天,不排除当地发生雪灾、旱灾、极热等自然灾害的情况。如果发生类似的自然灾害,将会影响马匹的生产繁殖能力,对马匹的繁育产生不利的影响。

生物资产淘汰减值风险。生产性生物资产是从事良种马匹繁育业务的核心资产,消耗性生物资产是生产性生物资产能够不断更新,种质资源得以延续和不断改良的基础。为了保持马匹生产性能和效益,应及时对老弱病残和产能低下的马匹采取淘汰处置措施,在生产经营过程中不断对可能存在减值迹象甚至不存在减值迹象但生产性能较低或不能达到种质资源标准的牲畜进行淘汰处置(骏发生物 2017 年马产业行业深度研究报告,2016)。

2. 行业人才不足

我区马产业人才缺乏主要体现在从业人员的数量少和专业素质低这两方面。

马产业是劳动密集型产业,涉及马匹培育、日常养护、骑术训练、运动服务、马术俱乐部和会员管理各个方面,对行业人才的需求是多层次的,因此马产业的人才供给也制约着马产业的发展。内蒙古近些年来在马产业的发展过程中缺少的人才是自下而上的,在马产业许多主要领域,如现代赛马产业的经营管理、兽医、营养师等方面专业人员配备不足。而现阶段虽然在区内高校开始培养与马产业相关专业人才,但在短时间内所供给行业人才数量跟不上行业所需人才数量,很大程度上限制了我区马产业的快速发展。

3. 行业自身局限性

马产业自身的特性存在局限性,从马匹繁育角度来说,区内绝大部分马匹养殖方式主要为分散饲养,养殖规模化、集约化、标准化程度低,不利于马产品的综合开发利用。马的品种改良方式主要为组群交配,牧民对马匹品种的不了解,尤其是对蒙古马品系的不重视,优秀种马的遗传性能未能得到充分发挥,马群体改良进程缓慢,这些都对马的改良、选育、训教、比赛造成了一定的困难,制约着马匹价值的提升。

从马匹饲养角度来讲,母马的孕期接近一年,小马的成长需要至少一年,马的生理特点决定了马产业必然带有高投入、高风险、回报周期长的特点。且内蒙古天然饲草料受季节影响非常大,人工种植优质饲草料品种单一价格较高,这些问题均限制了农牧民的生产投入,另外由于市场、管理等诸多方面的原因,我区马产业发展投资渠道、手段、主体较为单一,主要依靠政府投入。

(四)竞争威胁

中国作为马匹数量第二大国,马业发展与我国经济发展严重不协调。目前,在养马大省新疆、四川、云南、贵州、内蒙古、东北三省,其中对马产业消费能力最大的地区集中于我国华北地区和华东地区,而华北地区和华东地区用马多依靠进口。

另外,近些年来,其他省市及地区对马产业都出台相关政策和措施,鼓励马产业的发展并取得一定成就。对于原本是产马大省的内蒙古产生了不小的冲击。如:新疆维吾尔自治区已将马产业发展纳入了"十三五"规划,已初步建立起马产业发展构架和马良种繁育体系,具备发展现代马产业的核心竞争力和可持续发展的基础。相比之下,内蒙古总体经济实力相对薄弱,远离国内主要消费市场,交通系统不够发达,本地市场对现代马产业的需求有限,对市场依赖较强的马产业发展来说是一个挑战。

第九章

内蒙古马产业发展战略

第一节　总体思路

一、总体思路

以习近平新时代中国特色社会主义思想为指导,深入贯彻落实党的十九大和十九届二中、三中全会精神,牢固树立新时代发展理念,紧紧围绕统筹推进"五位一体"总体布局和协调推进"四个全面"战略布局,积极探索以生态优先,绿色发展为导向的高质量发展新路子。积极推进和落实乡村振兴战略,落实《内蒙古自治区人民政府关于促进现代马产业发展的若干意见》。坚持推进以供给侧结构性改革为主线,提高马产业供给侧质量;坚持市场导向,提升全产业链竞争力;坚持绿色生态导向,推动马产业可持续发展;坚持以问题导向,创新马产业发展模式。通过调整和优化马产业发展技术路线,促进马产业合理分工和布局;通过科学研究和技术研发,提升马匹繁育与驯养、产品开发水平;通过市场化培育,壮大内蒙古竞技马业、旅游休闲骑乘马业、乳用马业规模,带动文化、旅游、教育等相关产业。经过建设和发展,将内蒙古打造成为国内优良马匹主要供应区、马竞技体育赛事首选举办地、马旅游休闲娱乐基地、国家马文化示范区和马业人才输出基地。马产业的发展将成为内蒙古一二三产业融合发展的重要先导,成为内蒙古国民经济的重要产业和改善民生的重要富民产业。

党的十八大以来,面对我国经济发展进入新常态带来的深刻变化,以习近平同志为核心的党中央推动"三农"工作理论创新、实践创新、制度创新,坚持把解决好"三农"问题作为全党工作重中之重,切实把农业农村优先发展落到实处;坚持不断深化农村改革,激发农村发展新活力;坚持把推进农业供给侧结构性改革作为主线,加快提高农业供给质量;坚持绿色生态导向,推动农业农村可持续发展。十九大提出实施乡村振兴战略,对"三农"工作做出的重大决策部署,是决胜全面建成小康社会、全面建设社会主义现代化国家的重大历史任务,是新时代做好"三农"工作的总抓手。根据国务院办公厅《关于推进农村一二三产业融合发展的指导意见》(国办发〔2015〕93号)精神,农业部决定支持各地培育打造和创建农村一二三产业融合发展先导区(以下简称融合发展先导区),做大做强支柱产业和融合发展各类经营主体。《"十三五"国家战略性新兴产业发展规划》中明确指出:"十三五"时期,经济社会发展要努力在保持经济增长、转变经济发展方式、调整优化产业结构、推动创新驱动发展、加快农业现代化步伐、改革体制机制、推动协调发展、加强生态文明建设、保障和改善民生、推进扶贫开发等方面取得明显突破,要深入研究保持经济增长的举措和办法,围绕转变经济发展方式,坚持以提高经济发展质量和效益为中心,促进经济增长主要依靠第二产业带动向依靠第一、第二、第三产业协同带动转变。

中国进入了新时代,对于中国马业来说,这也是一个崭新的时代。这个时代,是承前启后、继往开来的,是马产业转型升级创新发展的时代,是中华民族共同传承与发扬马文化的时代,是在"一带一路"背景下中国马产业日益走近世界舞台中央、不断为世界马产业做出更大贡献的时代。2017年12月,内蒙古自治区人民政府发布《内蒙古自治区人民政府关于促进现代马产业发展的若干意见》,明确提到要将促进现代马产业发展纳入到当地经济社会发展规划中,制定和落实支持现代马产业发展的配套政策和相关措施,推动现代马产业又好又快发展。现代马产业是建设现代农业的重要内容,也是现代产业融合发展的体现。习近平总书记在十九大报告中指出,要实施乡村振兴战略,加快推进农业农村现代化。现代马产业在推动现代农业发展方面大有可为。一二三产业融合是现代产业发展的要求,现代马产业发展将加快促进马匹繁育,马产品加工业、旅游休闲等多产业深度融合。随着经济社会逐步发展,内蒙古现代马产业发展将具备更大的潜力和市场空间。需要注意的是,现代马产业的转型、发展与创新,不仅需要政府重视,更需要社会关注、企业带动和资本介入。产业发展要充分符合和尊重市场规律,这

样才能真正加快推动内蒙古乃至全国马产业的发展。

二、基本原则

1. 坚持一二三产业融合发展原则。以优化马产业产业结构,延长产业链条、完善产业布局为发展方向,坚持产前产中产后有机衔接和一二三产业融合发展,形成相对成型、成熟的融合发展模式和全产业链条。以赛马、马术、产业基地和与之紧密联系的专业技能和专业队伍的培训等关联产业为龙头,重点布局,强化内蒙古现代马业在全国的吸引力,提升知名度,形成带动内蒙古现代马产业价值链增值和区域品牌溢价效果。

2. 坚持市场要素驱动、利益驱动原则。建立可持续发展的现代马产业体系,坚决破除体制机制弊端,使市场在资源配置中起决定性作用,更好地发挥政府作用,推动城乡要素自由流动、平等交换,推动马产业市场化、信息化、现代化同步发展。建立既有相对集中统一、又有参与者独立利益保障的市场营销体系和网络,构建既有利于企业增效、又有利于农牧民增收的现代产业体系。

3. 坚持改革创新、对外开放的原则。不断深化改革,扩大开放,激活主体、激活要素、激活市场,调动各方力量投身马产业。以科技创新引领和支撑,以人才汇集为保障,以产学研体系建设为平台,增强马产业自我发展动力。加强国际、国内的交流合作,同时做好自治区、盟市、旗县区之间及行业间的交流合作,开展技术创新和科学研究,为现代马业发展奠定牢固的技术基础和科技支撑。

4. 坚持政府引导、企业带动、农牧民参与的原则。企业通过商品化生产的示范引领,利用市场机制与农牧民形成现代马业发展的利益主体,政府扶持农牧民参与产业发展获得的增收效果,围绕新农村建设,在产业政策导向、金融资金、土地规划等方面给予支持。认真解决好马产业发展中饲草料基地、疫病防治、基础设施建设、资金投入等影响马产业可持续发展的问题,形成协调发展的机制。

5. 坚持因地制宜、循序渐进。科学把握现代马产业的差异性和发展走势分化特征,做好顶层设计,注重规划先行、因势利导、分类施策、突出重点,体现特色、丰富多彩。既尽力而为,又量力而行,不搞层层加码,不搞一刀切,不搞形式主义和形象工程,久久为功,扎实推进。

第二节　发展理念

坚持"创新、协调、绿色、开放、共享"发展理念,走符合区情和国情的特色产业发展道路。

1. 创新。全面推进现代马产业动理论创新、科技创新、文化创新、制度创新、服务创新,引导中国做强民族赛马、现代赛马、马产品、马文化,实现马产业全产业链健康发展。培育现代马产业发展新动力,优化劳动力、资本、土地、技术、管理等要素配置,激发创新创业活力,推动大众创业、万众创新,释放新需求,创造新供给,推动新技术、新产业、新业态蓬勃发展。

现代马产业发展必须把发展基点放在创新上,形成促进创新的体制架构,塑造更多依靠创新驱动、发挥先发优势的引领产业发展。构建现代马产业创新发展新体制,加快形成有利于创新发展的市场环境、产权制度、投融资体制、分配制度、人才培养引进使用机制,深化行政管理体制改革,进一步转变政府职能,持续推进简政放权、放管结合、优化服务,提高政府效能,激发市场活力和社会创造力。

2. 协调。注重现代马产业与内蒙古国民经济整体的协调发展。推进现代马产业城乡协调发展;推进马文化软实力建设与马产业实体经济协调发展;推进政府、科研院所、市场主体有效运行的制度建设;联合"一带一路"沿线国家,整合资源,形成合力;推动现代马产业融合发展战略,形成全要素、多领域、高效益的深度协调融合发展格局。

坚持现代马产业协调发展,必须牢牢把握我区事业总体布局,正确处理发展中的重大关系,重点促进城乡区域协调发展,促进经济社会协调发展,促进新型工业化、信息化、城镇化、农业现代化同步发展,在增强现代马产业硬实力的同时注重提升软实力,不断增强现代马产业发展的整体性。增强现代马产业发展协调性,必须在协调发展中拓宽发展空间,在加强薄弱领域中增强发展后劲。推动现代马产业区域协调发展,塑造要素有序自由流动、主体功能约束有效、基本公共服务均等、资源环境可承载的区域协调发展新格局。推动现代马产业城乡协调发展,健全城乡发展一体化体制机制,健全马产业在农村牧区基础设施投入长效机制,推动马产业链向农村牧区延伸,提高建设水平。推动马产业物质文明和精神文明协调发展,加快马文化建设,凝练蒙古马精神,建设社会主义文化强区。

3. 绿色。现代马产业发展必须坚持节约资源和保护环境的基本国策,坚持可持续发展,坚定走生产发展、生活富裕、生态良好的文明发展道路,形成人与自然和谐发展现代化建设新格局,推进美丽边疆建设,为全国生态安全做出新贡献。

积极推行"民族马业发展、马匹品种保护、赛马改良、牧草资源优化"等生产方式,调整产业结构,引领中国农牧业绿色发展。促进人与自然和谐共生,构建现代马产业科学合理的发展格局,推动建立绿色低碳循环发展产业体系。加快建设马产业示范区、引导区、创新区建设,发挥主体区域功能推动低碳循环发展,全面节约和高效利用资源。

4. 开放。坚持"引进来"与"走出去"有机结合,加强与国内现代马产业经济开放区合作,积极推进"一带一路"沿线国家多渠道交流,多层次参与、多产业融合、多方式投入、多体制运行,建设开放的内蒙古现代马产业。

现代马产业发展必须坚持开放发展,必须顺应我国经济深度融入世界经济的趋势。开创现代马产业对外开放新局面,必须丰富对外开放内涵,提高对外开放水平。完善对外开放战略布局,培育有全国影响力的马产业示范区、引导区、创新区。加强与海南省和粤港澳大湾区马产业合作,提高对俄、蒙边境跨境经济合作区发展水平。形成现代马产业对外开放新体制,完善法治化、国际化、便利化的营商环境,健全服务贸易促进体系。推进"一带

一路"建设,推进同有关国家和地区多领域互利共赢的务实合作,积极参与全国、全球马产业经济活动。

5. 共享。实现成果共享、技术共享、服务共享、资源共享、平台共享,辐射带动全国马业快速发展,联合"一带一路"沿边国家共同发展。

现代马产业发展坚持共享发展的理念,必须坚持发展为了群众、发展依靠群众、发展成果由群众共享,使全区人民在共建共享发展中有更多获得感,增强了现代马产业发展动力,增进全区各族人民团结,朝着共同富裕方向稳步前进;完善现代马产业技术共享、服务共享、资源共享、平台共享机制,提高服务能力和共享水平,加大对落后区域发展马产业的转移支付和技术支持,促进就业创业,提高从业人员收入和待遇。内蒙古现代马产业发展将辐射带动全国马业快速发展,联合"一带一路"沿边国家共同发展。

第三节　发展目标与定位

深刻领会社会主义经济建设、政治建设、文化建设、社会建设、生态文明建设等方面的重大部署,积极推进国家乡村振兴战略,结合内蒙古发展现状,科学把握马产业的发展优势和机遇。在明确总体思路和发展理念的前提下提出马产业发展目标:

第一阶段:到 2020 年,现代马产业的制度框架和政策体系基本形成,各地区各部门现代马产业发展的思路举措得以确立;全区初步形成以内蒙古民族文化为基础的民族马业和现代马业"二元一体化"发展格局。培育一批具有核心竞争力的马业企业,实施一批具有较强带动作用的重点马业项目,创建一批具有显著示范效应的马产业园区。

第二阶段:到 2025 年,马产业的制度框架和政策体系初步健全。马产业体系初步构建,一二三产业融合发展格局初步形成。马产业取得阶段性成果,探索形成一批各具特色的马产业模式和经验;马产业对体育、文化、旅游等产业辐射带动作用显著。打造一批具有较强影响力的马业品牌,培养一批符合需求的马业人才,打造国际水平的赛马场,基本建成呼和浩特"国际马文化博览之都"和锡林郭勒"中国马都"。各类专门用途马匹数量明显增加;直接从事马匹繁育、驯养从业人数大幅度增长;形成产业链条完整、功能多样、业态丰富、利益结合紧密、具有竞争力的马产业特色集群。

第三阶段:到2030年,内蒙古马产业取得决定性进展,马产业现代化基本实现。马产业结构得到根本性改善;马产业人才培养质量明显提升,就业质量显著提高,城乡共同富裕迈出坚实步伐;马产业基本公共服务社会化基本实现,竞技赛马水平处于国内领先地位;产品规模进一步扩大;马匹繁育科技水平达到全国先进水平。通过建设发展将内蒙古自治区建设成为中国民族马业示范区、中国现代马产业引领区、中国马业集成创新区。

一、中国民族马业的示范区

内蒙古的民族马业具有悠久的历史,承载着丰富的民族特色文化。内蒙古自治区在民族马产业发展方面具有丰富的经验,在新形势下民族马产业发展紧紧围绕供给侧结构性改革推动传统民族马业转型升级,以"创新、提质、增效、可持续"为主线,打造一批发展先进、创新活跃、富有活力的典型样板,探索可复制可推广的经验和模式,示范引领中国民族马业现代化建设。

一是支持一批旗县(苏木乡、嘎查村)开展试点示范。与发改委、财政等部门共同协商,紧密合作,根据政府重视程度、开展试点的积极意向、出台的相应政策措施和工作基础等条件,遴选一批具有马产业基础的旗县,优先开展马产业发展试点示范。

二是支持一批马业协会、马术俱乐部、马术运动协会、马育种协会、马兽医协会、马产业联盟等新型经营主体,强化各地各类马业社会组织的联动,切实发挥桥梁和纽带作用,统筹推进马产业的发展。

三是组建内蒙古马文化旅游规划研究院,建立明确的草原马文化旅游基地标准化体系,力争构建集游牧体验、草原观光、休闲娱乐、教育展示、文化传承于一体的国家级马文化旅游示范区,建设一批马文化特色小镇,建设草原马文化马产业综合展览馆,鼓励发展积极健康的马文化特色旅游餐饮和马文化主题连锁酒店。

二、中国现代马产业引领区

在"一带一路"的发展格局下,加快推动内蒙古自治区与其他地区协调发展新战略,以融合发展理念谋篇布局,以高质量引领发展,一步一个脚印努力开创内蒙古发展新局面,积极构建具有内蒙古特色的现代马产业引领区。发挥现代马产业引领区主体功能:

一是文化引领:文化是民族的血脉和灵魂,是国家繁荣振兴取之不尽、用之不竭的力量源泉。内蒙古马产业发展植根于草原文化、马背文化、蒙古族民俗文化并不断丰富其内涵。现代马产业引领区通过历史、文学、美术、音乐等内容不断挖掘和丰富马文化;通过那达慕大会、历史剧、文化节等形式展示马文化;通过马产品、马赛事、马旅游等市场活动的体现马文化;通过影视、音乐、网络、新媒体、自媒体等宣传马文化。将吃苦耐劳、坚忍不拔、勇往直前、忠于职守、守望相助品质的为代表的蒙古马精神已融入内蒙古各族人民的血脉,成为马文化的精髓。内蒙古现代马产业将以文化引领整个产业建设,贯穿整个产业价值链,形成巨大的无形价值。

二是技术引领:科学技术是第一生产力同时也是创新的源泉。内蒙古现代马产业具有坚实的科学研究基础,在马匹繁育、马种保护、良种培育、健康检疫技术方面具有明显优势。通过"政、企、学、研"合作体系建设马品种资源库、马产业标准体系、马赛事管理标准体系、马产品质量标准体系、马产业从业人员资格标准体系,通过标准体系建设实现马产业管理科学化、质量标准化、生产现代化。内蒙古现代马产业的科学研究和管理水平在中国马产业中发挥"头马"作用,引领中国马产业发展趋势。

三是模式引领:内蒙古现代马产业发展通过模式创新使整个马产业充

满活力和竞争力。一要开启内蒙古现代马产业商业型发展模式。根据马产业发展特点,构建马匹交易、体育赛事、马文化演出、马产品、马旅游线路等产品价值链,以市场为主导融合相关产业,衍生文化创意、文化休闲等特色产业,加速产业带动效应。二要开启生态友好型发展模式。内蒙古现代马产业自然条件优越,草原资源和森林资源丰富,生态环境优势明显,以优质生态环境为依托、以规模化马产业发展为基础、以泛旅游产业集群化为方向的开发特色区域生态农业旅游综合项目。三是开启文化传承型发展模式。在茶马古道、古丝绸之路、蒙元文化地区梳理马文化历史脉络和渊源,打造以锡林浩特市"马都"传统草原文化核心区,建设呼和浩特市呼和塔拉都市草原"国际马都"核心区。四要开启城乡一体化模式。以呼包鄂经济圈为中心,重点发展现代赛马业,开展速度赛马、盛装舞步、障碍赛等现代赛马,辅之草原旅游马业和民族赛马。启动"马主题小镇"特色小镇建设项目,促进以休闲骑乘、马竞技赛事观赏、体验互动为主题乡村马产业发展。内蒙古现代马产业发展模式的选择为中国马产业发展提供了宝贵借鉴。

三、中国马业集成创新区

有效聚集内蒙古自治区现代马产业在一二三产业各种生产要素,如人力资源、自然资源、资本资源、智力资源,在优化组合中实现"1+1>2"的效应;通过饲草料、育马、赛马、草原旅游、马产品、马具、服饰等一二三产业协同集成实现规模经济;努力将内蒙古打造为中国马产业集成创新区,发挥集成创新功能。

一是技术集成创新。内蒙古现代马产业按照市场需求开发新领域、新产品,在"马产品""马文化""马科学"等有关的技术单元组织集成创新,不断开发新产品形成完整的马产品链,实现了新产品快速进入市场;培育中国温血马种,开发体育赛事和文化旅游衍生产品等形成新的市场领域。

二是服务集成创新。内蒙古现代马产业将扶持一批处于同行业或同一供应链中的龙头企业和协会进入大市场,把物流、资金流、信息流等组织集成服务,将管理、技术、服务系统整合以提高市场的经营效率。

三是资源集成创新。内蒙古现代马产业将一二三产业企业的优势资源进行整合,以达到互惠互利的目的,促进具有资金优势的企业与拥有好项目并有经营能力的企业合作;促进具有科研实力的研究机构与具有开发能力的企业合作;促进内蒙古马资源优势与沿海地区马制度优势跨区合作;促进内蒙古边境优势与"一带一路"国家跨境合作。

四是平台集成创新。内蒙古现代马产业发展将政府、科研院所、企业等不同职能的主体集成为一个有机组织体,将马产业供应商、客户、合作商等不同功能的组织集成利益联合体使马产业发展整体效率得到极大提高。

第四节　战略布局

一、区域和产业战略布局

牢固树立新时代发展理念,坚持走高质量发展的路子,紧紧围绕统筹推进"五位一体"总体布局和协调推进"四个全面"战略布局,落实乡村振兴战略,落实内蒙古自治区人民政府《关于促进现代马产业发展的若干意见》。要以新发展理念为引领,坚持区域协调、城乡融合、产业协同、特色分工原则,进一步完善全区马产业布局和区域协调发展战略规划,努力形成"一核驱动、两区协同、六维支撑、多极发展,全面开放"的高质量发展区域和产业战略布局。

(一)"一核驱动"

建设中国马产业融合发展核心示范区,培育马产业集群,打造呼和浩特市"国际马都"核心区,将呼和浩特市建设成中国马科学研究中心、马文化

传播中心、马产品营销中心,马赛事和马制度创新中心,马人才培养和聚集中心,加快形成"中心"引擎,加快形成高质量发展的动能体系。

(二)"两区协同"

"两区协同",要按照区域统筹、产业集聚的思路,推动现代马产业集成区、民族马产业集成区竞相发展。形成蒙东、蒙西两大片区高质量发展的战略纵深。在蒙西以呼包鄂为中心建设现代马产业集成区,从乌兰察布延呼包鄂经济带向西重点发展现代赛马业,开展速度赛马、盛装舞步、障碍赛等现代赛马,辅之草原旅游马业和民族赛马。在蒙东建设以锡林郭勒盟为核心民族马业集成区,延"锡赤通经济带"辐射带动东部各盟市,重点发展民族赛马、草原旅游马业、民族马文化,辅之现代赛马业,打造"中国马都"新概念。

(三)"六维支撑"

六维支撑是指"马文化""马科学""马产品""马赛事""马人才""马制度"六个维度形成产业支撑。"马文化"是产业之魂,"马科学"是创业之源,"马产品"是务业之实,"马赛事"是兴业之道,"马人才"是立业之本,"马制度"是建业之基。

(四)"多极发展"

一是围绕"一核两区"建设,支持乌兰察布市、通辽市、赤峰市、呼伦贝尔市、兴安盟等建设成为区域性增长极。二是丰富马产品,扩大产品及衍生产品线,增加产品线的宽度和深度,鼓励产品多极化发展。三是突出马赛事这个增长极带动马匹交易、博彩等新业态繁荣发展。

(五)"全面开放"

"全面开放"是指内蒙古马产业在推进"一带一路"和"对外开放"建设中发挥重要作用,内蒙古作为"丝绸之路经济带"的重要枢纽,通过马产业发

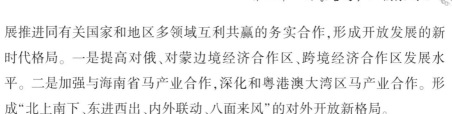

展推进同有关国家和地区多领域互利共赢的务实合作,形成开放发展的新时代格局。一是提高对俄、对蒙边境经济合作区、跨境经济合作区发展水平。二是加强与海南省马产业合作,深化和粤港澳大湾区马产业合作。形成"北上南下、东进西出、内外联动、八面来风"的对外开放新格局。

二、具体内容

（一）一个马产业融合发展的核心示范区

打造呼和浩特市呼和塔拉都市草原"国际马都"核心区,把呼和浩特市建设成国际马文化博览之都,打造成以蒙古马精神为引导的精神圣地、赛马基地、人才培养基地、新品培育基地、马博彩示范基地、马文化特色小镇、马文化创意博览园等体现蒙古马文化与马产业融合发展示范区。

1. 以蒙古马精神为引导的精神圣地

传承"吃苦耐劳、坚韧不拔"精神的体验地。吃苦耐劳是中华民族的传统美德,更是自强不息的内蒙古人民的精神特质,正是基于此,才创造了灿烂辉煌的草原文明,定期游牧迁徙的牧业劳作以及走西口等历史事件都蕴含着吃苦耐劳的精神,呼和浩特市可以在总结、提炼和体验、传承这一精神方面进行积极探索。

打造"守望相助、团结进取"精神的溯源地。深入挖掘胡服骑射、昭君出塞等题材体现的各民族交流融合历史及其体现出的中华民族强大向心力,系统展示各族人民在长期革命斗争过程中同舟共济、经历血与火考验的兄弟情谊,提炼作为最早民族区域自治地方,长期以来维护国家统一、民族团结的历史经验,展示民族区域自治取得的丰硕成果。

建设"忠于职守、担当奉献"精神的传承地。剖析习近平总书记盛赞的牛玉儒等典型代表人物、乌兰牧骑等先进集体,忠诚于党和国家的建设事业,不辱使命,服务人民的先进事迹,砥砺广大干部群众推进精准扶贫脱贫、全面建设小康社会方面有所着力。

争做"稳中求进、勇往直前"精神的践行地。稳中求进是当前国家经济工作的总基调,蒙古马精神则集中体现了稳中求进的精神特质。呼和浩特市遵照习近平总书记对内蒙古转型发展提出的明确指示,坚持稳中求进、不断创新,大力发展大数据、新能源等战略性新兴产业,总结产业转型中"稳中求进、勇往直前"现实表现,贯彻落实蒙古马精神的核心要义。

构筑"尊崇自然、绿色发展"精神的扎根地。绿色,是这片草原的美丽容颜、精神内核;绿色,是这片大地的本来底蕴、宝贵价值。习近平总书记殷切期望要把内蒙古建成"我国北方重要的生态安全屏障",呼和浩特市及其周边地区应该在大青山生态防护屏障内,建设沙地防治区、草原保护与治理区,在湿地等禁止开发区域保护和地质环境治理等方面做出表率。

发扬"开放包容、互利共赢"精神的开拓地。呼和浩特市自古就是草原丝绸之路的重要中枢,现在更是国家对外开放的前沿阵地。要按照习近平总书记"把内蒙古建成我国向北开放的重要桥头堡"要求,进一步思考如何完善同俄罗斯、蒙古国合作机制,深化各领域合作,力争将呼和浩特市建成向北开放的新时代排头兵和先行者。

2. 按国际标准建成的亚洲最大赛马场

依托内蒙古少数民族群众文化体育运动中心赛马场,整合内蒙古赛马场等资源,以自然景观为主,以体育事业和旅游业为基础,结合蒙古族特色的地域性文化,打造以体育文化、特色文化、旅游文化为核心的民族体育基地和最大赛马场。

3. 探索建设商业赛马基地,发展马博彩产业,健全完善马产业链

我国放开商业赛马即"竞猜型赛马体育彩票"是符合中国国情和精神文明建设的,将呼和浩特市作为商业赛马基地,开展马博彩试点,大力发展赛马业。

4. 依托内蒙古农业大学,建立马科学研究中心

利用内蒙古农业大学的师资和科研力量,进行马科学研究,研发马产品,制定蒙古马赛马标准,启动蒙古马等地方品种保护工程,全面开展品种资源普查,按照国际标准建立健全马品种登记管理制度。在内蒙古农业大

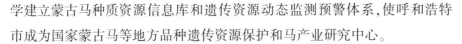

学建立蒙古马种质资源信息库和遗传资源动态监测预警体系,使呼和浩特市成为国家蒙古马等地方品种遗传资源保护和马产业研究中心。

5. 依托运动马学院,建设国际标准大学

按照我国马产业发展的要求,和现代赛马业发展的具体要求,建设国际标准的大学,面向内蒙古自治区及全国各地区,培养掌握体育学、管理学的基本理论知识,具备马业科学管理、休闲骑乘指导、马匹调教、赛马赛事组织与管理、马房管理等实践能力,能胜任马术骑乘指导与服务、马匹调教、马术俱乐部赛事活动组织与策划、马术俱乐部运营与管理等工作的应用型高级专门人才。

6. 马主题小镇

以内蒙古少数民族群众文化体育运动中心为中心和马俱乐部为重点,集中打造中国首个"马主题小镇",形成以城市休闲骑乘、马竞技赛事观赏、体验互动为核心的马文化城市品牌。

7. 建设马博物馆和马文化创意博览园

利用现有的马文化博物馆,结合马文化创意研发打造集马文化研究中心、马博会所、马术俱乐部、马文化博物馆、马文化展览馆、蒙古马马匹及用具交易中心、马匹改良与蒙古马保护中心、马医院、会员及艺术家庄园、马文化主题演出中心、马产品深加工基地等为一体的马文化创意博览园。

(二)两个马业集成区

1. 现代马产业集成区

以呼包鄂经济圈为中心,重点发展现代赛马业,开展速度赛马、盛装舞步、障碍赛等现代赛马,辅之草原旅游马业和民族赛马。在伊金霍洛旗建设马匹无疫区,同时建设伊金霍洛旗现代竞技马繁育、训练、拍卖基地,在乌审旗建设乌审马保种基地。见图9-1。

图 9-1 两个马业集成区

2. 民族马业集成区

锡林郭勒盟南邻京津冀经济圈,北衔中蒙俄经济走廊,"地利",又兼有冬奥会之"天时"。因此,以锡林郭勒盟为核心,辐射带动东部各盟市,打造中国马都新概念。在额尔古纳市、阿巴嘎旗、西乌旗、克什克腾旗分别建立三河马、阿巴嘎黑马、乌珠穆沁白马、百岔铁蹄马、锡林郭勒马品种保护基地,恢复品种特性和种群数量,保护品种资源。重点发展民族赛马、草原旅游马业、民族马文化,辅之现代赛马业。

(三)马产业发展业态与布局

马产业要想发展壮大就要丰富产业链条且不断细化和延伸,以赛事、竞技为核心涉及从上游畜牧业到下游服务业、马产品等多个行业。依据马产业链条,内蒙古马文化与马产业融合发展要形成九种业态,如图 9-2。

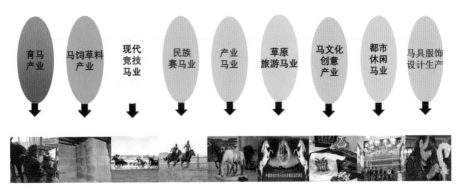

图 9-2　九种业态

1. 大力发展育马业

建立内蒙古马品种资源保护和繁育改良基地。在锡林郭勒盟和鄂尔多斯市乌审旗分别建立完善乌珠穆沁马和乌审马保种基地。恢复品种特性和种群数量，保护具有优良基因的蒙古马品种资源。

同时，基于产业要求，定位培育方向，加快马匹品种繁育。发挥蒙古马优良特性，引进国外优良马品种，培育现代运动马新品系。建设核心种马场，建立严格的马繁育技术体系和马匹登记技术体系，确保马匹规范繁育。着重培育竞赛运动马、休闲骑乘马、马术表演马、游乐伴侣用马、产品马等五个方向，适应现代马业全面发展需要。见图 9-3。

2. 大力发展民族赛马业

与国家马会密切配合，创新赛事举办体制，全面挖掘内蒙古传统马术表演与赛事，创新民族赛马新形式和新模式，以现代马业管理手段，提升民族赛马的观赏性、娱乐性及其经济性，积极开展具有蒙古族民族传统的赛事和中华民族大赛马，提升那达慕的内涵，培育中国民族赛马品牌。扩大内蒙古马业赛事在国内国际的影响力，吸引国际游客，推进中国民族赛马走向国际，实现民族马业国际化，传播弘扬中国马文化。

3. 大力发展草原旅游马业

充分发挥草原旅游优势，推动草原旅游与休闲骑乘深度融合，建设马文化旅游小镇，探索马背旅游新模式，丰富草原旅游内容，增强草原旅游的吸

图9-3　马匹繁育基地

引力,实现全域旅游与四季旅游。支持牧民养马大户、专业户、合作社、马术俱乐部,推动城市休闲马业发展,实现市民游客休闲骑乘以及健康健身运动,推进马休闲产业及与之有序衔接的其他休闲娱乐健体服务业发展。

4. 大力发展现代竞技赛马业

整合各盟市资源,建设完善鄂尔多斯市、呼和浩特市、锡林浩特市、乌兰浩特市、通辽市、呼伦贝尔市六个国际赛马场,并配套完成马医院及餐饮等设施。

5. 大力发展产品马业

出台完善牧民养马扶持政策,加快产品马规模养殖基地建设和马产品的开发,培育一批养马、产品加工、生产、销售等产业关联度强的企业,研发科技含量高、带动能力强的马生物制品、马乳制品,培育产业集群,提高马产品科技含量和附加值。建立内蒙古马具服饰生产加工基地。依托内蒙古深厚的马文化积淀,结合传统的马具、民族服饰生产,积极开展现代马具服饰的设计与生产。见图9-4。

在二连浩特市、阿巴嘎旗、东乌珠穆沁旗、西乌珠穆沁旗、陈巴尔虎旗、鄂温克族自治旗等地研发马肉、马奶、马油、马骨粉及其生物制品。开拓蒙医、蒙药及高端化妆品。

呼伦贝尔马产品生产加工基地

锡林郭勒马产品生产加工基地

图 9-4　马产品加工基地

6. 大力发展都市休闲马业

鼓励支持首府或盟市中心城市，通过多种投融资方式，建设马文化主题公园、马文化博物馆、马术俱乐部等设施，逐渐完善各具特点的马匹骑乘、马业商务、休闲娱乐的都市马业经济圈，在内蒙古建设九个都市马业经济圈，分别是满洲里—海拉尔—牙克石都市圈、乌兰浩特—科尔沁右翼前旗都市圈、科尔沁左翼后旗—通辽—科尔沁左翼中旗都市圈、克什克腾旗—赤峰—喀喇沁旗都市圈、二连浩特—锡林浩特—太仆寺都市圈、察右前旗—集宁—四子王旗都市圈、武川—呼和浩特—和林格尔都市圈、土默特右旗—包头—达尔罕茂明安联合旗都市圈、达拉特旗—东胜—伊金霍洛旗—乌审旗都市圈。见图 9-5。

1. 满洲里—海拉尔—牙克石
2. 乌兰浩特
3. 通辽
4. 赤峰
5. 二连浩特—锡林浩特—阿巴嘎旗—西乌旗—太仆寺旗
6. 察右前旗—集宁—四子王旗
7. 呼和浩特—武川—和林格尔新区—托克托县
8. 土默特右旗—包头—达尔罕茂明安联合旗
9. 达拉特旗—东胜—伊金霍洛旗

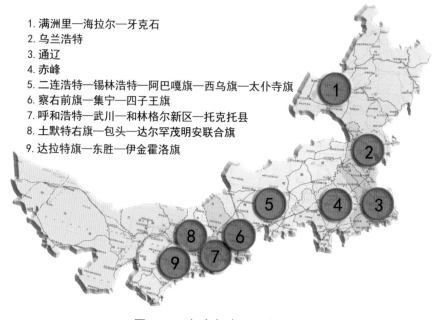

图 9-5　九个都市马业经济圈

7. 建立马饲草料生产基地

依托内蒙古优质天然牧场,全面实施生态保护与恢复工程,建立天然优质马饲草料基地;积极引进马匹专用饲草料良种品种,合理规划布局马饲草料种植区域,一方面在内蒙古农牧交错带,实施旱作牧草种植;另一方面结合农业种植业产业结构调整,退耕还草、退牧还草、土地整理等项目,加快优质饲草料基地建设。培育饲草料加工龙头企业,开发生产各类型马匹专用饲料,为全国马业发展提供优质饲草料,并积极开展饲草料出口贸易。

8. 全面发展马文化创意产业

深入挖掘内蒙古深厚的草原文化、游牧文化、边疆异域文化、蒙元文化资源,创作一批马文化剧目,演绎蒙古民族悠久的民族历史,展示灿烂的民族文化,建设内蒙古文化强区。以《千古马颂》《永远的成吉思汗》等大型表演剧目为抓手,继续支持与马文化有关的文化产业的发展。建设马文化创意产业园和马文化产业"双创基地",鼓励创业者和大学生从事马文化创意产业。分别在呼伦贝尔市、乌兰浩特市、通辽市、锡林浩特市、呼和浩特市、鄂尔多斯市、包头市以及相关旗县，建设各具特色的马博物馆、马文化展览馆，建设马文化演艺场馆。鼓励企业和个人创作与马有关的书籍、影视作品，以及艺术品、工艺美术品等，延伸扩展马文化产业，丰富马文化旅游资源。加强自媒体对马产业和明星马的推广，充分利用粉丝经济模式和共享经济模式，推动马产业的泛娱乐化。对马产业创意设计进行有针对性的提高，使受众可以沉浸其中，进行文化体验革命。在马文化博物馆和展览馆等处率先引入 VR、AR 技术，使马文化创意产品提高科技感与时代感。见图 9-6。

图 9-6　马文化特色小镇

9. 马具服饰设计与生产

支持各地挖掘整理、创新民族马具服饰的设计与生产。鼓励企业结合民族文化，加强内蒙古传统马具服饰的研发与产业化，保护传统手工艺制造技术，加工生产马专用装备，创造民族品牌。

三、重点发展任务

（一）竞技马业

1. 打造传统赛马及民族特色马竞技赛事,组织现代赛马与马术赛事以组织举办国际、国内赛马、马术赛事,打造现代及传统赛马、马术和民族特色赛马赛事为目标,促进竞技马业与文化产业、节庆会展业、旅游业的深度融合。积极与国内外大型马会合作,建立基于赛事组织和技术共享为基础的合作关系,聘请赛事运营机构,对赛事进行运营管理。在广播、电视开设马文化及马术运动专栏,通过策划名人访谈、骑乘休闲等专题,全方位展示内蒙古的马文化,同时植入赛事信息,发布赛马相关活动内容,直播、转播国际国内精彩赛事。按照地域条件,各类赛事的社会影响、场地需求,赛事赛期与自然气候条件的匹配协调等约束,安排不同地域选择不同赛事,科学合理制订竞技赛马方案,依托呼和浩特市、鄂尔多斯市、锡林浩特市、通辽市、兴安盟赛马基地以及通辽市科尔沁左翼后旗博王府、兴安盟科尔沁右翼中旗图什业图、二连浩特市策格文化风情园三个少数民族传统体育示范基地开展各类赛事和马术民间表演。通过外引内联、合资组建等模式发展若干家马术俱乐部,结合我区特有的赛马文化,组织承办大型商业性赛马活动及国家级各类民族体育赛事,打造内蒙古马术节、内蒙古马术联赛等具有知识产权的比赛,形成集体育、旅游、文化为一体,开发马主体彩票等市场化运作的赛马运动品牌。

2. 加大基础设施建设力度以现有赛马设施为基础,以若干盟市所在地为中心,根据产业发展实际,对现有的赛马场进行改造升级,对已具备规模的赛马场按照大型赛马要求完善设施标准,使之成为大型综合性赛马活动中心。坚持“功能实用、避免重复”的思路,统筹建设养马基地、马术学校、马匹选育研究所、草原沙漠影视拍摄基地、马饲料生产加工基地及民族体育表演和比赛场地等配套设施,为马产业发展提供基础性支撑。借鉴国内外发展马业的经验和做法,建立国内先进的马产业示范基地,重点扶持几个对马产业可持续发展起至关重要作用的龙头企业。以伊金霍洛旗成吉思汗御马苑等为基础建立进口良种马繁育基地和新型竞技马培育基地,使之达到世界级纯马场的水平。高标准建设阿巴嘎黑马、西乌旗白马、乌审马三个保种繁育基地。进一步完善锡林郭勒草原马场、鄂托克前旗走马御马苑、鄂温克族自治旗新三河马、太仆寺旗御马苑、科右中旗莱德马业五个杂种繁育基地基础设施。建设呼和浩特市现代马业发展示范基地,完善鄂尔多斯市、通辽市、锡林郭勒盟等地的赛马场设施建设。建设综合类的运动马驯养管理和骑术学院;提高马厩、运动场、训练场馆建设水平,逐步实现商业化运作。到2020年,建设2~3个国际水平的赛马场,建成一所高水平的骑术学院。

(二)旅游休闲骑乘马业

1. 培育旅游休闲骑乘马业市场。组织完善骑马、马术表演等在旅游景区的观赏项目,在旅游景区设置马文化展示场所,开发具有民族特色的马文化旅游纪念品等,促进马文化与旅游业有机结合、一体化开发,发掘民族马文化的丰富内涵,发挥悠久的草原文化优势,打造马文化特色旅游区及精品线,形成"体现草原文化、独具北疆特色的旅游观光、休闲度假基地"。

以发达城市为市场开发对象,在城市周边建设马术俱乐部、马场,为城市生活提供休闲娱乐场所和体育运动场地,开拓休闲骑乘马市场。在人流稠密的旅游景区、呼和浩特市、包头市、鄂尔多斯市等中心城市周边建设小型跑马场、马术娱乐场,扩大娱乐骑乘马应用市场,宣传、普及马文化,为城市市民和往来宾客提供娱乐、休闲、体育、健身活动场所。

2. 建设旅游休闲骑乘用马繁育、驯养基地。以重点旗县为单位,整合地方畜牧业服务体系、兽医防疫体系和农牧民生产专业合作社等社会资源,发挥重点区域蒙古马种质资源优势和草地资源优势,针对旅游休闲骑乘用马市场,统一调配草场、公共投入资金等资源,以农牧民为主体,以草场权益和养驯马收益为纽带,发展现代农牧业经营组织,组建以蒙古马为基础的繁育种群,建设旅游休闲骑乘用马繁育、驯养基地。

在繁育、驯养基地加大劳动力专业技能培训力度,扩大劳动力产业技术的覆盖范围,提高市场知名度,将基地打造成为支撑内蒙古旅游休闲骑乘马业,面向北方生态、民族文化旅游休闲度假,面向城市养育马休闲市场的桥头堡。

3. 打造网络与实体结合的交易市场体系。以内蒙古整体为窗口,建设链接基地所在盟市的中心城市和基地旗县,联通基地企业和农牧民与市场的电子信息网络;建设信息化的旅游休闲骑乘用马信息和交易平台,推动游休闲骑乘用马市场实体交易、物流与电子信息网络一体化的市场网络体系建设。

(三)繁育与驯养马业

1. 蒙古马种质资源保护充分发挥内蒙古自治区马业协会优势,协调有关部门、各盟市和旗县做好蒙古马品种资源的调查保护工作,建立马科学内蒙古自治区工程实验室,培养马产业可持续发展专用人才,围绕蒙古马基因库建设、马新品系培育、蒙古马饲养管理、马产品开发研究等内容开展科学研究、科学观测、技术示范和关键技术供给,提升马产业持续发展能力。

加快综合开发利用的步伐,以马产品开发为导向,延伸链条,构建产业框架。树立对蒙古马进行多方向、多用途、综合开发利用的主导思想,加大品种改良力度,提高良种化程度。调整马群内部结构,增加能繁母马的比例,提高商品产出率。实施科学饲养管理技术,降低生产成本,提高个体生产效率。强化对马产品种类、利用途径的开发。

发挥专业技术优势,加强基础研究,加快建立健全马匹登记制度,规范登记内容和程序,推进马匹登记工作,为蒙古马良种繁育体系建设提供技术支持。

2. 建设竞技用马培育、驯养、测定、交易中心,引进国外优秀运动马良种,通过杂交改良和选育,提高专门化的运动性能,满足市场对高质量运动马的需求,提高经济效益。建立完善品种登记管理制度,为育种、商业化生产和运作奠定基础。在此基础上加快培育适合本地气候条件,主要用于普通赛马、障碍赛马、马术用马或骑乘娱乐用马的新品系。

借鉴国内外运动马先进的调教经验,制订科学的运动马调教方法体系。参考国外运动马性能测定方法,制定我国运动马性能测定标准,建立运动马性能测定中心。

（四）马产品综合开发

1. 挖掘保健需求,扩大马奶消费规模。引用国外奶马品种,发展马奶产业。针对北京、上海、广州等大型城市开发无菌保鲜马奶、马奶粉、马奶酒及婴儿专用马奶等具有保健功能的马奶制品。

2. 针对马文化区,开发鬃毛、皮张等工艺品和旅游纪念品。在马文化比较浓厚的草原及其周边区域开发鬃毛、皮张、骨制工艺品和具有工艺特点的生活用具、旅游纪念品。

3. 加大孕马血清等生物制剂(制品)的研发力度。加大孕马血清等生物制剂的研发力度,开发精制马脂提取技术。推动原料采收、汇集、加工、下游市场开发等全产业链一体化发展的运营机制,克服原料分散、多元生产模式难以形成市场影响力的障碍。与国内外生物制品公司合作,形成生产规模,提高产品档次,扩大产品的市场影响力,打造马脂生物制品品牌。

4. 推进产品研发规范化运作,占据产品标准制定的高地。制定完成马肉、马乳原料及其制品分级标准规范;制定完成孕马血清促性腺(PMSG)、孕马结合雌激素标准规范,并通过目标市场国家的认证。

5. 培育龙头企业。制定优惠政策,积极培育和扶持马产业龙头企业,打造具有全国知名度和影响力的核心企业,带动我区现代马业的发展。深入挖掘马产业价值,形成包括饲料加工、马奶酒生产、生物制药等一系列项目的综合型企业群。

（五）马产业人才培养

改变传统人才发展思路,将人才培养、培训产业化,将人才培训服务商品化,将其作为内蒙古现代马产业化发展的有机构成,以人才培养、培训产业促进赛马、马术和娱乐骑乘用马市场的扩张,以马匹市场化推广带动现代马业人力资源市场发展。建立马产业培训中心,对马产业中所涉及的育种、繁殖、饲养管理、调教、疫病防治等相关人员进行系统的技术培训及资质认证,提高从业者专业素质。

1. 饲养及驯马人才基地建设以现有高校、科研院所和马术学校为基础,推进竞技马人才的产业化、商业化运营,拓展与世界先进国家、协会的交流合作,建设面向全国及日、韩、港、澳市场的竞技马业人才培训基地和竞技马繁育、管理、赛事组织等科技研发基地,占据国内马业发展的科技制高点。

2. 繁育及商品化人才培养体系建设。联合区内科研院所,整合盟市旗县畜牧服务机构和社会服务组织,借助地方就业培训、辅导机构力量,以旅游休闲骑乘马繁育基地为发展中心,构建旅游休闲骑乘马繁育及商品化人才培养体系;将这些人才纳入我区农牧业与农村牧区实用性人才体系建设和农牧业科技带头人体系建设。打造服务于旅游休闲市场的专业化劳动力供给基地,带动娱乐用马市场的高水准发展。

3. 马产品产业化研发基地建设。将马产品产业化开发列为内蒙古自治区科技研发项目,支持生物科技、食品科技研发的高校和科研院所开展马产品产业化研发的科技攻关。鼓励成立企业化运作的研发实体,整合全社会力量建设马产品产业化研发基地。建设规范的规模化养殖示范小区,达到国际马生物制品基地建设认证标准,为农牧民饲养提供示范和技术。

(六)马属动物"无疫区"建设

制定"无规定马属动物疫病区"的规划和建设方案,这是境外赛马能否来内蒙古参赛的关键和前提。"无疫区"要求动物防疫水平包括法律法规体系建设、隔离场建设、赛马出入境检疫政策及安排、实验室检测能力和专家技术队伍等与世界动物卫生组织、欧盟、国际马联及亚马联对赛马的检疫要求一致。目前,我国海南、吉林、山东、广东等省份已先后建成了无疫区,内蒙古鄂尔多斯市伊金霍洛旗是全国第二个获批的无规定马属动物疫病区,实践证明通过无疫区建设可以提升动物疫病预防能力,提高动物卫生水平,促进国际贸易,凸显经济效益和品牌效益。

(七)配套及关联产业

鼓励与马术、赛马、宠物马养育伴生的马具制造、竞技服装鞋帽制造、运马车等马术赛马专用设备制造,以及与投资、经营相关的宣传营销、赛事经济、马主投资、马术俱乐部运营管理等相关行业发展。将马博物馆建设纳入公共文化事业建设体系,增强马文化发展对现代马业发展的促进作用。

四、具体措施

(一) 规划与布局

内蒙古尽快组织成立内蒙古自治区马产业发展推动领导小组,根据马产业多维业态特点和各盟市目前发展现状,研究制定全区马业发展规划,明确各盟市马业发展的方向、目标、布局、任务和重点开发区域,明确相关部门的主要任务与工作目标,强化对马业发展的宏观指导和统筹规划,推动马产业链纵向横向协调快速发展。

(二)政策与宣传

内蒙古研究制定扶持马业发展的具体政策和配套措施,对马业建设初期的相关产业在优惠政策、技术支撑、业务指导、人才培养等方面予以扶持。一是制定金融扶持政策,由政府牵头,与商业银行合作为马产业相关企业提供贷款贴息或贷款担保;二是在税收政策方面,对马业企业实行税收优惠,初建三年内免征或减半征收企业所得税;三是对于能带动地区经济发展、扩大就业、促进农牧民增收的马业龙头企业,给予一定的财政补贴,提高其进行产业经营的积极性;四是设立马产业发展专项资金,鼓励马业企业、研究院,各大院校进行新产品、新技术、新工艺、新设备的技术改造和人才培养,为马产业的升级换代提供智力支持。

制定马文化宣传策略,发掘蒙古马精神的时代价值,大力弘扬蒙古马精神,建设突破传统地域、行业界限,打通电视、报纸、杂志、网络、新媒体等多种传播介质间通道的,涵盖经济、体育、时尚、生活、教育、娱乐、地产、财经、汽车等领域的社会化的马业媒体交流平台。

(三)构建灵活多样的马业企业融资方式

政府应为马业企业提供灵活多样的融资环境,推进投资主体的多元化。整合各类资源和各类专项资金,通过财政资金、土地资产、国有企业股权及企业自我融资等资金,吸引战略投资者和专业投资公司参与马业开发建设。还可以通过支持符合条件的马业企业发行公司债券、企业债券、短期融资券等方式筹措资金,并简化审批程序,拓展企业融资渠道。

(四)加快推进马业产业化运营步伐

一是培育壮大产业龙头企业,应按内蒙古自治区的有关规定,有计划、有重点地培育一批有发展潜力、产业关联度大、带动作用强的龙头企业,增强我区马产业的竞争力。二是进一步发挥农民专业化合作组织的优势,采取"企业+合作社+农户"的发展模式,使合作组织一头连着企业,一头连着农户,发挥经济桥梁作用,带动农牧民脱贫致富。三是实施品牌战略,把我区的马产业打造成为具有地方特色、民族特色和发展潜力大、经济效益好的特色产业,从而提升马产业的文化底蕴和知名度。

(五)加快疾病防控体系的建设步伐

1. 完善内蒙古马匹进出口检验检疫体系

根据 OIE(世界动物卫生组织)、国际马联的要求,学习国外成熟的马属动物管理制度与检验检疫体系,结合我区实际情况,从马属动物进出口、参加赛事、屠宰加工、生物制品、隔离运输等全方位,制定适合我区疫病防控需要的检验检疫政策法规体系。从制度法规层面率先实现与国际接轨。

2. 加大投入,合理布局,建设全方位立体防控体系

内蒙古积极争取国家投入,改善各个口岸进出口检验检疫局设施设备,提高马属动物疾病现代化检测装备水平。在满洲里市、二连浩特市分别建设国家级马属动物疾病检测重点实验室。满洲里实验室服务东北三省及京津冀地区;二连浩特实验室服务华北及西北各省区。实验室与高校紧密融合,形成有特色的科研基地和科研创新的技术体系,服务中国现代马产业健康发展。

3. 加快马属动物疫病防控体系建设

应着力加强马属动物传染病诊断方法研究,建立健全疾病防控相关的技术标准。支持科研机构、企业及高校研发马属动物药品、马保健新技术马专属药品疫苗等产品研发,推动批量化生产。提高马疫病防控成效,建设与国际接轨的马医院,为举办国际常规赛事提供保障。

4. 统一马匹检验检疫标准,保证进口前马匹质量

统一检疫标准和实际动物卫生状况将保证口岸的安全检疫。中国进口的马匹身份信息通过毛色、烙印和挂绳号牌等进行确认,很容易出现毛色相同、烙印不清的情况,这会影响进境马匹隔离检疫结果的判定,从而导致疫病防控风险。我区应要求每一匹进口马必须装有体内电子身份芯片,通过电子探测设备可以非常准确方便的确认进口马匹的身份信息,防止疾病传入。

（六）马资源的保护与繁育

1. 蒙古马种质资源保护

在锡林郭勒盟建立乌珠穆沁马保护区,在鄂尔多斯市建立乌审马保护区。在内蒙古农业大学职业技术学院(内蒙古运动马学院)建立马匹繁殖育种工程实验室,培养马繁殖育种可持续发展专用人才,围绕蒙古马基因库建设、蒙古马饲养管理、马产品开发研究等内容开展科学研究、科学观测、技术示范和关键技术供给,提升马产业持续发展能力。

调整马群内部结构,增加能繁母马的比例,提高商品产出率。到 2028

年,年产纯种蒙古马 1 万匹左右。实施科学饲养管理技术,降低生产成本,提高个体生产效率。强化对马产品种类、利用途径的开发。发挥专业技术优势,加强基础研究,加快建立健全马匹登记制度,规范登记内容和程序,推进马匹登记工作,为蒙古马良种繁育体系建设提供技术支持。

2. 建设核心配种站、辐设周边养马大区

在内蒙古马匹存栏量比较多的地区建立种马场或配种站,集中饲养管理优良种公马,通过人工繁育技术改良周边地区国产马匹,到 2028 年,年产改良马 1 万匹左右。种马场可设在鄂尔多斯市、锡林郭勒盟、呼伦贝尔市、兴安盟等这些养马大区,同时在各种马场配套具有马匹人工繁育的专业技术人员和相关设备,以提高种公马的利用率。

3. 建设竞技用马培育、驯养、测定、交易中心

引进国外优秀运动马良种,用内蒙古培育品种锡林郭勒马或三河马作为母本,通过杂交改良和选育,提高专门化的运动性能,满足市场对高质量运动马的需求,提高经济效益。在此基础上加快培育适合本地气候条件,主要用于草原耐力赛马、场地障碍赛马、内蒙古仪仗马、俱乐部教学用马和休闲骑乘用马的新品系。到 2028 年,力争年产优良运动马 1 万匹以上(主要包括:纯血马、温血马),为全国马产业输送优良运动马。制定科学的运动马调教训练体系与我国运动马性能测定标准,建立完善品种登记管理制度与运动马性能测定中心,把内蒙古建设成为中国的优良运动马繁育、训练、拍卖基地。

(七)饲草料的种植与加工

1. 建立全国优质牧草生产加工输出基地

依托内蒙古优质天然牧场,全面实施生态保护与恢复工程,建立天然优质马饲草料基地。积极引进马匹专用饲草料良种品种,合理规划布局马饲草料种植区域,建议将牧草种植纳入农作物种植补贴。一方面在内蒙古农牧交错带,实施旱作牧草种植。另一方面结合农业种植业产业结构调整,退耕还草、退牧还草、土地整理等项目,加快优质饲草料基地建设。

2. 加大高效节水项目与科研扶持力度,提高牧草的产量与质量

一方面内蒙古各盟市应大力发展高效节水人工草地建设项目,解决草场退化、土壤干旱等现实问题,提高牧草产量;另一方面利用高校草业和动物营养的科研力量,加大扶持草业新品种选育、马匹专用饲草料种养技术与马匹专用饲料的研究力度,培育饲草料加工龙头企业,提高牧草质量。

3. 提升饲草生产加工与贮藏技术水平,为我国现代马产业发展提供切实保障

建议内蒙古加大牧草机械服务和仓储设施的投入,饲草产品品质提升工程,分区域有计划地建立草产品仓储物流中心,增配二次加压设施设备,强化公共服务手段和能力。

(八) 赛马运动的发展与创新

1. 拓展赛马传播方式,弘扬赛马文化

我区的赛马行业要充分利用网络、媒体、报纸、杂志等各种有效传播方式,扩大赛马运动在内地的社会影响力,宣传中国的赛马文化,培育民族精神,向社会展现其风采和魅力,吸引社会各界人士的关注,得到社会和公众的了解、支持和热爱,培养固定的马迷群体,同时推动赛马业的整体发展。

2. 加强地方赛事竞赛活动,吸取赛事经验

加强地方赛马竞赛活动,吸引观众眼球,加深人们对赛马运动的认识,宣传赛马运动主题,从而达到创造消费群体、推广赛马运动的目的。在举办地方赛马竞赛活动的同时,吸取赛事经验,根据地方特色与环境条件创建自身特点的赛事项目,达到与地方文化和民族传统相融合的赛事宗旨,即加强了赛马运动群众基础也提高了赛事影响力。

3. 建立赛马运动产品交易平台,举办马具交流会、展览会

适时举办关于赛马运动产品交流会、展览会,吸引各地赛马运动专业人士及赛马运动爱好者,对赛马运动发展前景、赛马运动产品的推广与销售进行探讨,建立稳固而持久的赛马运动产品交易平台。有关赛马运动产品如马鞍、马镫、马鞭等,赛马运动工艺品和具有民族特色的纪念品如马皮工艺

品、马毛工艺品等就生产、推广、销售等问题进行深入研究,开发赛马运动子产业,保持良好的竞争力。

(九)马产品的开发与生产

1. 加大科研和产品开发力度

对马产品进行多方向、多用途、综合开发。深入开展结合雌激素、孕马血清促性腺激素、马脂、马肉、马乳等综合研究,开发科技含量高、附加值高的产品。

2. 重点扶持几个马产品产业发展较好的龙头企业,以龙头企业带动整个产业的发展

支持龙头企业引进先进生产加工设备,开展技术改造,加快产业升级,重点引进改造升级生产、加工、包装、贮藏等关键设施装备,改善产品加工设施装备条件;积极支持龙头企业开展产品精深加工,对于结合雌激素、孕马血清促性腺激素、马油化妆品等科技含量高的产品生产,应引进国内外先进管理技术和资金,提高产品档次,加大产品的宣传力度,创品牌、名牌产品。

3. 建立集乳用马、肉用型马为一体的综合繁育基地

通过扩建或新建马匹繁育基地,从俄罗斯、新疆等地引进产乳和产肉量较高的种公马,培育优质母马,加快马品种选育和良种马的繁育,与此相配套,作为重点投入,确定和建设一批基础设施,重点是和各乡镇扩建马的人工授精配种站、种马圈、人工草料地、围栏待配母马放牧草场,辐射带动农牧民参与马的改良扩繁,提高个体生产性能,增加养马经济效益。

(十)马文化旅游的示范建设

1. 创建全国草原马文化旅游示范区

力争建成以草原文化为核心特色,延伸马文化产业链,融入草原旅游文化,构建旅游服务、农业科普、商务休闲、草原运动、高端度假于一体或是集旅游、观光、休闲、娱乐、健身、竞技等为一体的国家级草原马文化旅游示范区。以锡林郭勒盟为核心,辐射带动东部各盟市,打造中国马都新概念。重

点发展民族赛马、草原旅游马业、民族马文化,辅之现代赛马业。全面开展草原旅游休闲马业,举办民族赛马和现代竞技赛马,探索四季全域旅游新模式。

2. 草原马文化旅游基地标准化管理

坚持规划引领,尽量保持草原旅游基地历史风貌。优化景区游览线路,完善景区配套功能,加强停车场、厕所、游客中心等公共服务设施建设。全面开展排查整治,治理整顿违法违纪、假冒伪劣等经营行为,建立长效管理机制。加强旅游安全管理,建立应急预案,健全责任体系,提升突发事件应对能力,确保景区和游客安全。一方面建立明确的草原马文化旅游基地标准化体系,整合相关行业,共同制定标准。另一方面培养高素质旅游从业人员,加强旅游服务人员对景区概况、历史沿袭、自然环境、马文化相关知识、骑乘马相关注意事项的了解,开展从业者礼仪常识的培训,有效地提升旅游员工队伍的整体素质,助推基地的新发展,提升游客的旅游体验。另外,组建基地的标准化工作监督委员会,严格按照《服务标准化试点评估评分表》对各部门进行分值评定。

3. 加快马文化与马产业融合发展,丰富旅游项目内容,增加层次性

在草原观光产品的基础上,开发拓展以骑马巡游、马匹穿越为重点的草原休闲度假旅游。以蒙古马文化的历史、蒙古马文化民俗和禁忌讲解为重点的马文化草原生态科普和科学考察旅游等专项旅游产品,积极将马文化与马产业融入草原旅游产品组合开发将是草原旅游发展的重要方向。另外,一些规模大的草原旅游景区应增加参与性旅游活动项目,通过认养马匹、制作马奶酒、穿蒙古袍模拟骑马游牧等内容丰富旅游者的体验。建设草原马文化展览馆,展示源远流长的蒙古马文化和马文化对牧民生产生活用具、服饰文化、饮食文化等日常生活面貌的影响。将草原马文化相关的神话编排成多种戏剧形式展现出来,内蒙古马文化艺术具有鲜明的民族风格和地域特色,民族音乐绚丽多彩,马头琴悠扬。为游客展示马上竞技、摔跤、射箭等特色民族体育项目,展示草原马文化,弘扬蒙古马精神。各盟市根据自己旅游特色,增加草原马文化高端产品旅游路线,提高游客平均停留时间。

4. 合理开发旅游资源,打造马产业与马文化融合精品项目

促进牧场传统马产业逐步向现代马产业发展过渡,创新融合发展马文化旅游产业,通过打造良种马繁育、精品马术比赛及设施建设、马产品精深加工和一批骑乘旅游线路,让现代马产业融入体育经济、旅游经济。

(十一)马术实景剧的编排与推广

1. 提高剧本质量,完善景区配套设施

一方面提高马术实景剧剧本质量,深度挖掘文化内涵和艺术特色,深度融合地域文化特色与旅游特色,艺术地展现我区自然生态和人文风情,既不能过于抽象艰涩,也不能缺乏普通观众易于接受和喜爱的美感。另一方面完善旅游基础设施条件,如交通、餐饮、住宿等条件,使游客住得舒适、吃得放心。

2. 搭建宣传发展沟通平台,让马术实景演出受众更广

在重大马术活动及各类马文化节庆活动上,邀请国内知名主流媒体,广泛宣传推介马文化,扩大蒙古马的影响。要以"千古马颂"为牵引,再制作一批高水准、高质量的马文化、马形象宣传片,做好内蒙古马文化整体的包装与宣传,打好"组合拳"、播放"连续剧",持续发声,长久发酵,不断提升内蒙古马文化知名度和美誉度。同时,要善于运用网站、微博、微信等新媒体,构建新型网络营销体系。

3. 实施全域演出、四季演出

大型马术实景演出是内蒙古文化传承的又一标志,但受气候、季节的影响,每年演出时间受限。鉴于此,我们更要发扬"走出去"的精神,将我们的马术演出带出区内,走向上海、云南、海南等气候温和地带,打破原有的局限,实现真正的四季演出,让更多的人了解内蒙古马背上的文化精髓。力争每年上演至少260场,创造2600万收入。

（十二）马术俱乐部的多元化发展

1. 以竞赛为基础，多元拓展

拓展马术俱乐部的服务内容和服务品质，以会员管理服务、专业培训教育、场馆功能多样化、马匹寄养管理、俱乐部级别认证等方面为拓展方向；以会员会费、马术培训、马匹寄养、赛事门票与赞助、会所活动作为盈利模式，打造一条马术行业的产业链。

2. 加大宣传，让人们对马术运动有更加客观、正确的认识

我国的马文化底蕴深厚，秦始皇扫平列国靠的是金戈铁马，强大的马业为实现"车同轨，书同文，统一度量衡"的三大国策做出了巨大贡献，为中华民族的长久统一和以后两千多年一代又一代繁荣强大的中华帝国奠定了坚实的基础。在中国共产党领导的红军、八路军、新四军和人民解放军的队伍里，马是我国军人的战友，为我国民主革命、抗日战争、解放战争取得胜利和中华人民共和国的强大做出了不可磨灭的贡献和牺牲。这些都应该通过网络、报纸和杂志加大宣传并唤醒人们对马术的热爱。

3. 加大政府支持

马术运动作为一种体育运动，目前却被当作高消费中的娱乐消费征税。马术俱乐部的营业税率高达 20%，高税收政策增加了马术骑乘的成本，使得很多热爱骑马运动的人士被挡在马术俱乐部外。这种税收政策不利于马术运动的发展，政府应当从建立完整的马术产业经济的角度出发，制定积极的财政策，降低马术运动的税率，促进马术产业的健康发展。

（十三）赛马场建设

1. 利用地域优势、合理布局

根据产业发展规划建设，内蒙古的赛马产业应该充分利用地域优势，合理布局赛马场，突出民族特色、地域特色，着重打造以高端体育运动、休闲度假、商务接待为主题的特色园区，同时配备高端服务的赛马产业服务园区，以赛马运动为核心，把休闲骑乘和马术赛事相结合，达到既满足游客休闲乘

骑和健身娱乐的需求又实现高质量赛马比赛的进行,使赛马场成为我区体育健身、商务休闲的新地标。

2. 招商引资,引入外资,拓展和完善融资渠道

赛马产业的发展需要大量的资金支持,外资引入也是解决赛马产业经济发展的重要手段,用引进外商的方法来缓和赛马场自身经济压力。一方面,可以通过招标商业项目共同开发等方式来吸引外资;另一方面,即便是政府和相关机构的扶持资金有限,仍可由政府出面吸引外资以及出台相关的优惠政策来支持产业发展,由多方面优势共同缓解整体资金短缺问题。再者,建立和完善马文化产业投资风险规避机制。

3. 自主培养高、提高赛马场竞技水平

赛马场应充分利用地方已有的马业资源和教育环境(马术协会、马术俱乐部、马产业企业、民间马业爱好者),通过理论传授和生产时间相结合的方法培养自己的赛马人才,运用引进、聘请、借调等方式科学合理利用专门人才,同时加速培养自主人才,提高竞技水平与科技含量。

(十四)马文化博物馆的建设

1. 在国家层面上,布局马文化博物馆

每个地区马文化特色也不尽相同,但是目前马文化博物馆自发建设的过程中,对特色文化发掘不足,博物馆中充斥着相似的展品,所以需要在国家层面上对马文化博物馆进行布局。如内蒙古地区可建设有民族特色的民族马文化博物馆,见证历史传承的马鞍、马镫专项博物馆,独具特色的蒙古马博物馆、种类繁多的活马博物馆,而其他地区可建设现代马文化博物馆、现代马术博物馆等。这样即减少重复性建设,又突出地域特色。

2. 加强业务指导,成立专业协会

马文化博物馆基本上是由企业或私人收藏家创建,在博物馆建设和经营方面缺乏经验,因此在建馆前后需要得到社会各界的有力支持。虽然在我国因行政隶属关系的划分,各地的文物部门不能对马文化博物馆进行直接的领导和管理,但是可以对博物馆的藏品征集与管理、陈列展览以及科学

研究等业务活动进行指导,牵线搭桥组织传统国有博物馆对马文化博物馆进行自愿、无偿的一对一帮扶活动,授之以渔,促进博物馆业务活动的规范化。同时马文化博物馆也要加强行业协会的自身建设,鼓励更多的马文化博物馆加入到协会队伍中来。

3. 加强地域特色、增加互动体验

马文化博物馆要具备"我有人无"的优势,而地域文化则恰巧是培育这种优势的土壤,因此内蒙古的马文化博物馆要突出地域文化的浓郁色彩。同时在展厅中要多创造富有新意的展览形式,积极利用现代科技手段来调动观众的"五感"体验,增强整个展览的互动性、体验性、趣味性,寓教于乐,让观众在参与的过程中感受马文化的独特魅力。

(十五)马具生产技艺的保护与传承

1. 保护手工技艺,寻找结合模式

全面、彻底、深入地开展普查工作,摸清内蒙古地区传统马具制作手工艺人数量,将其制作工艺发生、发展的历史沿革、分布范围,使用工具的具体做法及制作技巧、有无创作口诀、行规等内容做好详细记录。将传统制作工艺进行梳理,以习近平总书记对我区经济高质量发展提出的"四多四少"为指导,本着"保护、传承、发展蒙古族传统民间手工艺文化"的宗旨,以打造我区马具品牌为契机,探索马具制作公司化模式和手工作坊模式相结合的新模式,提高产业附加值,逐步形成科技密集型产业,走出一条自己的品牌发展之路。

2. 市场化运作,重塑品牌发展

采用园区建设,将原来单个、分散的制作体系有机整合和统一,通过组织优秀的团队,扩大产业规模,以"保护、传承、发展蒙古族传统民间手工艺文化"为宗旨,坚持"经济效益、社会效益"兼顾的服务准则,将民族元素融入其中,提升马具特色,提高马具生产品质,打造民族品牌。

3. 传承手工技艺,续写草原文化

将普查所获资料进行归类、整理、存档,同时做好相关优秀作品的征集

工作。从中筛选具有代表性的优秀作品,并将蒙古马具制作技艺传承人和大师请入校园,展示其魅力,组织爱好者跟师学艺,在条件成熟的情况下,在我区高校中开设相关专业,将传统技艺传承下去,培养出一代又一代的优秀传承人,避免技术失传。

(十六)人才培养

以内蒙古农业大学职业技术学院为载体,育马养殖为核心,实际操作为基础,将运动马理论与实践教学融为一体,实现马业人才培养新模式。

1. 教育部、高校、行业协会共同制定合理的人才培养体系

推进教育部、高校、行业协会共同制定合理的人才培养体系,建立行业的职业资格证书考评体系和高校的人才培养标准,加强行业协会、高校的广泛合作,打破只培养马房、骑乘、兽医方面的局限性,增设专业(赛马学、修蹄)、培养年限,从高级应用型人才培养向马业相关专业人员的行业资格认定发展;从驯养基地、培训基地向俱乐部协会赛事组织拓展,实现可持续发展。

2. 加大教师培养力度,建设高水平、高技能国际化教师队伍

内蒙古应加大对马匹相关专业人才"请进来、送出去"的扶持力度。一方面选送教师到国内、国外权威机构进行专业培养,必须得到国际权威机构认可的职业资格证书和从教能力,方可任教;另一方面直接聘用国内或国际认可的知名教练教师来执教,既培养学生,同时也培养教师,某些课程的专任教师必须获得行业认定的资格证书方可任教。

3. 拓宽招生渠道,扩大招生规模,全方位培养马业专门人才

人才培养数量需要扩大,全国马术专业人才年需求在2000名以上,内蒙古每年培养150人,其他省高校多偏向于马兽医、马科学,我区应协调各级主管部门,争取让学校自主招生,能够招录有特长、有天赋、有培养前景的学生,培养高端人才。支持高校联合企业与国际行业进行广泛合作,建立现代运动马人才培养培训基地,创新人才培养模式,全面培养马产业专业的高级技能人才,满足运动马产业快速发展需求。

4. 加强马术宣传, 普及青少年马术兴趣

发展马术运动, 弘扬马背精神, 是成就内蒙古马业、建设内蒙古马业人才培养的基础工程, 对于振奋民族精神有着重要意义。近年来, 高校马业人才培养取得积极进展, 越来越多的大学生享受到马上运动的教育, 但由于人口局限, 不能满足市场需求, 究其原因除高校招生有限外, 学生对马匹陌生、不愿意学习相关知识占很大因素, 这就需要政府、学校、企业各大主体加大对马术的宣传力度, 普及青少年马术知识, 提升青少年对马术的兴趣, 完善青少年马术培养机制, 形成大中小学有机衔接的培养体系, 打通人才持续成长的通道, 培养高水平马业人才。

巩固呼和浩特市运动马驯养与管理教学、科研、培训基地建设, 以教学设施、训练场地、商业化培训场所和现有赛马场为依托, 开发呼和浩特市、鄂尔多斯市和锡林郭勒盟赛马与马术运动市场, 以此吸引国内、国际注意力, 形成集运动马驯养与管理教学、科研、培训、竞技赛马、马术运动及博彩开发为一体的带动全区、面向华北、辐射全国的现代马业基地。

以蒙古马种质资源保护开发利用为基石, 促进公共畜牧业服务组织与市场化服务企业有机结合, 发挥呼伦贝尔市、锡林郭勒盟、鄂尔多斯市、乌拉特草原资源优势, 逐步培育以巴彦淖尔市、呼和浩特市、鄂尔多斯市、乌兰察布市、锡林郭勒盟、通辽市、兴安盟、呼伦贝尔市从西到东的各具民族特点的带状产业集群, 建设旅游休闲骑乘用马繁育、驯养、销售市场。培养旅游休闲骑乘用马养育、管理专业劳动力。

发挥临近市场的区位优势, 促进通辽市、兴安盟、呼伦贝尔市等地的建设。培育本地企业在周边省区的草原与城市间建设和经营马场, 构建俱乐部与马场建设、管理的行业领先地位。

以通辽市、锡林郭勒盟、兴安盟、赤峰市、巴彦淖尔市农牧交错带为依托的马养育基地, 开发酸马奶、马奶、马肉等马产品。

重点扶持龙头企业和那达慕民族体育表演比赛团队。整合现有的一切资源, 发挥优势, 实行马产业的品牌战略, 建立现代市场化运作模式和体系。重点扶持若干家对现代马业发展起至关重要作用的龙头企业, 带动现代马

业持续发展。

（十七）马属动物"无疫区"建设

首先在鄂尔多斯市伊金霍洛旗建设国际一流的无规定马属动物疫病区。伊金霍洛旗无规定马属动物疫病区是全国第二个获批的无规定马属动物疫病区，建设"无疫区"既是加快地区新旧动能转换的有力举措，也是与国际育马、赛马产业有效接轨的重要途径，对于提升地区形象、推动经济高质量发展具有重要意义。其次利用锡林浩特市优越的区位优势，以冬奥会为契机，在太仆寺旗申请建设一个马属动物无疫区。规划中的无疫区包括隔离区、核心区、检疫区和缓冲检验区等，再由国家和其他国家签订认可该无疫区的条约，这样，境外的马匹才能顺利进入无疫区进行比赛和训练。同时，对内蒙古其他马匹进出口口岸城市及马匹饲养规模较大的区域尽快建立马匹无疫区规划，尽快完善马匹疫病区城市化管理建设。

五、保障体系建设

（一）马产业技术人才培养体系建设

以内蒙古农业大学的运动马驯养与管理专业、马兽医专业为基础，整合内蒙古体育局马术学校，创建内蒙古运动马学院，引进国外先进的办学理念，建设国际一流的师资队伍和教学训练设施，扩大招生规模，增加专业设置，全面培养马匹遗传育种、疾病防治、医药研究、骑乘训练、赛事管理、文化传媒以及骑手、教练、马兽医及驯马师、骑师、钉蹄师、马房经理等专业人才。

（二）马疫病防控体系建设

建设完善的马疾病防控体系，积极推进马属动物无规定疫病区建设，支持马疾病防控、马保健新技术和马专属药品、疫苗、保健剂等产品的研发、生产与推广应用，提高马疫病防控成效；建设与国际接轨的马医院，为举办国际常规赛事提供保障。

（三）马产业科技体系建设

鼓励教育厅、科技厅、农牧业厅、发改委等部门,建立支持高校、科研院所和企业开展与马产业有关的科研科技常态机制,建立蒙古马标准委员会、马产业研究院、马属动物野外观测站和重点实验室、马生物工程技术研发中心,开展前沿技术研究,拓宽马在食品、化工、保健、医药等其他领域的应用。创新科研体制机制,建立产学研基地,加快推进马产业技术成果转化,大力推广应用新技术、新工艺、新产品,提高内蒙古马产业发展科技水平。

（四）马产业信息化服务体系建设

鼓励建立马产业信息服务平台,构建马品种登记、马病检测与防控、马饲料产品、马产品加工、马设备装备、赛马赛事等各类数据库,为马产业信息管理、交易及马业一二三产业融合发展提供支撑,鼓励企业建设互联网交易平台。

（五）政策法规扶持体系建设

内蒙古政府积极组织专家,按照产业发展要求,制定马匹保护、繁育、饲养、训练、赛事组织、拍卖交易、饲草料加工等各个方面的法律法规制度,切实支持扶持马业规范化发展。

第十章

内蒙古马产业发展策略

第一节　赛马产业发展策略

一、培育我区赛马氛围,弘扬璀璨赛马文化

我区是赛马运动历史悠久的发源地之一,内蒙古人民对马也有着特殊的情怀,发展我区的赛马业,必须发扬我区几千年来的璀璨马文化。据文献记载,在我国赛马已有两千多年的历史了。《后汉书南匈奴列传》中记载"匈奴俗,岁有三龙祠,常以正月、五月、九月戊日祭天神……因会诸部,议国事,走马及骆驼为乐"。据《成吉思汗石文》载,蒙古族赛马起源于蒙古汗国建立初期,早在公元1206年,成吉思汗被推举为蒙古大汗时期,成吉思汗鉴于政治、军事的需要,极力推崇骑术,赛马之风在军队和上层社会中十分盛行。他为检阅自己的部队,维护和分配草场,每年一月间,将各个部落的首领召集在一起,为表示团结友谊和祈庆丰收,举行"忽里勒台"大型聚会,除了任免官员、奖惩以外,还将赛马作为大会的主要活动内容之一。在成吉思汗时代,从大将军到普通士兵都要练习博克摔跤、赛马、射箭,这些运动在民间也得到了极大的发展。发展我国现代赛马业只有传承我区二千多年马业的辉煌史,弘扬我区的马文化,培育民族精神,服务于建设和谐的文明社会,才能向社会展现其风采和魅力,得到社会和公众的了解、支持和热爱。

二、吸取赛事经验,各地开展形式多样的赛事活动

内蒙古有着悠久的赛马历史传统,为了使赛马文化更好的传承,全区各地需举办形式多样,具有地方特色的赛马竞赛活动,吸取赛事经验,根据地方特色与环境条件创建具有自身特点的赛事项目,达到与地方文化和民族

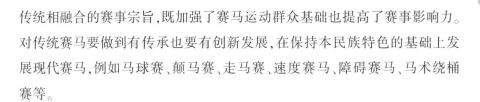

传统相融合的赛事宗旨,既加强了赛马运动群众基础也提高了赛事影响力。对传统赛马要做到有传承也要有创新发展,在保持本民族特色的基础上发展现代赛马,例如马球赛、颠马赛、走马赛、速度赛马、障碍赛马、马术绕桶赛等。

三、建立赛马运动产品交易平台,举办马具交流会、展览会

适时举办关于赛马运动产品交流会、展览会,吸引各地赛马运动专业人士及赛马运动爱好者,对赛马运动发展前景、赛马运动产品的推广与销售进行探讨,建立稳固而持久的赛马运动产品交易平台。有关赛马运动产品如马鞍、马镫、马鞭等,赛马运动工艺品和具有民族特色的纪念品如马皮工艺品、马毛工艺品等就生产、推广、销售等问题进行深入研究,开发赛马运动子产业,推广民族工艺品和传统文化,加强赛马运动产业的持久力,在多方面竞争的同时保持良好的竞争力。

四、将赛马与各类型教育相结合,推动赛马人才培养

现阶段,我区赛马专业人才缺口严重,还没有形成完整的赛马人才培养机制。目前我区人才培养主要以高校和马术俱乐部为主,高校仅有内蒙古农业大学兽医学院和职业技术学院、锡林郭勒职业学院以及莱德马术学院。人才培养数量有限,不能满足赛马业人才发展需求。因此,推动赛马人才培养需要开展多层次、各类型的教育,包括高校教育、中职教育、马术俱乐部培养、校企合作培养等。

五、建立舆论宣传机制,提高群众参与热情

虽然内蒙古具有悠久的赛马运动历史,但是人们却对此了解不多,对于各地区举办的赛马活动知之甚少,可见赛马的舆论宣传机制存在一定的问

题。因此，只有充分借助大众舆论手段来普及和宣传赛马产业的产业价值，激发社会的广泛参与热情，才是赛马在内蒙古发展的必由之径。例如，利用报纸、杂志、电视、网络等新闻媒介进行宣传。在社会大众面前，赛马理应是一种休闲娱乐活动的代言，使之成为民众生活的一部分，以一种话题形式在街头巷尾广为议论。加强地方赛马竞赛活动，吸引观众眼球，加深人们对赛马运动的认识，宣传赛马运动主题，从而达到创造消费群体、推广赛马运动的目的。

六、形成具有内蒙古特色的品牌赛事

我区可以借鉴国内外成功经验，打造内蒙古特色品牌赛事。例如，澳大利亚赛马会目前主办的华人赛马节、悉尼赛马嘉年华、巅峰赛嘉年华三大赛马嘉年华为世界各地的观众，提供了多元化的赛事体验。有上百年赛马历史的湖北武汉，目前已形成常态化的武汉速度赛马品牌赛事，并每年举办"中国武汉国际赛马节"。他们的成功给了我们很好的启示，我们要打造内蒙古特色品牌赛事需做到以下几点：

1. 开发国家级及世界级赛马产品：如中华民族大赛马、丝绸之路大赛马这样的大赛，就能够吸引国内外赛马爱好者的参与。

2. 营销赛马嘉年华：同马主、练马师、赛马俱乐部寻求合作，通过媒体和赛事播放平台提高比赛知名度与参与度。

3. 与文化旅游相结合：了解市场参与者需求，为其提供相关旅游产品，注重赛事时效性。

4. 定制赛马体验：针对比赛提供定制化的赛马赛事。

5. 加大区域性合作：与赛马产业发展成熟的区域紧密合作，例如与武汉、新疆、成都等区域在人才培养、马匹繁育、马匹交易、赛事举办等方面达成合作意向，共同促进赛马产业发展。

七、大力发挥政府职能部门的功能，加大政策支持

内蒙古政府要抓住经济、社会发展的大好机遇，充分发挥政府部门的职能作用，加大发展赛马文化的政策倾斜，制定相应的政策保证体系，为赛马文化活动创造更好的条件和环境，为中国赛马文化活动的开展提供运行环境，促进赛马文化持续、长期的发展。

第二节　马旅游休闲骑乘产业发展策略

一、创建全国马旅游示范区

力争建成以草原文化为核心特色，延伸马文化产业链，融入草原旅游文化，构建旅游服务、农业科普、商务休闲、草原运动、高端度假于一体的国家级草原马文化旅游示范区、我国北方牧区重要的现代化农牧业生态示范基地、内蒙古重要的马术休闲度假基地、内蒙古民俗文化体验基地。以锡林郭勒盟为核心，辐射带动东部各盟市，打造中国马都新概念。重点发展民族赛马、草原旅游马业、民族马文化，辅之现代赛马业。全面开展草原旅游休闲马业，举办民族赛马和现代竞技赛马，探索四季全域旅游新模式。通过各种融资方式，在已有马元素旅游的景区附近选址开发，打造以马旅游为特色的综合产业园区，如在呼和塔拉赛马场附近打造现代都市马旅游产业园，形成独具特色的体育、文化、休闲、旅游胜地，形成半小时都市旅游经济圈，产生连带效应。

二、建立马旅游主题小镇或马术专业旅游社区

马旅游主题创意旅游村镇、马术专业旅游社区这些专门的马旅游创意空间的活动应围绕马文化主题展开,具体活动内容则应呈现非主题化和多样化特点。

马旅游主题小镇要打造建立以休闲娱乐、文化旅游为主体的马元素主题。以"马文化"作为主要特色来打造,努力挖掘内蒙古马文化特色内涵,充分利用自然禀赋,突出文化特色。建设内容可以有:马文化主题酒店、马形象雕塑、马术学校、马主题博物馆、马主题商业街等。同时,规划建设游客集散系统、旅游厕所、自驾车营地、旅游标识系统、智慧旅游与旅游大数据系统,全面提升域内旅游基础设施建设与公共服务水平。

建设马术专业旅游社区,利用马术旅游特有的魅力和吸引力,大力发展以马术为核心的马旅游业。中国拥有数量庞大的马术户外运动消费者,内蒙古的区位优势很明显,北京优质消费群体很多将内蒙古作为首选目的地,而随着中国政府以及内蒙古政府对于文化旅游产业的大力发展和文旅特色小镇的推进,马术文化旅游消费将快速扩张,这将会切实推动内蒙古马产业实现根本性转变。内蒙古发展马术专业旅游社区是供给侧改革的探索,有利于政府和市场关系的良性发展,是新时代城镇经济发展的创新;国外马术旅游发展对马术专业旅游社区建设规划高度重视,政府对马术专业旅游社区资金扶持力度大,同时加强对马术旅游基础设施的建设,这些举措都很大程度上加快了国外马术旅游的发展。我们要结合国外马术旅游发展经验和我国马术旅游自身发展特点,建设内蒙古特色的马术专业旅游社区,加快马术专业旅游社区的建设步伐。对马术旅游来说,发展马术专业旅游社区很好地响应了国家发展体育旅游小镇的政策,是马术旅游重大的发展契机。同时马术专业旅游社区的建设可以加快马术旅游的发展进程,推动马术旅游产业的转型升级并且对马文化复兴有很好的促进作用(周东华,黄亚坤,2018)。

三、马旅游基地标准化管理

坚持规划引领,尽量保持草原旅游基地历史风貌。优化景区游览线路,完善景区配套功能,加强停车场、厕所、游客中心等公共服务设施建设。全面开展排查整治,治理整顿违法违纪、假冒伪劣等经营行为,建立长效管理机制。加强旅游安全管理,建立应急预案,健全责任体系,提升突发事件应对能力,确保景区和游客安全。一方面建立明确的草原马文化旅游基地标准化体系,整合相关行业,共同制定标准。另一方面培养高素质旅游从业人员,加强旅游服务人员对景区概况、历史沿袭、自然环境、马文化相关知识、骑乘马相关注意事项的了解,开展从业者礼仪常识的培训,有效地提升旅游员工队伍的整体素质,助推基地的新发展,提升游客的旅游体验。另外,组建基地的标准化工作监督委员会,严格按照《服务标准化试点评估评分表》对各部门进行分值评定,如:内蒙古锡林郭勒盟专门出台"牧人之家"等级评定标准,加快基地标准化建设。

四、打造马旅游雕塑和地标景观

马旅游产品打造可分为初级、中级和高级 3 个水平层次。初级产品是基础,中级产品是提升,高级产品是升华。初级产品形态的创意展示以静态的创意文化景观为表现方式(宋河有,2018)。

蒙古族是马背上的民族,拥有丰富悠久的马文化历史,建议设计静态的马文化雕塑和地标景观。1983 年,国家旅游局确定的中国旅游标志"马踏飞燕"便运用了铜奔马的形象。"马踏飞燕"中的马呈"对侧步",只有韧性和耐力特别好的马才能以"对侧步"的步态快走。这样的马叫"达贵之驹",而这匹马不但用对侧步,而且快走胜奔跑,还能踏到游隼上。所以,旅游产业和马产业的缘分非常深厚,马旅游文化雕塑的设计是非常有必要的。

而马文化和马精神更是内蒙古不可或缺的精神力量,将马文化精神融

入城市建设,建设诸如"车水马龙""龙马精神"等马文化主题景观大道,实现了内蒙古马文化与城市文化的深度融合,从而促进马旅游和内蒙古旅游的快速发展。

五、发展以马文化为核心的马业休闲旅游

在休闲产业发展中,应将矫健的骏马作为旅游业发展的重要载体,积极开发马文化旅游市场。

如开发驯马、马术表演等,开发有蒙古文化特色的马工艺品等,这样可以让游客感受蒙古族的民俗民风和文化传统,提高内蒙古旅游业的文化附加值。此外,还应加强马文化旅游基础设施建设,建设马文化博物馆、马具展览馆、狩猎场、马文化传承基地等马文化休闲景区,通过多种形式弘扬内蒙古马文化。如锡林郭勒盟兴建了千马部落、铁骑赛马场、皇家御马苑等马文化景区,开发了马术表演、马球运动等马文化项目,推动了马文化旅游休闲产业的繁荣发展,也带动了马具用品、马文化纪念品、马赛服装等相关产业的发展。

在景区内同样可设置休闲马业相关项目,如景区内的休闲骑乘,游客采用骑马、乘坐马车、马爬犁等交通方式,游览景区、欣赏美景。尽享马带给人的愉悦和刺激,既突出公园主题,也减少汽车尾气污染、道路开发、供电设施建设等对景区环境的破坏。设立"骑警",骑马对景区巡逻,与游客合影,制造新的风景线,新的旅游产品卖点,同时担负园区保安工作,减少安保成本(刘玉春,2017)。

如内蒙古锡林郭勒盟地区,通过整治马业资源、发掘马文化、发展马产业等方式打造"中国马都",推动了草原观光、生态旅游、体育休闲等产业的发展。近年来,锡林郭勒盟承办了草原大赛马、马术大赛等重大赛事,在国内外产生了较大影响,同时锡林郭勒盟还建设了马术竞技、马匹培育、马文化展示等于一体的马都核心区,形成了以马文化为核心、良性互动、综合发展的休闲产业发展模式(赵敏,刘忠良,2015)。

六、丰富马旅游项目内容,增加层次性

在草原观光产品的基础上,开发拓展以骑马巡游、马匹穿越为重点的草原休闲度假旅游;以蒙古马文化的历史挖掘、蒙古马文化民俗和禁忌讲解为重点的马文化草原生态科普和科学考察旅游等专项旅游产品,积极将马文化与马产业融入草原旅游产品组合开发将是草原旅游发展的重要方向。另外,一些规模大的草原旅游景区应增加参与性旅游活动项目,通过认养马匹、制作马奶酒、穿蒙古袍模拟骑马游牧等内容丰富旅游者的体验。建设草原马文化展览馆,展示源远流长的蒙古马文化,展示马文化对牧民生产生活用具、服饰文化、饮食文化,日常生活面貌的影响,将草原马文化相关的神话编排成多种戏剧形式展现出来,内蒙古马文化艺术具有鲜明的民族风格和地域特色,民族音乐绚丽多彩,马头琴琴声悠扬。

七、整合营销发展特色马旅游

为了促进内蒙古马旅游的发展,必须制定一个合适的营销方式,把游客体验和现有的旅游基础设施、企业有机结合在一起。同时结合马旅游产业特色,运用好网络等现代传媒方式,加大对马旅游的宣传力度。旅游管理部门和企业应积极增加对外宣传费用,加大对马旅游营销的投入,让马旅游产品市场化,加大马旅游的知名度和响应力,提高在旅游市场的份额。

积极利用旅游节等活动宣传马元素。利用现有那达慕大会的影响力,吸引全世界游客相聚内蒙古,将现代赛马活动与那达慕赛马结合起来,为内蒙古马旅游休闲产业造势。

举办以马为主题的绘画摄影活动。影像是可以跨越民族、地域和文化差异的视觉语言,是重要的国际无语言障碍交流工具。通过举办国际马文化摄影艺术大展,拓展中国马文化对外交流渠道,用生动鲜活的影像语言,向世界讲好马的故事,服务于民族马文化和民族马产业的传播,用民心相通

的马文化,拉近与世界各民族交往的距离,拉近马产品和各国消费者的距离,提升内蒙古旅游城市的知名度、美誉度。

第三节 马产品开发策略

马可开发利用的产品种类很多,马肉制品、马奶制品、马生物制药等,都能为社会提供大量的就业机会,成为新的经济增长点。改变产品马产业的发展现状,发展全产业链或将是提升马产品生产企业竞争力的关键。事实上,业内已有企业在积极布局全产业链,将传统的某一项业务延伸,打造养殖、屠宰、加工、销售的全产业链,提高市场竞争力和抗风险能力。

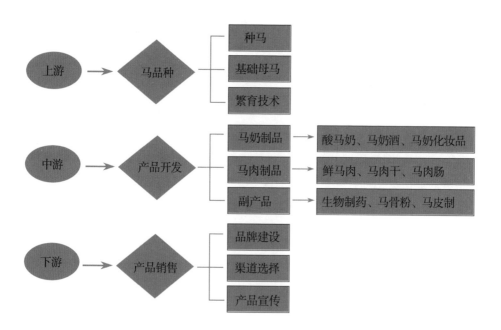

一、加大产品开发力度

从国内外的市场行情看,马产品价格稳中有升,市场需求不断增大。对马产品进行多方向、多用途的综合开发,深入开展结合雌激素、孕马血清促性腺激素、马脂、马肉、马乳等综合研究,开发科技含量高、附加值高的产品,对调整畜牧业生产结构,拓宽畜牧业产业链,提高牧民生活水平,提高经营收益率,发挥巨大作用。

(一)马奶产品的开发

马奶营养非常丰富,含有蛋白质、脂肪、糖类、磷、钙、钾、钠、维生素 A、维生素 B_1、维生素 B_2、维生素 C、肌醇等多种成分,具有补虚强身、润燥美肤、清热止渴的作用。自古以来,蒙古族人就有喝酸马奶的习俗,每逢盛夏,辽阔的草原上,到处都飘溢着马奶酒的清香。马奶不仅可以饮用,而且具有治疗疾病的作用,临床研究证明,酸马奶对高血压、冠心病、肺结核、慢性胃炎、肠炎、糖尿病等疾病的预防和治疗作用非常明显,尤其对伤后休克、胸闷、心前区疼痛疗效显著。在蒙古民族中,酸马奶疗法普及甚广,用酸马奶治疗的患者逐年增加。

马奶酒历史悠久,是用鲜马奶经过发酵变酸酿制而成的一种酒精含量只有 1.5 度到 3 度的饮料。味道酸辣,有舒筋、活血、健胃等功效。马奶酒不仅可以单独引用,还可以加咖啡,成咖啡奶酒;加果珍,成果珍奶酒;加冰、可乐、雪碧等调成鸡尾酒,冰凉爽口,适合夏季饮用。

马奶粉是利用健康的哺乳期母马的新鲜马奶为原料,采用雾化干燥方法加工而成,马奶粉经过设备的特殊真空干燥处理,可以使马奶中的有益物质得以长时间保存。研究表明,马奶粉富含人体所需的营养物质,蛋白质、维生素的含量高于马奶酒,与人奶较为接近。马奶生产的季节性较强,一般集中在 6 月至 8 月,不易存储和运输,但制成马奶粉,是马奶保存、利用的最好方法。奶粉可保存 1 年至 1.5 年,还可以运输到全国各地制成配方奶粉,

或制成还原奶后生产酸马奶,让病人饮用。

(二)马肉制品的开发

马肉肉质鲜嫩,同牛、羊、猪肉相比,有瘦肉多,脂肪少的特点,且含有独特的鲜香味道和丰富的营养价值(如表10-1所示),并具有恢复肝脏机能、防止贫血、促进血液循环、预防动脉硬化、增强人体免疫力的效果。

表10-1　马肉和牛肉、羊肉、猪肉的化学成分比较

	水分(%)	蛋白质(%)	脂肪(%)	灰分(%)
马肉	70.00	24.40	4.70	0.90
牛肉	58.74	18.73	21.56	0.97
羊肉	51.59	16.41	31.07	0.93
猪肉	47.49	15.45	37.34	0.72

注:以上数据仅供参考

自古以来,马肉产区的居民就将马肉加工成各种各样的独特食品。现在,马肉除以鲜肉、冻肉的形式,还可以制成腊肉、酱肉、火腿、肉松、肉干、灌肠、罐头及各种加工食品。世界马肉生产和消费的国家远比马奶多,多年来,国际市场对马肉的需求量不断增加,马肉已成为畅销的肉类之一。

我国食用的马肉大多从蒙古国进口,2018年二连浩特口岸共进口冻马肉2.9万吨,与2017年同期相比增加30.4%,大多销售到河北、天津、北京、东北等地加工销售。

(三)马油的利用

马油的应用在我国历史悠久,早在公元5世纪,《名医别录》中就记载了有关马油的药用作用,马油还有护发、美容及治疗伤痕等功效。名医李时珍在《本草纲目》中也讲过马脂肪味甘,可治疗面黑(增白)和手足干裂粗糙,对肌肉痉挛和面部中风麻痹有缓解作用。近年来,马油制作的化妆品销售非常火热,尤其在日本、韩国等国家,马油制作化妆品的技术日趋成熟,"格丽

松""九朵云""北海道"等品牌的马油化妆品受到女性的青睐。利用消费者对我区草原面积辽阔、绿色无污染的独特自然环境的认知,采取自主研发和引进技术相结合的方式,加强马油护肤品的开发和研制,充分利用我国发达的电子商务在全国范围内销售,还可作为地区特色产品,满足旅游消费者的购物需求。

(四)其他产品的开发利用

马血及孕马血清的运用非常广泛,马血可以制作食品添加剂、血红蛋白粉、止血粉及其他医药用品。孕马血清可提取马绒毛膜促性腺激素,常用于母畜催情和促进卵泡发育,对公畜促进雄性激素分泌,提高性欲也有帮助。发达国家早已将其列入制剂目录及药典,我国也已将其列入制剂目录及兽药药典,产品销售火爆,价格不断上涨,国内市场上孕马血清促性腺激素供不应求,开发前景广阔。

屠宰后马匹是很有价值的皮革原料,独一无二的质感及光滑手感,造就了马皮革的柔软舒适和优良耐磨性,可制成皮衣、皮帽、皮手套、皮包等。

马颈部和尾巴上的长毛纤维有纤维长、拉力强、耐磨耐湿、不易折断等特点,是纺织衣服衬布、制作丝竹乐器弓弦和毛刷的原料,是我区重要出口商品之一。

二、重点扶持几个马产品产业,发展较好的龙头企业,以龙头企业带动整个产业的发展

目前,内蒙古马产品加工基本通过5-6户组成的合作社进行生产,缺乏技术支持,生产出来的产品保质期短,市场销售渠道有限,限制了产品马业的发展。政府要出台相关优惠政策,引导和支持大企业大集团投资内蒙古产品马业,积极培育和扶持马产品生产加工龙头企业。支持龙头企业引进先进生产加工设备,改善产品加工设施装备条件,开展技术改造,加快产业升级深入挖掘马产品价值,加大孕马尿结合雌激素、孕马血清促性腺激素、

马油化妆品等科技含量高的产品研发,引领马产品加工技术创新,将其打造成为具有全国乃至世界知名度和影响力的龙头企业。充分发挥龙头企业的集群效应和辐射效应,发展和壮大一批中小型马产品加工企业,建设以龙头企业为核心,中小型企业为补充的包括饲料加工、马奶酒生产、生物制药等一系列项目的技术水平高、产品科技含量高、带动能力强的马产品生产加工基地,将内蒙古打造成国内最主要的马产品加工销售基地。

三、建立集乳用马、肉用型马为一体的综合繁育基地

通过扩建或新建马匹繁育基地,从俄罗斯等地引进产乳和产肉量较高的种公马,培育优质母马,加快马品种选育和良种马的繁育,与此相配套,作为重点投入,确定和建设一批基础设施,重点是和各乡镇扩建马的人工授精配种站、种马圈、人工草料地、围栏待配母马放牧草场,辐射带动农牧民参与马的改良扩繁,提高个体生产性能,增加养马经济效益。

普通马每天产奶2公斤最多不超过4公斤,专门化的乳马产奶量是8至10公斤,土种马长到7至8岁达到400公斤就不错了,但是专门培育的肉用马2岁体重就达500公斤。一些国家和地区经过长期的试验和研究,培育出了一批产品用马专用品种,如库素木马、巴什基尔马、雅库特马、新吉尔吉斯马等。

四、要进一步健全和完善产品马业发展的市场环境

市场交易中最重要的主体就是买方和卖方。对于马产品市场而言,由于缺乏产品的宣传和市场培育,消费者对马产品的功效认知不深,大部分人没有或较少接触马产品,消费群体有限,并没有形成大规模的市场需求。因此,各级政府及有关管理部门要进行广泛宣传,提高消费者对马产品特点、功能和价值的认识,进一步明确发展马产品在提高人们生活质量方面的地位和倡导健康消费,增强市场需求活力。要着力打造网络与实体结合的马

产品交易市场体系。根据《关于推进电子商务与快递物流协同发展的实施意见》(内政办发〔2018〕38号),应由政府相关部门创建一个以内蒙古整体为窗口,面向全国的马产品交易平台,联通各盟市和旗县的马产品生产企业、农牧民、电商企业、配送企业、技术服务中介、需求客户等一站式电子信息网络平台,创建营销电商品牌,扩大营销面,缩短营销距离,减少营销环节,提高营销收入,推动线上与线下交易一体化的马产品市场网络体系建设。此外,还要有效规范马产品市场交易行为,制定相关准则、规范,建立公平公正的市场交易机制,大力营造产品马业发展良好的市场环境。

要充分利用各种现代媒体,通过报纸、杂志、电视、广播、网络,以及马产品加工业高峰论坛等方式营造全方位的宣传体系,大力宣传产品马业在促进内蒙古扩大就业、拓宽边境牧区牧民增收渠道、民族地区特色精准扶贫和推动内蒙古经济发展的重要作用,提高社会各方面对产品马业发展的认同,积极引导社会舆论,最大程度的调动牧民以及社会各界人士参与和投入内蒙古产品马业发展的积极性,努力营造全社会共同关注、协力支持产品马业的良好人文环境。

五、加强科技支撑服务体系建设

"科学技术是第一生产力"。产品马业的发展,离不开强大的科技支撑。因此,要加强科技支撑服务体系建设,为产品马业的发展提供科技保障。首先,应将马产品产业化开发列为内蒙古自治区科技研发项目,科技厅、财政厅、农牧业厅等相关部门应该全力支持生物科技、食品科技研发的高校和科研院开展马产品产业化研发的科技攻关,鼓励成立企业化运作的研发实体,整合全社会力量建设马产品产业化研发基地,攻克马产品研发和加工过程中的技术难点,拓宽马在食品、化工、医药等其他领域的应用,推进马产业技术成果转化,打造全国最大,面向"一带一路"沿线国家开放的马产品产业化研发基地。

其次,要坚持推动企业成为创新决策、研发投入、科研组织和成果应用

的主体,促进企业通过科技创新做大、做强、做优,注重政府引导和政策支持,鼓励和引导马产品加工企业加大产品研发投入,增强自主创新能力,开发新产品,加快科技成果转化,让企业成为自身强大的科技支撑。

第四节　马文化创意产业发展策略

内蒙古马文化创意产业是指以马为元素,以内蒙古马文化为底蕴,依靠创意人的智慧、技能和天赋,借助于高科技对马文化资源进行创造与提升,通过知识产权的开发和运用,产生出具有创造财富和就业潜力的产业。

在"一带一路"和全球化背景下,世界各国和地区的技术、经济、文化不断融合,马产业与马文化融合发展是必然趋势。马文化创意产业尚处于培育萌发时期,行业潜力无限。内蒙古推进马文化创意产业快速发展,需制定适合区域发展的具体策略。

一、培养创新意识

内蒙古传统马文化有着强大的生命力,它既深刻地影响着我们的民族,也影响着世界,为我们提供源源不断的创作灵感。我们必须用开放的眼光和科学的态度去整理和研究自己的文化遗产,通过创意产业的发展,推动我国物质文明和精神文明的同步发展。目前,内蒙古文化创意产业发展的首要问题是全社会必须加强和提高对创意产业发展的重要性、前沿性和未来发展态势的理解、认识与认同,特别是各级决策层进一步解放思想,转变观念,学习和掌握世界各国创意产业发展的理论、战略、策略、成果、经验、方法和措施,并结合本地经济和社会发展现实实践,开拓跨越式发展的新途径。

二、延伸创意产业链

马文化创意产业是一个知识密集型的新兴产业,代表了马产业与马文化融合发展的最新成果。作为新兴产业,文化创意必须与市场运作相结合,增加传统产业的文化附加值,改变传统产业粗犷的增长方式,创新出新的文化衍生品,延长产业链,提高产品开发的深度。

中国源远流长的马文化,不仅曾深刻影响和推动古丝绸之路上商贸马队的漫漫征程,为沿路各国家、各民族的物质和精神文明的交流做出过重要贡献,而且马文化作为一种世界语言,早已被"一带一路"周边国家所共享和认同。

文化是识别一个民族的基因,创意是发展一个民族的动力。文化和创意的结合萌生了一个新的产业形态——文化创业产业。创意产业的核心与源头是文化,要选择草原地区最具特色优势的文化产业作为切入点和突破口,马文化及其相关产业将是最具竞争力的最佳目标。我国深厚的马文化资源亟待在新的历史时期找到新的拓展点,传统的养马业已经不能适应日新月异的时代发展变化,要结合新的创意产业项目,自觉吸收传统马文化优秀文明成果,推动思想观念、文化内容、表现形式和艺术手法创新。

三、注重产业集群战略

马文化创意产业的发展与区域经济的发展水平是息息相关的。随着马产业功能的完善,文化创意产业也越来越要求集体的互动和企业的地理集聚,以形成集群化环境。优化创新集群化模式,推进文化产业基地和园区建设应顺应产业融合趋势,创意产业园区应当突出有限的支柱产业方向,并严格入区标准,防止发生夹生现象而贻害久远。更为重要的是,在主导产业中,要注重确立那些有较大规模,生产最终产品或者产品中关键部件的主导企业成为龙头企业或者骨干企业,这些企业具有很高的产业关联性,能够快

速构建园区产业链网络。

四、打造创意产业品牌

马文化产业,特别是文化创意产业是一种智慧产业,要求经营者必须具有高水平的文化知识和高水平的驾驭文化产品生产、营销能力,同时要求主管部门在制定文化创意产业品牌战略时一定要坚持科学的原则,坚持从本国实际出发的原则,坚持以人为本的原则,纠正跟风现象,脚踏实地的发展我国的文化创意产业,可以从打造马文化的城市品牌形象和标识开始进行产业品牌的建设。

城市形象是城市文化的具体表现,包括诸多方面,它的塑造要对城市本身特有的资源进行整合开发与利用,通过建筑、道路、广场等提炼、升华城市的精神风貌,塑造独特的城市文化形象。内蒙古自治区作为一个文化大区,在建设城市品牌的过程中,应围绕草原文化和以蒙古族为主体的浓郁民族特色展开,让草原文化、蒙古族文化成为文化的核心和灵魂,马是草原文化的标志,具有丰富的文化内涵,将其作为城市形象的代表正符合这一要求。

五、培育马文化创意产业人才

马文化创意产业是智力型的产业,人才是马文化创意产业发展的根本。马文化创意产业对人才有着特殊的要求,需要侧重培养创意型、素质型、可持续发展型的人才。首先,建立专业的人才市场。目前,在马文化创意产业的发展过程中,人才制约瓶颈矛盾凸显,较多马文化创意产业项目的专职人员极少,因此,需要建立马文化创意人才的专业市场。其次,加强企业与院校的合作。培养一流的马文化创意人才,增强马文化创意产业高端人才与团队的集聚,是发展马文化创意产业的关键环节。

第五节 马匹繁育策略

养马业的基本任务就是利用科学技术手段提高马匹的数量和质量。"马匹的质量"这一概念包括：马匹的类型、生长发育、工作性能（速度、越障、耐力等）、体重、乳肉生产性能、早熟性、适应性等。对种用的马匹还包括遗传性（即将经济有益性状传递给后代的能力）。根据马匹在农业生产、乳肉产品生产、马术运动、马匹出口、赛马、游乐伴侣用马（宠物马）等领域中的作用不同，马的育种工作形式又分为：役用、乳肉产品用、种用、赛马运动用、游乐伴侣用（宠物马）等。

我国马匹育种应当遵循以下几点：一是适应国民经济发展需要和将来对马匹用途的要求，按照"统筹兼顾，全面规划，因地制宜，分类指导"的原则，对种马业、役马业、运动用马业、产品用马业和游乐伴侣用马业进行选育。二是充分利用环境条件对马匹利用的影响，培育和发展适宜的马匹类型。三是重视遗传作用，顺应马匹既有类型。育种工作的具体操作包括选种和选配，理想类型的繁育和品系繁育，按基本的育种指标、按后代品质、甚至按在适宜于培育后代品质发展的条件下培育的幼驹来评定马匹繁殖群。把这些措施同时用于达到一个目的时，这项工作是非常有效的。如果上述措施中一项不能实现，那么其他措施的有效性也将会降低。

一、蒙古马繁育与保种策略

蒙古马是中国北方的主要地方品种，数量多、分布广，约占全国马匹总数的1/3，长期的自然选择加之人工选育使蒙古马具有抗寒、耐粗饲、抗病力强、耐力强等独特的遗传特性，这是国外纯血马无法比拟的，在家畜遗传资源上是一个极为宝贵的基因库。但是，目前国内对蒙古马遗传资源的研究、

保护、开发及合理利用却十分薄弱,几乎是空白。为实现该遗传资源保护与选育利用的有机结合,建议进行内蒙古马匹品种登记和新品系培育,制定相应等级评定标准,建立健全登记体系,结合体育文化活动来培育运动型蒙古马新品系,满足蒙古马的保护与当今马业市场的需求。

(一)开展蒙古马保种、繁育工作

在锡林郭勒盟、鄂尔多斯市、乌兰察布市、兴安盟、通辽市、赤峰市、呼伦贝尔市这些养马集中区通过评选,在每个苏木或乡镇选出符合品种标准的优质种公马一匹,以及高质量的纯种母马20~25匹,组成小群配套的家系,实行马匹自然交配。由政府按照马匹给出补贴,每个品种的保种规模在20~25个家系,400~500匹马之间。配套家系的种马及繁育的后代进行血统登记,并在后代中选择一定比例的优秀马驹,不断补充保种马群的数量,达到保种的目的,同时可以避免不同家系之间杂交乱配的现象。这些马饲养在当地农户中,除领取保种补贴外,还可将不进入保种群的马驹自由处置,增加收入。这样的保种方式,既减轻政府压力,同时也能刺激牧民养马、保种的积极性,通过登记和亲子鉴定,达到精确保种的目的。

(二)查清蒙古马品种资源及分布情况

乌审马和乌珠穆沁马是蒙古马中适应沙漠条件的优良品种的代表,也是我国乃至世界优秀的种质资源之一。这两类马体格较小、外貌清秀、性情温驯、反应灵敏,适合在沙漠地区骑乘及驮运。乌审马和乌珠穆沁马遗传性能稳定,是很好的骑乘、赛马品种。重点对内蒙古自治区鄂尔多斯市和锡林郭勒盟调研蒙古马分布、存栏数和生产性能及生长发育规律。

(三)建立健全品种登记制度

1. 个体登记

每一匹参与登记的蒙古马,要植入芯片,包括完善的个体描述记录。记有马匹烙号、来源、产地、年龄、毛色、别征、后代等。除了个体描述以外,还要有繁殖记录、免疫记录、成绩记录、迁移情况、命名等个体信息记载。

2. 系谱建立

按统一标准登记入册进行计算机管理。在一本蒙古马良种登记簿上，可以看到这一马种的全部信息。按照惯例，这种登记册每 4 年出版 1 次。有了大量的数据，就可以用作种质资源的分析统计。因此，也可以做好选种、选配工作，不断优化该品种资源。

3. 登记管理体系

要按照要求，进行马匹登记管理体系的建立。完善马登记管理制度是保证登记的正确性、完整性、连续性和合法性的关键。保护马主、育马者、马匹使用单位和个人的合法权益，是提高马匹繁育和保护从业人员积极性的核心举措。

（四）系统分析测定生理生化指标及繁育性能，制定相关标准

首先，采取血液测定蒙古马相关生理生化指标，对比蒙古马不同品种间的差异，制定生产性能标准；其次，系统记录每匹登记母马的个体信息及繁殖记录，测定后代体尺性能，制定蒙古马不同品种的鉴定标准。

（五）利用分子生物技术建立纯种蒙古马快速鉴定方法

随着现代科技的发展，基于 DNA 水平的个体识别和亲子鉴定的检测方法不断出现，其中最有效的方法之一就是以 PCR 为基础的微卫星 DNA 多态性检测技术。据一些实验室报告，英国纯血马品种登记机关针对一些优秀的纯血马要求用 DNA 资料去补充常规血型资料。另一些实验室称其纯血马品种登记机关现在鼓励用 DNA 检测并接受 DNA 检测的结果用于确认常规血型系统不能排除的情况并解决一些双公配一母产生的问题。

二、内蒙古培育马匹品种的繁育策略

（一）三河马的发展方向与选育改良措施

三河马现有良好的体型结构,优越的劳作性能,抗寒冷,耐粗饲,抗疾病,对当地环境具有高度的适应性,已是内蒙古呼伦贝尔市重点培育品种。从呼伦贝尔市马匹饲养情况看,目前仍然以蒙古马和三河马为主,经过改良的马匹数量相对较少。但从发展趋势看,牧民对马匹改良认可度高,马匹饲养由原来的粗放经营逐渐向集约经营转变,牧民群众积极主动地要求进行马匹的品种改良,在马匹改良方面的资金投入有所增加。特别是一些大的马匹养殖户和马匹经营企业,对马匹的饲养管理和改良更加精细化和专业化,专用马发展方向明显。陈巴尔虎旗通过三河马本品种选配选种,结合改善饲养管理条件,已完成提高现有三河马的品质。

1. 三河马发展方向　内蒙古各地都连年向呼伦贝尔市购买三河马,以适应各种经济发展的需要,尤其是对正在蓬勃发展的体育和旅游业有特殊意义。三河马在改良体质较小的马匹中可起一定作用。在呼伦贝尔市及其他地区已有应用三河马改进当地蒙古马,而且收到一定的改良效果。特别是在目前优良马种不足,有些地区缺少种马的情况下,用三河马做种马杂交改良,有很大的市场需求。

2. 三河马选育方向　根据国内竞技赛马主要依赖进口及国际上大量需求马肉的市场现状,三河马要向偏轻型(速力型和马场马术型)、肉用型和乳用型方向选育。速力型即快马,以速度见长,部分体型较轻,强悍的个体适宜该型品系的培育。所谓马场马术型即现代马术用马,包括场地障碍、盛装舞步、三日赛等,大部分性情温和的兼用型马都适宜该型品系的培育。育种路线以三河马育种(繁育)基地为核心群(户)的生产区,建立整顿核心群,通过导入纯血马,以提高三河马体高和整齐度,导入俄罗斯重挽马和乳用马等提高产肉率和产乳量。除适当引进优良种公马外还可引进胚胎加速选育进程,提高三河马生产性能。

3. 三河马选育措施与基本概况　呼伦贝尔市鄂温克族自治旗科兴马业发展有限公司在鄂温克族自治旗及周边地区全面开展了马匹的人工授精工作。参与人工授精的马养殖户逐年增加,马匹改良效果明显。2016 年共参加配种的成年母马有 154 匹,其中妊娠母马有 133 匹,受胎率 86.36%。公司通过下设配种站投入优秀种质及技术服务,已搭建由科兴马业育马基地为中心,辐射周边牧业旗和鄂温克族自治旗巴彦托海镇、巴彦查岗苏木、巴彦塔拉乡、锡尼河西苏木等 5 个乡、镇、苏木,辐射马群规模达到 6000 余匹,累计完成 1200 余匹母马的选种选配育种,获得 926 匹选育后代。在导血杂交一代的基础上,已收获 100 余匹回交一代马匹。公司通过中法、中俄合作项目引进吸收马的精液低温保存及运输技术、马的低温配种技术、马的冷冻精液制作工艺技术、马的冷冻精液人工授精技术、马的胚胎移植技术等多项国内先进技术,建成了全区首家马冷冻精液实验室,积极提高种马场供种配种技术能力。

(二)锡林郭勒马的发展方向与选育改良措施

1. 锡林郭勒马的发展方向　锡林郭勒马是 1987 年经内蒙古自治区人民政府验收命名,主要分布于南部的旗和锡林浩特市北部,以白音锡勒牧场和五一种畜场为中心产地。锡林郭勒马是以卡巴金、苏高血、顿河马为父本,以蒙古马为母本,采用育成杂交而成。属于乘挽兼用型,在体质外貌上表现为体质干燥结实,结构匀称,胸部发达,四肢结实,毛色主要为骝、黑、栗毛。对干旱草原适应性强,恋膘性好,发病率低,繁殖性能良好。锡林郭勒马作为培育品种广受好评,二连浩特口岸至今已有 4 批次共 23 匹锡林郭勒马顺利出口到蒙古国。

2. 锡林郭勒马的选育方向与基本概况　20 世纪 50 年代曾由苏联引进众多轻型马,锡林郭勒种畜场用阿哈马做人工授精。1955 年,人工授精改良蒙古马达 200 匹。20 世纪 60 年代,引入重挽马、阿尔登马后,在白旗额里图、蓝旗饮马井也出现部分重挽马的后代。随着锡林郭勒盟一些马术俱乐

部与育马场的兴建,当地也已引入少量纯血马。

(三)新锡林郭勒马的发展方向与选育改良措施

1. 新锡林郭勒马的发展方向 新锡林郭勒马不仅保留了蒙古马耐力好、卡巴金马适应性强等特点,还具备了纯血马速度快的优势,所以培育新锡林郭勒马就是为了在短距离赛马上与国际接轨。未来与国际现代马产业接轨,新锡林郭勒马将成为我区马产业的主力军。接轨国际现代马产业是一项系统工程,需要精细化管理。在育种方面,既要讲马匹血统,又要看马匹的成绩和外貌;在马匹调教的过程中,不但要采用高水平赛事的练马方式,又要定期测试马匹成绩。在多次比赛中崭露头角的新锡林郭勒马带给人们更多信心。新锡林郭勒马必将成为今后内蒙古自治区和全国赛马业的良驹,内蒙古可望为全国提供最好的赛马。令人欣喜的是,近年来赛马运动在国内悄然兴起,北京、上海等地涌现出了不少马术俱乐部。在我区,马产业依托游牧文化、草原文化焕发出新的生机,鄂尔多斯市、锡林郭勒盟、兴安盟、呼伦贝尔市和通辽市都有了赛马训练及比赛设施,那达慕等马术比赛场次日益增多,激发了越来越多的人跃上马背。这样的氛围,对育马、养马、赛马、马匹交易、马产业人才培养、马科学研究、马术培训等马产业链的延伸起到了巨大促进作用。新锡林郭勒马不但纵横赛场,同时也"驰骋"市场。

2. 新锡林郭勒马的选育与改良措施 2009 年,内蒙古成立马业协会;2010 年,内蒙古马业协会建成鄂尔多斯市伊金霍洛旗良种马繁育基地(可汗御马苑),引进英国纯血马等 6 个品种共计 54 匹;2012 年,又从爱尔兰、德国、荷兰等地引进 22 匹良种马。基地选用最优秀的公马改良锡林郭勒基础母马,马的质量有了很大提升。目前,白音锡勒草原马场有 600 多匹新锡林郭勒马。

三、内蒙古纯血马培育策略

纯血马原产于英国。英国国王原来是为了培育有耐力的军马,而大力用阿拉伯马改良英国强健、实用的本地马。并且国王亲自将阿拉伯马90匹、巴布马49匹、土耳其马32匹、波斯马4匹输入英国,但对纯血马的繁衍有特效的只有15匹,尤以下列3匹种马被认为是英纯血种的三大始祖:达雷·阿拉伯、培雷·土耳其和哥德尔芬·巴布。

纯血马的外形并不对称,为竞赛马典型结构,也称"热血马"。气质热烈,神经敏锐,体质干燥细致,具有轻美敏捷的外观。头轻而干燥,侧线直,面目清秀,眼大有神。鼻孔大、鼻翼薄,开张自如,额凹宽。颈长、直、形良,颈形稍现上弯,项长。鬐甲高而长,背腰短直,尻的倾斜度几近水平,胸廓深长。四肢长且干燥,关节强大,蹄不大,坚硬。肩长而斜,故前、后躯长而中躯较短。前肢多见弯膝,股胫肌肉发达,胫部长,飞节强健。四肢无距毛、鬃毛、鬣毛,尾毛不发达。毛色以骝、栗为主,黑、青毛较少,头和四肢多白章。

现如今全世界各国都在饲养、繁育纯血马,少量做种杂交各地马种,提高速力,而大量的纯血马则用在赛马场上。纯血马是世界上中、短距离跑得最快的马种,至今,没有任何一个马匹品种的速力能超过它。总结纯血马育种的成功,有下述四大因素:1. 重视血统,系统地进行登记;2. 系统调教和测验;3. 严格按速力选种、选配;4. 舍饲,丰富饲养。20世纪80年代,内蒙古就从爱尔兰引进纯血马,成立内蒙古纯血马育种公司,在锡林郭勒盟白音锡勒牧场改良蒙古马,培育成锡林郭勒马。

内蒙古蒙骏国际马术俱乐部是内蒙古自治区内以发展速度赛马业为主的马术俱乐部之一。近几年来不断从国外引进大批优秀纯血马作为比赛用马,同时用获得优良成绩的退役马匹作为繁殖用马,获得优良后代。

鄂尔多斯市伊金霍洛旗伊泰大漠马业有限责任公司现有纯血赛马150余匹,部分纯血赛马在国内甚至国际赛事上取得过许多骄人成绩。从2017年开始,大漠马业开始选择获得骄人成绩的马匹纳入繁殖种群,开始纯血马繁育,取得了不错的效果。

内蒙古莱德马业股份有限公司成立于2006年,总部及主体设施设在素有"马王之乡"美称的内蒙古兴安盟科右中旗,是中国领先的民营马业企业、中国最大的非农耕马繁育公司和马饲料提供商。莱德马业形成了集赛马、

育马、马匹进口、牲畜交易、饲料种植加工、俱乐部连锁管理等于一体的全产业链模式,企业综合实力位居国内马产业同行之首。

(一)目前内蒙古繁育纯血马存在的问题

1. 缺乏规范的调教训练

先天的遗传和后天的调教训练是影响纯血马速力两大因素,对纯血马的科学调教是发挥遗传潜力的手段,通过基础训练、肌肉强度训练、耐力训练,可使马的神经系统与运动器官之间更加协调,运动更加精确,使肌肉收缩迅速而有力,使纯血马的总体结构更协调。强化了速力训练,规范的调教训练是现代繁育优质纯血马不可或缺的措施。

目前,我国的大型育马场条件较好,技术力量较强,后天的调教训练在不断规范,但为数较少。而较多的小型育马场,受资金、技术限制,调教训练十分薄弱,既缺乏调教训练的场地、设备,又缺乏现代调教的人才和技术,难以实现现代的规范调教训练,致使我国繁育的纯血马的速度潜力未能很好发挥,难以走出国门,影响着马匹的价值。

2. 缺乏育马的激励机制

纯血马是世界5000米以内竞赛的冠军品种,对世界绝大多数速力品种马都有影响,它是全人类的宝贵财富,是人类的朋友。有奖比赛对纯血马的育成起了重大激励作用,通过比赛为优胜者颁发奖金,实质上是对人马默契配合的奖励。速度越快,资金越高,对马的育种工作刺激越大。赛马场本身就是种马的速力性能测定站,资金额和获奖次数就是速力性能优劣的衡量指标,因为获奖次数越多,说明该马的速力性能并非偶然,而是稳定的,自然种用价值也高。因此,有奖赛马刺激了育种,有助于围绕冠军马育种,强化了速力性能的提高和遗传,也为育马筹集了资金。目前,我国纯血马繁育缺乏激励机制,没有比赛的优异成绩记录怎能使马匹出口,怎能参与国际竞争。

3. 缺乏与国际同步的兽医法制法规

我国在二十世纪六七十年代,为了促进农业发展,大力提倡发展马、驴、骤,为农业提供动力,兽医法制法规相对健全。20世纪80年代以来,随着机械现代化的进程加快,役畜作用的减弱,马的防疫保健法制法规有所淡化,尽管开展了马术运动,仍未引起足够重视,致使纯血马的健康繁育和市场投放受到威胁。

4. 缺乏对登记意义的认识和制度化管理

按照国际规范给纯血马进行登记注册后,不仅使纯血马有了国际认可的"合法身份",而且也有了参加纯血马的国内外贸易和赛事的资格。同时,进行连续的登记注册,保证了纯血马系谱记录的连续性、完整性,保持血统纯正,使纯种繁育不断延续。

由于我国纯血马登记制度与国际接轨不久,工作有待强化,宣传力度有待加大。目前有的马主认为我们繁育的纯血马质量达不到出口标准,登记没有意义,还有部分繁育的纯血马尚未登记,应改进。在纯血马育种已经国际化的今天,进行连续登记,不仅有利于纯血马品种的资源利用与保护,也有利于企业的未来利益,实有重视的必要。

5. 饲养管理有待规范

纯血马是在丰厚的养护条件下育成的,但目前有的马场缺乏科学的饲养管理制度规范,表现在草料原料缺乏质量控制,发霉变质,质量低劣,致使消化道疾病时有发生。营养配比、特殊营养的补充也缺乏规范化,厩舍卫生也待改进,尤其蹄的护理缺乏规范技术,所有这些不规范的方面均有待改进。

(二)对改进中国繁育纯血马的设想

1. 合作开发两大市场

规模繁育纯血马在我国刚刚起步,为合作者提供机遇。尽管世界多国在繁育纯血马,对这种劳力密集型产业,中国存在很大竞争优势。我国劳力多而廉价,而且我国不少地区生态环境优越,很适于繁育良马,加之改革开放的大环境,为投资合作者提供良好机遇。国际市场大门始终为血统高贵、性能优良的纯血马敞开着,随着我国经济的发展,改革的深化,国内良马需

求也将增多,合作开发前景广阔。合作可全方位的,也可单项的,如从繁育到销售一条龙式的合作,也可适合调教场、拍卖市场、合作研究等单项合作。

2. 引进激励机制,搭建调教、比赛、展销平台

引进激励机制,通过比赛手段,刺激培育工作,还需协助将育马者的合格马匹推向市场。目前我国调教、展销能力较为薄弱,从我国实际出发,可合资、独资兴办调教马场,实行社会化分工。同时认真总结现代赛马在我国实践的经验教训,客观定位,再试点,使社会福利、育马、体育、娱乐有机结合,促进马产业的持续发展。

四、内蒙古温血马培育策略

(一)温血马的由来

20世纪温血马是作为成功的竞技用马被育成。要明白"温血马"一词的含意,就得知道什么叫作"热血",什么叫作"冷血"。这指的是马匹的品质和神经类型,与他们的体温无关。"温血"就处在热血和冷血中间位置,温血马可能兼有热血和冷血品种两者的一些品质。阿拉伯马和纯血马被称为"热血马",在欧洲有时把它们叫作"纯种马"。它们是经过长时间培育,没有进行杂交而育成的品种。而欧洲重挽马被称为"冷血马"。

"温血马"的历史从11世纪开始,欧洲大陆的一些国家以育马业为传统的行业,主要在农业区域里,有大型皇家和国营种马场支持它们的发展。其高峰在18~19世纪,这个时期为20世纪的温血马建立了良好的基础。两个世纪以前,欧洲的育种家们,为了满足市场对通用的农用马的需要,繁殖了一些既可以拉挽四轮马车,又可以作军事乘用的马。后来,这些军马和这些四轮轻驾车马的优良特点成为发展的基础,又引进了英纯血马、诺福克大车马和英国半血马的公马,就演变成为现在的温血马。

(二)世界温血马培育现状

第二次世界大战后,随着农业、交通运输业以及国防科技的现代化,对

马的需求日益减少,全世界的养马业发生了转型,从单纯作为役畜转为多方面为人类服务。在欧洲、美洲以转为体育运动为主,各种形式的马术运动普遍展开。西欧各国在原来轻挽品种马(冷血马)的基础上,导入纯血马(热血马)血液,许多国家都育成了竞技马的新品种,其中以德国育成的品种最多,质量也最好。这些马大多含纯血马血液一半左右,所以也叫作"半血马"或称"温血马"。在奥运会和世界马术大赛上占主导优势的德国人,用阿拉伯马和北欧森林马杂交选育,产生了汉诺威、奥丁堡等著名温血马种,这些温血马,不但形体高大威武,弹跳力超好,而且智商高,性情温和,易于调教和控制,是奥运会马术运动项目的首选,被广泛应用到盛装舞步和障碍赛中。

(三)国内温血马培育现状

北京燕龙马业繁育中心成立于 2012 年,累计投资 6000 余万元,目前马匹保有量 300 余匹,并以每年增加约 100 匹的速度持续增长。在最近两年,燕龙马业集团每年进口马匹已达 500 匹以上,主要来自德国、法国、荷兰、比利时等世界各地二十多个国家。不仅如此,集团马匹品种也涵盖霍士丹、汉诺威、奥登堡、威斯特法伦等百余种进口马匹种类。燕龙马业 2012 年开始马匹繁育,主要进行温血马术运动马的繁育改良,目前每年产出温血马近 100 匹。燕龙马业繁育的温血马,绝大部分都是进口公马和母马的纯种繁育。产出的温血马驹,可以申请德国、荷兰、比利时、法国、西班牙等国家的马匹护照,同时也可以在中国马业协会申请运动马匹护照。另外有一部分是由进口温血种公马与燕龙马业自主改良的繁育母马杂交改良而成的温血马驹,正在努力将其固定为一个中国本土的温血马品系。未来也会争取在中国马匹品种登记体系中获得独立温血马术运动马品系认证。

(四)培育内蒙古温血马的战略意义

目前,中国马术水平远远落后于欧美强国,主要原因是中国的马种退化严重。为了征战奥运会、全运会的马术比赛,很多省队和马术俱乐部不得不花重金去国外买马。国际市场有优秀成绩的运动马匹,往往在数百万人民

币以上,而奥运会级别的马匹价格甚至达到千万级别。同时仪仗马队是一个国家的文化符号和气质象征,世界上很多国家不管发达与否都拥有仪仗马队。中国作为礼仪大国、经济强国,马文化又在中国文化中占有极其重要的地位,温血马是仪仗马队的主要用马。目前国内没有针对障碍赛马、盛装舞步马、仪仗用马做出专门的温血马选育方案,所以我们现在应该开始培育中国自己的温血马。温血马的需求非常旺盛,但大多是靠进口,因为马术场地障碍赛事在国内仍是竞技运动马匹赛事的绝对主流,赛场竞争非常激烈。自主繁育的温血马要和进口温血马同场竞技并且取得不错成绩,必须有着严格、高水平、长时间的训练调教。可以设想,如果大规模的自主繁育温血马不具备参赛水平,对于繁育者无疑是一笔"赔本买卖",这也是国内目前温血马自主繁育的一个现状。我们的目标是:繁育出中国本土独立品系的温血马术运动马,以大规模繁育降低成本、提升品质,增强马匹对于中国多样环境的适应性,用以替代部分进口温血马术运动马,让中国温血运动马走向世界。

(五)繁育方法

1. 导入外血

用蒙古马作为基础母马,导入纯血马进行杂交,获得一代、二代改良母马,经过改良后的母马,既有了纯血马的速度又有了蒙古马对于内蒙古自然环境的适应性。用这些改良母马作为内蒙古温血马选育的基础母马(终端母本)。现在内蒙古的育成品种中,内蒙古白音锡勒草原马场的锡林郭勒马和呼伦贝尔市科兴马业有限公司的三河马已经具备了改良母马的优良特性可以直接作为内蒙古温血马培育的基础母马(终端母本)。公马要选择闻名世界的德国温血马或比利时温血马作为种公马(终端父本),与我们培育的改良母马(终端母本)进行杂交,获得内蒙古现代温血马。

2. 选择和测验

内蒙古现代温血马选育要非常详细的记载选种的背景,重在它能力的表现,它的性情和可驾驭性(是否好骑),选种可分为四个阶段:(1)马驹鉴定,严格考验其结构和动作并慎重审查其系谱;(2)公马必通过认证测验,其中包括结构和动作鉴定;(3)小公马要经过 100 天的能力测验,最后的一个终考,第三阶段的这两次测验都包括超越障碍赛、盛装舞步赛和越野赛;(4)公马的后代要经过实际比赛,母马必通过实地测验,证明它有很好的性格,好骑,性能有潜力。很多现代温血马都很擅长超越障碍赛和盛装舞步赛,但在越野赛中很少成功,因为这方面是纯血马和接近纯血的马强。有时这个育种体系会导致一个品系中偶然出现专门擅长某一个项目的马,但是大多数马的目标在于满足普通骑手的需要。

3. 选种选配

根据鉴定结果进行选种,第一次鉴定在 2.5 岁,按血统、类型、体尺和外貌进行;3.5 岁进行第二次鉴定,加上运动用工作能力测试。好的公、母马编入繁殖群,其余出售。选种最重要的因素是按后代品质选留,只保留那些后代品质中等以上的公、母马参加繁殖。种马场内禁止使用种畜名单以外的公马。繁殖群中不允许有背离品种理想型的杂种。为改善后代的基因型,最大限度地利用最有效的配合优势。建立品系和品族,亲缘繁育和非亲缘繁育交替使用。

4. 调教和工作性能测验

运动用马不进行赛马场的平地赛马测验。因为,据研究在赛马等级和运动用品质之间没有相关关系。平地赛马不能反映马匹的运动用能力,对运动用品质的选择没有促进作用,因此对于选育半血马没有意义。培育运动用马体系的中心环节之一,就是马驹的马场调教和工作性能测验。这项工作可以保证这项事业今后的成功。在生产群中选择马,要考虑其动作品质(天然步法品质)和跳跃品质,这是建立运动用育种体制的必要条件。半血马的调教和测验体制,应当揭露运动器官的如下特点:保证天然步法、弹跳力、柔韧性、力量和耐力效率高。只有进行定向选育才能实现,这对于完善品种的工作品质和进化是十分必要的。半血马 1.5~2.5 岁进行个体调教,有关测定马匹的动作特点,20 世纪 80 年代有人提出:在一段 25m 长的地段上,让马用最伸长的快步和慢步测定步数和完成时间,可以测出马的步幅

和速度。按所得材料给马评分,同时裁判员凭目力评价马匹动作的弹性。测验后有种用价值的马中优秀部分留作种用,在马术学校进一步调教,其余按测验资料出售。后备母马从放牧期结束后开始调教,从一月到配种季开始前测验。这样,可以早龄发现最有能力的公、母马,优先用于育种工作。

5. 马驹培育

马驹从1月龄开始补饲精料,始时0.5kg,到断奶时每昼夜4.5kg。断奶前10~15天用冷冻法烙印。马驹6~7月龄断奶,按性别、年龄分群,以小群安置在马厩中。大部分好天气里,断奶驹被放到空气清新的户外。由断奶至1.5岁施行成群调教,目的在于培养良好的动作品质。断奶后的成群调教是体力发育的基础。1.5~2.5岁驹进行调教,2.5~3.5岁驹单间管理、个体调教。3.5岁前分组调教和个体调教是预备性的,目的是养成正确、自如的动作和跳跃障碍物的能力,掌握最简单马场马术、野外骑术动作和一般地顺从习惯。预定作马术运动和出售的马驹3.5岁时在马场内做轻量级三日赛测验,简化的马场马术、11.2km沿起伏不平地带的越野测验,和有8道80~90cm高障碍物、一条2.0m宽的水沟的"轻量级"障碍赛。三项各以10分制评分,工作能力评分为三项的平均值。8分为优秀、6分为良好、4分为及格、2~3分是经过调教的。预先评价工作能力并决定进一步做哪种马术运动用。预定作种用的马,要送到赛马场进行5个月的跨栏赛马测验,其中工作能力最高的马作种用或送本场的骑术学校。

五、产品马业的育种工作

产品养马业最主要的育种指标是乳、肉性能。肉用群牧养马发展的优势就是利用天然牧场进行放牧,因此全年放牧对群牧的饲养管理方式具有很好的适应性的地方草原品种、山地品种和森林品种具有优势,它们能适应全年自然气候条件的变化,也能积极调整机体的生理功能来适应这种变化,因此具有重要的生物学意义。有条件的牧区也可以采用舍饲、半舍饲方式进行产品养马。

产品养马的育种,可对有乳、肉生产性能潜力的地方马种和培育品种、育成品种的重型进行本品种选育;还可以利用培育品种、育成品种的重型作父本,产生杂种马,进行乳、肉生产。在苏联,利用俄罗斯重挽马和立陶宛重挽马的种公马去杂交当地母马以生产肉马取得了很好的效果。根据肉用品质进行马的育种,其基本指标是:整体发育和活重。在全年能保持膘度,在一年有利时期能够良好地沉积脂肪,在不利时期较少动用体内蓄积的脂肪,这方面意义较大。

产乳量在肉用群牧养马业选种中也有重要意义。肉用马匹的一个重要品质就是早熟性,而母马的产乳量对幼驹生长发育则特别重要。在2.5岁就可以根据幼驹的状况来评定马匹的发育和最终活重。乳用养马业育种工作的方向就是提高产乳性能和改善马匹的品质。实现途径就是通过选种、选配,广泛利用在血统、类型、外貌、产乳性能和后裔品质方面最好的马匹。在育种工作中利用的仅仅是出生于高产乳性能母马的种公马。马奶生产方式不同,母马一年泌乳量也不一样,这一点应引起注意。马匹的基本繁育方式是本品种选育和品种间杂交(尤其是对重挽马的利用)。按产乳量对母马进行选种的重要形式是鉴定,即按相应的专门规则进行鉴定。鉴定母马的评分是按综合性状进行的:血统、类型、体尺、体重、外貌、对当地饲养管理条件的适应性、产乳性能和后代品质等。每一项指标都是按10分制进行评定的。母马的产乳性能也是按10分制,并只需要考虑头2~3个泌乳期的昼夜产乳量。当对母马进行外貌评分时,应特别注意:体躯要宽、相对低矮,腹部、尻部发育良好,胸廓深宽、乳静脉表现良好、碗状乳房。除此之外,要考虑到品种年龄、繁殖性能、饲料转化效率、对马场现代工业技术的适应性等。类型性、外貌、产乳性能和对当地条件的适应性这些性状都是按照表型进行选种的。按后代的来源和后代的品质选种,才是按照基因型进行的选种。按鉴定结果将母马分为三个等级:特级、一级和二级。用特级母马和一级母马组成核心群,这个核心群的数量为总母马群的10%~12%。对于核心群,应该为其创造最好的饲养管理条件。按照产乳性能进行选种形成品族,主要是根据其高产母马及其后代的产乳性能,这些母马都具有母马一族的高产乳

性能。

（一）本品种选育

是指在群牧条件下，改进地方品种的主要方法。对蒙古马的优秀类型进行大量选育，可使群牧乳、肉用马的产品率得到很快的提高。

（二）经济杂交

群牧乳、肉用养马业中，杂交用母马一般为地方品种的母马，公马则是经过适应性培育（从小半放牧一半舍饲，进而群牧加补饲），体型偏重品种的公马，可选用顿河马的重型和中国一些偏重的培育品种公马。还可选用俄罗斯重挽马和苏维埃重挽马作公马进行杂交，苏维埃重挽马创纪录者348天泌乳6173千克，俄罗斯重挽马创纪录者305天泌乳4870千克，与重型品种杂交是提高地方马种泌乳量的重要方法。在舍饲条件下，一代杂种活重可增加50~100kg，而且继承了地方品种的母马对当地条件的适应性。

（三）吸收杂交

杂交用母马也为地方品种母马，公马可用库素木马、哈萨克马扎贝型等新育成的肉乳马种。其本身对群牧有着良好的适应性，因而吸收杂交的效果也好。在良好的半舍饲半放牧条件下，也可选择适宜品种的重型公马进行吸收杂交

（四）复杂杂交

在天然牧地群牧条件下，用三个以上的品种杂交，可通过自群繁育，转入育成新品种。对复杂杂交的公、母马，均应经过严格选择。要研究精确的杂交方法和拟定具体的育种工作实施方案。库素木马就是采用复杂杂交而育成的。

（五）回交

目的在于增强适应性，应注意对地方公马的选择，要求对地方马种进行

系统选育。

第六节　饲草料发展策略

国家对牧草业发展高度重视,2015 年农业部将加快草牧业发展作为重点课题专题研究,并在全国 12 个省(区)开展了草牧业发展试验试点。发展牧草业,转变养殖方式,优化草畜产品生产结构,推进一二三产业融合,有助于挖潜力、提质量、增效益,大幅度增加农牧民收入,有利于农牧民脱贫致富奔小康。

近年来我国干草进口增加,养殖户和养殖企业微利经营,甚至亏本。同时,玉米价格也下跌,秸秆量大,焚烧现象屡禁不止。大力发展饲草料产业,利用秸秆变废为宝,调整种植业结构降低养殖成本是解决这些问题的重要措施。

一、我国马饲草料概况

我国长期以来更多的是侧重于役用马的研究,对于现代运动马的营养与饲养管理缺乏系统和深入的研究。随着马运动能力的显著提高,对马的饲养管理也提出了更高的要求。以骑乘和役用为主的传统马产业中,常以草地放牧和精料补饲相结合的方式来饲养马匹。然而,与经过系统培育的轻型马为主体的现代马业与传统马业相比,需要更高水平的饲养管理才能保障马匹的健康生长发育并充分展现其竞技性能。

目前,我国还没有制订马的饲养标准,马营养需要的研究相对欧美国家较滞后,在具体教学、科研、生产中,我国主要参照国外饲养标准,其中,应用最多的当属美国 NRC 标准。1973 年,美国公布了马的营养标准;1989 年,美国 NRC(National Research Council)对马的营养需要进行了修订。新标准系统阐述了马对各种营养物质的需要及饲料分析、饲养管理、马科动物营养特点、日粮公式及其评价、驴及其他马科动物等。对于营养物质需要,新的标准共包括能量、粗蛋白、赖氨酸、钙、磷、维生素等 4 大类的 22 种物质。在生产阶段上也更细化,分成年马、种公马、工作或训练马、哺乳马、怀孕马和生长马 6 种不同类型,每种类型又根据不同情况划分不同阶段或强度,如训练马分轻度、中度、繁重和严酷 4 个层次,生长马具体到 1~36 月龄更便于在生产中应用。

马的营养需要受很多因素影响,包括马的体型、马的日龄、马的工作、繁殖状态、健康状况、气候、环境条件、日常管理等。营养需要量是通过消化试验、代谢试验、饲料试验、屠宰试验等方法测得。马群体很大,有各种马,马个体间的差异使人们很难研究全体马的营养需要,且马作为实验动物很昂贵,常规饲养、代谢、屠宰试验等传统营养研究法开展有一定的难度,故对马的营养需要的研究甚少,在实践中主要参考国外标准(表 10-2)。

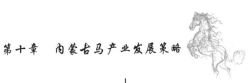

表 10-2　马的营养成分需要量（每日每匹，成年马体重 500 千克，美国标准）

不同阶段	体重（千克）	日增重（千克）	DE（MK）	TDN（千克）	CP（千克）	DP（千克）	钙（克）	磷（克）	维生素 A（1000IU）	每日饲料量（千克干物质）
成年马，维持饲养	500	0.00	16.39	3.73	0.63	0.29	23	14	12.50	7.45
母马，妊娠后期 90 天		0.55	18.36	4.17	0.75	0.39	34	23	25.00	7.35
泌乳马（日产奶 15 千克）		0.00	28.27	6.43	1.36	0.84	50	34	27.50	10.10
泌乳马（日产奶 10 千克）		0.00	24.31	5.53	1.10	0.62	41	27	22.50	9.35
哺乳马驹（3 月龄）	155	1.20	13.66	3.10	0.75	0.54	33	20	6.20	4.20
乳以外的需要量		0.55	6.89	1.57	0.41	0.31	18	13	0.00	2.25
断奶马（6 月龄）	230	0.80	15.60	3.55	0.79	0.52	34	25	9.20	5.00
当年马（12 月龄）	325	0.55	16.81	3.82	0.76	0.45	31	22	12.00	6.00
当年马（18 月龄）	400	0.35	17.00	3.90	0.71	0.39	28	19	14.00	6.50
2 岁马（24 月龄）	450	0.15	16.45	3.74	0.63	0.33	25	17	13.00	6.60

注：以上数据仅供参考

二、我国北方牧区草原概况

我国的群牧马和半群牧马主要饲养在牧区及半牧区。牧区指的是利用天然草原，采取放牧方式经营畜牧业的地区。我国的牧区主要分布在内蒙古高原、东北草原西部、黄土高原北部、青藏高原、新疆伊犁地区、祁连山及黄河以北的广大地区，总面积约 360 万平方公里，占全国面积的三分之一以上，在这里居住着蒙古族、哈萨克族、藏族等 10 多个民族。牧区是发展群牧马、半群牧马的主要基地，仅内蒙古呼伦贝尔地区就有 4 个牧业旗，总面积达8.7 万平方公里，其中草原面积为 676.9 万公顷，是著名的三河马的故乡。新疆伊犁区有五个县的草原面积达 5848 万亩，是伊犁马的家园。

我国现有草原 3.92 亿公顷，占全国面积的 41.4%，是耕地面积的 3.2倍。在全国 659 个少数民族旗、县中，在草原地区的就有 597 个，居住人口达8400 万以上。草原就是他们赖以生存和发展的基本生产资料。

三、马饲草料种类

（一）精饲料

马会愿意采食并喜欢平衡的日粮。传统的精料主要是由燕麦、玉米、大麦再加上矿物质和维生素组成，特别是要添加钙。虽然混合料或颗粒料里都有矿物质和维生素，但还需要额外添加。

颗粒饲料

颗粒饲料需要严格确定其中的营养成分，包括应添加的维生素和矿物质。有很多不同种类的、不同用途的颗粒饲料(如马与矮马、赛马、种马等)。名牌产品比较可信，而且饲料的营养成分都有标明。每袋包装上都有出厂日期和有效期。可以用颗粒饲料来代替部分或全部精料。

燕麦

燕麦是喂马最完美的铜料,但喂给矮马时量不要大,矮马对精料反应敏感并容易兴奋(激动),因此而不容易驾驭和骑乘。燕麦粒要大,坚硬并且干净。燕麦可以整粒喂,但如果擦破、碾压或粉碎后饲喂则更容易消化。燕麦一旦经过处理其贮存时间不要超过三周,否则就会变味或者损失营养价值,特别是碾压或粉碎非常彻底的燕麦更是如此。燕麦在饲喂时最好添加切碎的秸秆(切碎的干草)、麸皮或者两者都添加上,有时也应该添加富钙的饲料或添加剂。

大麦

碾压或者粉碎了的大麦可以代替部分燕麦日粮。大麦必须色泽好、干净和丰满。但大麦不要整粒饲喂,除非进行了蒸煮。

玉米片

传统的饲喂马的日粮会添加少量的玉米,由于玉米碳水化合物含量高,具有催肥的功能,因而会导致血液中的糖分增高而产生"过热"现象,因此要少量饲喂。

麸皮

麸皮是小麦生产面粉的副产品。作为饲料添加会增加饲料的口感,有助于马匹消化。如果马的粪便松散,可喂干的麸皮,因为麸皮有排除便秘的作用。如果麸皮过细则会降低它的价值。适当的湿度会使之变得松软好消化。过量饲喂麸皮影响马的生长和健康,因为麸皮会妨碍钙的吸收。

(二)粗饲料

草地干草

是由草场上倒伏的牧草制成的,比较松软并含有多种牧草,如鸭茅、猫尾草等,一般都是矮生牧草,三叶草和药草。好的牧草马也非常喜欢,但不包含有害或有毒的牧草,如泽菊。

含籽牧草

一般由生长作物制成,通常是黑麦草。当与其他牧草种混生,如叶草或

猫尾草,称为"混合干草"。含籽干草较草地干草营养价值高,一般颜色较淡、手感很硬。牧草的种子一般都能够看见,质量高,是马的最好伺料。

苜蓿

苜蓿的生长和加工过程同千草一样。由于苜蓿蛋白质中含有很高的必需氨基酸,所以有很高的营养价值。它也含有很高的钙和很低的磷。如果日粮中添加苜蓿,则其他的精料要相应地减少。

谷草

谷草是粟的秸秆,也就是谷子的秸秆,质地柔软厚实,营养丰富,可消化粗蛋白质,总养分较麦秸、稻草高。在禾谷类饲草中,谷草主要的用途是制备干草,供冬、春季饲用,是品质最好的饲草,是马的优质饲草。

(三) 添加剂

盐

盐是马日粮中必需的组成部分。最好是把盐块挂在马厩的墙壁上,在草场上也要放置盐块供马食用。在任何情况下,只要马需要就能舔上盐块。也可以选择在两餐间距时供应一小匙食用盐。盐供应的多少要根据马个体大小和工作状况来决定。如果马是重役或出汗较多,则需要的盐量也要增加。

添加剂

添加剂含有马匹必需的矿物质和维生素,不需要再添加其他的元素。传统的谷物饲料如燕麦、麸皮、大麦,需要增加矿物质和维生素,特别是钙。谷物铜料中的矿物质含量变化非常大,主要取决于它们生长的土壤情况。

很多添加剂都可选择,最好在选择前征求专家的意见。在没有征求兽医师的意见之前不要将两种不同的添加剂混合一起,有时一种成分会对另一种起副作用。如果添加剂饲喂过量,会导致严重的营养失衡。

（四）多汁饲料

胡萝卜

当冬季牧草质量不好时，胡萝卜的供应是必要的。胡萝卜有很高的营养价值。有些马会喜欢甘蓝、甜菜、芜脊、甜菜根和防风草等。

块根饲料

对于任何块根饲料，首先要抖掉泥土。整块的或如手指样的最好，方块状或圆片形的不要饲喂马，因为它们容易在马的喉部卡住面造成窒息。开始时喂给0.5千克待马习惯以后可以增加到1千克甚至更多。

苹果

苹果是最受马欢迎的食物，但有时吃得太多容易引起马的疝痛。小苹果必须切成薄片，以确保马不能吞下整个苹果。

四、我区饲草料产业现状

一直以来，以苜蓿、青贮玉米为主的人工草地建设是饲草料生产的主要方式，是提高畜牧业效益的有效途径。近年来，以苜蓿为主的优质草产品发展势头良好，我区人工苜蓿面积929万亩，位居全国第二，其中灌溉面积183万亩，居全国第一。阿鲁科尔沁旗建设人工草地100万亩，被中国草业协会命名为"中国草都"。青贮玉米种植面积1000万亩以上，青贮量2500万吨。我区还拥有两大天然打草地，呼伦贝尔草原和锡林郭勒草原，天然干青草销往全国各地并出口，商品草达275万吨。近几年燕麦青干草供不应求，价格每吨2100元，燕麦种植势头旺盛。我区已形成天然牧草、苜蓿草、青贮玉米和燕麦草四大产品类型，饲草料正成为新兴产业迅速兴起。

2015年全国草产品生产企业239家，我区有46家，现一些大企业在人工种草、加工、销售上不断投入，为畜牧产业发展奠定了良好基础。

五、马饲草料产业发展的重要意义

中国历来是养马大国,2015 年,我国马匹饲养量已达 602.74 万匹,主要分布在我国的华北、西北以及西南地区,其中,新疆维吾尔自治区、内蒙古自治区、云南省、四川省和贵州省 5 个省区饲养量均达到 50 万匹以上,马匹总饲养量达 394.67 万匹,占全国总量的 65.48%。被世人誉为"马的故乡"的内蒙古拥有发展现代马产业深厚的文化底蕴和优越的地理环境与气候条件,马匹饲养数量大、马品种资源丰富,是我国乃至世界马匹品种资源最丰富的地区之一,有蒙古马、三河马、渤海马、东北挽马等 10 多个优良品种,其中蒙古马又有乌珠穆沁白马、百岔铁蹄马、乌审马等 10 多个优良品系。2016 年,全区马匹饲养量达到 93.5 万匹,其他马属动物饲养量达到 126.5 万匹,均居全国之首。内蒙古马匹主要分布在呼伦贝尔市、锡林郭勒盟等 5 个盟市。从我区情况看,近年来全区马匹饲养数量逐年增加。"十二五"期间,全区马匹饲养量由 77 万匹增加到 87.69 万匹,增加了 13.9%。同时,各地积极探索和加快推进马产业发展,传承和发展马文化,促进马产业与旅游休闲娱乐融合,开发酸马奶、马肉等系列马产品。从总体上看,我区现代马产业虽然还处于起步阶段,但养马驯马历史悠久,马品种资源丰富,马文化丰富多彩、底蕴深厚,现代马产业发展前景极其广阔。

(一)马饲草料产业发展是现代马产业发展的保障

马对饲草的需求量极大,即使以四季放牧为主的群牧马,每匹每年饲草储备量仍需 750~1000kg,如果草场质量差,每匹每年应需储备干草 1000~1500kg,实行半舍饲管理的群牧马,每年也应储备干草 1500~2000kg。由于现代草业生产选用了优良饲草种,并采用了技术密集型农艺措施,更充分地利用了气候资源、土地资源和生物资源,使饲草的生物量和营养品质得到极大提高,使投入得到较高回报。这些稳定高产的优质饲草,粗纤维含量较低,其蛋白质及总营养价值与精料相近。因此,优质饲草生产与加工是发展现代集约化高效畜牧业和草地畜牧业的需要,为现代马业的发展提供前提条件。

(二)马饲草料产业发展是优良马种生产的物质基础

现代马产业中马的生产及高强度运动对碳水化合物、脂肪、蛋白质、矿物质、维生素及水等营养成分的要求更加严格,足够的养分供给是维持马匹健康及其高性能的关键。饲草最适宜的粗纤维水平应占干物质的 16%,若高于 16%,则代谢能利用率降低,应增加能量投入,才能满足需要。马的饲养管理中,由于马用优质饲草匮乏,而主要采用粗饲料和半精料类型。为了保障马使役、运动、繁殖、哺乳及生长等能量需求,必须额外添加精料。但受成本制约,常又限制精料补充,每匹马每天通常饲喂 2 次,往往导致马疾病的产生。优质青绿饲草可以满足马的营养需求,经过科学的加工调制后,粗纤维含量为 17%～19%,粗蛋白质含量达 10%～20%,可消化碳水化合物含量可达 40%～60%,另外还富含脂肪、矿物质及维生素,具有消化率高、适口性好的特点,特殊需要补充适当精料即可。马日粮中添加饲草有利于增加唾液分泌量,提高日粮的消化率,降低精料消耗。高品质的优良马匹才能发挥其优异的生产性能,因此,在现代马产业高效发展中起支撑作用的优质饲草生产也将会进入一个全新的发展时期。

(三)马饲草料产业发展可以缓解饲草生产与马产业发展之间的季节性、地区性不平衡

青绿饲草是维持马体健康、提高其生产水平的重要保障。然而青绿饲草生产常受气候差异影响,年度间波动明显,并具有明显季节性,即夏秋季节饲草生长旺盛期产量高,冬春季节产量低,导致饲草供给出现夏秋季过剩,冬春季缺乏的现象,季节性不平衡给马产业发展带来严重的不稳定性。另外,传统马产业发展所需大多为群牧马,主产区主要在偏远的草原地区,而现代马产业发展较好的地区多在繁华的城市及其近郊,这些地区严重缺乏饲草,导致优质干草及青绿饲草缺乏成为普遍问题。人工栽培饲草具有

营养全面而且多元性的利用特点,既可放牧、青饲、青贮及糖饲,也可调制干草、草粉、草块、颗粒饲料及提取叶蛋白等,其籽粒还可替代粮食作精料。这些草产品不仅便于运输,还可安全贮藏,已成为国际贸易中的热门产品,能为现代马产业发展提供均衡饲草,满足现代马产业发展对饲草全年性的需求,缓解现代马产业发展与饲草生产之间的季节性及地区性不平衡。

(四)马饲草料产业发展是现代马产业发展的饲料来源

含粗纤维较少的、多叶的、有芳香味的干草及新鲜饲草是马的最喜食饲料,过分粗硬的作物秸秆则不适宜作为马的饲料。然而,饲草短缺是世界现代马产业发展面临的严峻问题,致使各国采用农作物秸秆加精饲料的方式饲喂马。另外,蛋白饲料资源也严重短缺,随着经济水平及消费需求的不断增长,现代马产业发展对蛋白质饲料的需求量还会进一步扩大,现代马产业发展对粮食的大量消耗制约着现代马产业的持续发展。优质草产品是现代马产业最经济有效的饲料,发展现代草业不仅可以将多种来源的饲草及饲料作物原料调制成马产业养殖可利用的草产品,如青干草、草颗粒、草块及青贮料等,还可以扩大工农业副产品在现代马产业中的应用,棉籽壳、酒糟、醋糟、甜菜渣、甘蔗渣等工农业副产品均可以调制成马专用草产品,并可根据马的用途作相应的处理,改善原料的饲用价值,满足不同用马的饲养要求,对开发马产业发展潜在的饲草资源具有重要意义,既解决了工农业废弃物的环境污染问题,又弥补了这些粗饲料相对于饲草的不足,尤其缓解维生素 A 和维生素 E 在现代马产业发展中缺乏的问题,保持了马产业发展的价格优势。

(五)马饲草料产业发展可以减少马消化系统和寄生虫病的发生

马的许多疾病是由不当的日粮配方引起的,如绞痛、骨科疾病和肥胖等,科学的营养管理则可预防或治愈这些疾病。精料饲喂过多易造成马的肥胖,甚至引发蹄叶炎。当幼马日粮中饲草干重占体重的比例小于 1% 时就会导致肥胖,而成年马日粮干草占 65% 时会有效预防肥胖及高血脂发生,降低血糖指数,抑制高胰岛素血症及马草病的发生,更换饲草类型及数量也能降低青草病发病率。

(六) 马饲草料产业发展是生态环境可持续发展的保障

受全球气候变暖、降水量减少的影响,干旱、沙尘等灾害频发,鼠害面积扩大,导致草地退化成为普遍的环境问题,群落多样性、稳定性、丰富度和均匀度下降,草地植被结构朝单一方向发展,禾本科植物优势地位下降,群落杂类草物种增多,草地质量衰退,生产力下降。同时,马用草地超载过牧现象普遍,将危及现代马产业的可持续发展。甘肃省山丹军马场可利用草场12.332万公顷中已退化面积占70%以上,全场鼠害受灾面积达2.69万公顷,占可利用草原面积21.8%,天然草场牧草产量较1983年平均下降幅度达30%,天然草场年减少产草量1.48亿公斤,年少养畜10.28万个羊单位,经济损失3084万元。通过科学确定载畜量以及水分、营养物质与生物量的科学管理,大力发展优质饲草生产与加工,则可提高草地品质,遏制草地退化趋势,有效改善草畜失衡现状,预防马用草地退化,促进已退化草地的植被复壮与生态重建,实现现代马业发展和草地可持续利用的平衡。

六、马饲草料产业的发展

据资料介绍,2016年1~9月,我国进口干草129.3吨,同比增加23%,进口的干苜蓿草主要来自美国、加拿大等国,进口的燕麦草全部来自澳大利亚,这两种草的到岸价都达到2000元/吨,这些草我区都可以大量种植。当前玉米价格大跌,种植苜蓿和燕麦是农牧民脱贫的好方式。

(一) 加大苜蓿种植面积

苜蓿草有"牧草之王"之称,营养高、品质好,蛋白质含量高达18%~21%,且粗纤维含量低、适口性好、消化率高,是一种营养平衡的优质饲料。我区2/3时间作物不能生长,而且有大风,种植苜蓿可以防止土地沙化退化,保护生态环境的作用很大。从经济效益看，干苜蓿产量价格都比玉米高。阿鲁科尔沁旗大力发展草产业取得了很好效果，其做法值得肯定和推广。由于持续干旱和超载过牧，阿鲁科尔沁旗草原退化、沙化严重，2008年开始探索在退化沙地发展喷灌种植优质牧草，2016年苜蓿种植已经达到80万亩。苜蓿每年可以收割三四茬，干草亩产量800公斤左右，每亩利润为988元。目前已有699户牧民直接参与牧草种植，平均每人拥有120亩草地，人均年利润12万元。有1536户牧民将牧场转包给企业，在未发展人工草地之前每亩租金为5元/年，现在为50元/年以上，承包期到2026年，户均一次性收入达19.3万元。阿鲁科尔沁旗的苜蓿种植不仅使严重退化沙化草地得到优化利用，改善生态环境，增加了牧民收入，而且大大促进了养殖业的发展。以草产业基地为依托，生态牧场和规模养殖场发展到81家。牧草远销华北、东北、内蒙古西部等地，主要用于大型奶牛场，为提高奶业水平发展做出了显著贡献。

（二）加强青贮玉米开发力度

玉米为"饲料之王"，玉米秸秆青贮后营养价值是干玉米秸秆的2.7倍。为推动草食畜牧业"降成本，补短板"，国家对全株青贮玉米种植青贮进行补贴，农业部在我区去年安排3个粮改饲旗县试点投资3000万元的基础上，今年投资1.5亿，试点范围扩大到13个旗县。鉴于国家玉米收储压力大和发展草食家畜饲草料缺口大，大力开发专用青贮玉米建设是一项重要措施。玉米青贮能贮存几年到十几年，比籽粒玉米贮藏时间长得多，完全可以做到丰年贮藏歉收年利用。青贮玉米营养价值高、适口性好，在相同管理条件下饲喂玉米青贮饲料可使奶牛产奶量增加10%-14%，乳脂率提高10%-15%，鲜奶收购价能提高7%以上，养殖效益明显提高。种植专用青贮玉米，每亩毛收入由籽玉米的1000多元提高到1600元，还可节省玉米收割、脱粒、晾晒等费用。青贮窖是青贮牧草和青贮玉米经济适用的贮藏方法，是青贮大量普及的基础保证，对贫困户建青贮窖要给予一定的补贴，对以牛羊为主的产业扶贫能起到积极的推动作用。高丹草，产量高，一年能割两三茬，亩产鲜草 1 万公斤,秸秆含糖量高,也是今后应该大力发展的牧草。

(三)实行粮草轮作制度

实行粮草轮作一方面可以降低饲料粮用量、优化粮食结构,另一方面可以提高农田质量,能够"藏粮于地",提高土地的生产潜力。据统计,我区农田近 30% 为中低产田,可以通过粮草轮作,改善土壤肥力,提高生产水平。我区具备粮草轮作的条件,多以箭舌豌豆等豆科牧草搞轮作,近几年,燕麦也作为牧草进行轮作。燕麦为一年生作物,茎秆柔软,叶量丰实,适口性很好,是最好的饲草之一,也是进行粮草轮作的最佳作物。我区巴彦淖尔市因常年种植向日葵,土壤退化。近几年,农民在种植向日葵前种植一茬燕麦,进行粮草轮作。赤峰市一些地方也在这样种植。向日葵亩纯收入为 700～800 元,燕麦亩产 400 公斤干草,亩纯收益为 220～265 元。小麦收割后种植燕麦也是一种很好的粮草轮作方式,一茬变为两茬,改善了土壤肥力,增加了收入。在无霜期短的地方可以用粮食和牧草搞粮草轮作。

(四)转变秸秆利用方式,大搞玉米秸秆黄贮

我区秸秆资源丰富,理论资源量 4721 万吨,相当于天然草原打草量的 2 倍。秸秆黄贮后适口性好,能够全部被采食利用,也提高了秸秆的消化吸收率。饲喂黄贮饲料增重快,产奶量高,奶牛日产奶量可提高 0.5 公斤以上,羔羊日增重达 150～200 克,牛日增重 1.2 公斤以上。我区是玉米种植大区,把收获后的玉米整秸秆喂畜转变为黄贮后喂畜,可大量养殖牛羊。每家通过补贴建 30～50 立方米的青贮窖,补贴玉米秸秆收获粉碎机,也可以补贴真空包装青贮机,并进行黄贮方法等方面的培训。在单一玉米产区,补贴农民种植苜蓿,补贴苜蓿收获机、打捆机。单一种植玉米营养单一,畜牧业难以健康发展。有了营养丰富、数量充足的饲草料,就能依靠肉羊、肉牛为主导产业实现脱贫。

(五)大搞农作物秸秆揉碎,加工更多饲草料

我区秸秆数量大,向日葵、玉米秸秆粗硬,牛羊不能直接食用,但揉碎后

可加工成饲草料。如巴彦淖尔市把向日葵秸秆揉碎后做成饲草料,利用率很高,所以巴彦淖尔市肉羊出栏数量很大,超过 2000 万头。秸秆处理是全国面临的难题,秸秆焚烧污染环境,造成雾霾天气,这些问题急需解决。我区是畜牧业大区,农牧民有养殖牛羊的传统和经验,提高秸秆利用率还可大量养殖牛羊。

(六)积极探索人工草地划区轮牧,科学种草和科学利用

欧洲一些国家实行在人工草地上放牧,中国草都阿鲁科尔沁旗也在探索。阿鲁科尔沁旗在节水灌溉地种植适合放牧的人工牧草,生长期每亩可以养 2 个羊单位的牲畜,比自然草场高 10 倍。划区轮牧直接利用牧草地,降低了经营成本,减少生产干草因气候、机械等造成的损失,规避草产品销售等市场风险,这是一种健康养殖方式,对养殖时间长的母畜很有意义。同时,这也是生态保护与建设并重的路子,对草原生态文明建设具有重要意义。

(七)大力发展产品马功能性马饲料

随着农牧区现代机械化的发展和役畜的逐渐富余,牧区的马匹一部分应转向产品马产业生产,我区应充分利用群牧管理发展产品用马,应用现代营养手段与饲喂技术,加大开发功能性饲料,生产功能性食品、产品。

广义的马产品,除了马肉和马乳等主要产品外,还应包括皮、毛、血、骨、蹄、脏等器官副产品,以及用马血清、胃液及孕马血清等生产医疗和生物制品。与其他传统家畜生产相比,马产品不仅产量高,还因其独特的生物学特性而对人类健康具有重要意义,提高人们的膳食质量,丰富人民的食材,并拓宽了食品、皮革、毛纺、医疗和生物工业的原料来源,增加农牧民养马的整体经济效益,带动马产品资源的开发利用以及全国养马业的发展。

（八）提升饲草生产加工与贮藏技术水平，为我国现代马产业发展提供切实保障

内蒙古是养马大区，是国内地方马匹的主要输出地，也是马用饲草的主产区。据最新调查数据，全国已有近 1500 家马术俱乐部，而各俱乐部马匹所饲喂的饲草主要来源于内蒙古。饲草是现代马产业发展的物质基础和先决条件，有关部门和机构应抓住我区得天独厚的区位优势，大力提升马饲草生产加工与贮藏能力。在政府引导下，市场化运作发展覆盖全产业链环节的内蒙古现代马产业。

第七节　马疾病防控检疫策略

内蒙古马品种资源丰富，蒙古族素有"马背民族"之称。随着内蒙古自治区现代马产业的快速发展，各地马匹饲养数量逐年增加，但是马属动物疫病检验检疫和防控这一重要保障工作面临着诸多问题和困难。各级政府对马属动物防疫工作的资金投入较为有限。因此，建设完善我区马属动物疾病防控体系，对推动我区马产业国际化、现代化发展，对于精准扶贫、建设美好生活、决战小康社会具有非常重要的现实意义。

近五年，我国进口马匹超过 3 万匹，入境马匹来源复杂、传染性疾病种类较多，在检疫、屠宰、加工、流通等环节监管难度大，存在疫情扩散风险。马术赛事品牌逐渐成熟，马都大赛马、中华民族大赛马、"一带一路"大赛马、马术超级大奖赛、全国马主联赛、鸟巢大师赛等得到业界的认可；人才培养和马福利保障逐渐完善；我区马肉进口规模空前，二连浩特海关 2017 年前 9 个月从蒙古国进口马肉 9000 吨。当前马产业和马相关产品产业呈现飞快发展态势，然而多年来内蒙古和新疆地区马产品一直处于半民间半产业化状态，贸易和流通的增加给国内马产业健康发展带来了巨大的潜在风险。但是，由于产业政策尚未出台，产业体系仍不完善，马产业人士多关注马匹赛事，

而对于马匹的疾病防治检验检疫缺乏足够重视，导致我国马产业不能与国际接轨，不能实现国际化，也导致马产业巨大的经济推动作用得不到发挥。

一、内蒙古自治区马属动物疫病防控及检验检疫工作面临的问题

随着我区现代马产业的快速发展，各地马匹饲养数量逐年增加，但是各级政府对马属动物疫病防控还没有引起足够重视，防疫工作资金投入极其有限，马属动物疫病检验检疫和防控这一重要保障工作面临着诸多问题和困难。

（一）入境马属动物检验检疫标准不统一，动物卫生状况存在隐患

国家质量监督检验检疫总局与蒙古国农业食品部签订的《关于相互输出种用比赛用及过境马的兽医和卫生要求议定书》，对中国从蒙古国进口马匹，未涉及农场检疫环节实验室检测项目，仅临床检疫合格就进入隔离检疫环节，无法提前淘汰带病马。并且，马匹身份信息均通过毛色、烙印和挂绳号牌等进行确认，挂绳号牌很容易掉落丢失，毛色和烙印在进口马匹数量较少时可以用作鉴别依据，在进口数量多时，很容易出现毛色相同、烙印不清甚至没有烙印的情况，给入境马匹的身份确认带来了极大的困难，进而影响到入境马匹隔离检疫结果的判定，从而导致疫病防控存在风险。我国从欧洲、澳大利亚等地区与国家进口马匹，在《议定书》中均对电子身份信息做出了明确要求，每一匹马必须装有体内电子身份芯片，通过电子探测设备可以非常准确地确认进口马匹的身份信息。检疫标准和实际动物卫生状况的不一致为口岸检疫带来了诸多挑战。

（二）马属动物疫病研究处于初级阶段，相关标准亟待完善

由于我国传统马产业逐渐萎缩，现代马产业处于初步发展阶段，因此，我国关于马属动物疫病研究整体较为滞后，研究基础薄弱，对很多流行性、

传染性疾病的防控措施、诊断能力、疫苗、药物、检测设备都依赖国外进口。目前,我国只有哈尔滨兽医研究所在马传染性贫血、马流感、马鼻肺炎、马动脉炎、马腺疫等疾病方面进行了持续研究,针对马传染性贫血的疫病检测和预防方面取得了一定的成效,但是对马动脉炎及其他传染病的相关研究和检疫措施却相对落后。我国有关马病防控的技术标准仅针对马传贫、马流感、马鼻疽等,其他疫病的防控技术标准正在建设,有的尚未启动建设,某些疾病检测试剂盒也仅有国外几个厂商能够提供。对内蒙古地区主要监测呼伦贝尔市、兴安盟、锡林郭勒盟和阿拉善盟马鼻疽、马传贫、布病和结核四种传染病的情况(见表10-3)。

表10-3 2016年马属动物疫病监测与牛羊疫病监测数据对比

	疫病监测数量(匹、头只)				易感动物监测比例(%)			
	马鼻疽	马传贫	布病	结核病	马鼻疽	马传贫	布病	结核病
呼伦贝尔市	2549	241	552634	13773	0.89	0.08	2.89	3.67
兴安盟	2470	690	44203	994	2.64	0.74	0.35	0.99
锡林郭勒盟	813	910	344280	4260	0.36	0.41	2.26	4.95
阿拉善盟			30860	722	0.00	0.00	1.90	6.07
合计	5832	1841	971977	19749	0.96	0.30	2.00	3.44

(三)实验室基础设施建设滞后,技术人员不足,技术能力落后

各级兽医实验室在马属动物疫病监测方面,只能简单开展马鼻疽、马传贫血清学检测,尚不具备其他重点防治马属动物疫病检测诊断能力,除二连浩特出入境检疫检验局技术中心实验室能够开展马传贫、马病毒性动脉炎、马鼻肺炎、马媾疫、马鼻疽、马流行性感冒、马流产沙门氏菌、马梨形虫(马弩贝斯虫和巴贝斯虫)等病的检疫检验外(见表10-4),其余口岸局均委托内蒙古局或区外其他局技术中心开展马病检疫检验工作。受工作经费投入、技术力量、设施设备等条件限制,马属动物疫病监测、检验检疫工作方面,无

论是数量、比例,还是监测、检验能力,均处在较低水平,检疫员对畜禽的检疫只是用肉眼、感官进行检查,检疫工作停留在使用"一把刀、一个钩子、一双眼睛"的方式,很难保证及时预警预报,科学防控。

表10-4　2016年进口马属动物检验检疫情况

	进口马属动物数量(匹)	检出病种	检出数量(匹)
二连浩特口岸	453	马病毒性动脉炎	9
		马鼻肺炎	2

(四)马兽医教育体系不完善,专业人才培养滞后

我区马产业模式建立处在初级阶段,马兽医使用机制尚未形成,对马的福利也还没有形成共识。我区甚至全国马兽医教育体系多年来均未受到足够的重视。马属动物专业马医、检验检疫、疾病研究、药物疫苗开发的专业人才严重短缺,马专科兽医体系尚未建立。我国马兽医临床实践严重缺乏,近年来国内许多高校注重牛、羊、猪等疾病的临床实践教学,与马有关的实验课被取消,马兽医没有了临床实践经验。内蒙古全区检验检疫系统只有152名相关的检疫检验人员,参与马属动物疾病检疫的有31人,且这31人对于马属动物传染性疾病的专业检测水平有待提高。相比而言,国际上非常重视马兽医教学实践,马兽医的整体水平迅速提高,与国内马兽医的差距越拉越大。

(五)随着马产业发展,养殖环节和调运流通等环节监管难度增大

近年来新兴的大型养殖企业防疫措施不到位,日常检疫监管难以落实,调研中发现企业使用的部分药物疫苗已过期。马属动物报检及受检率极低,存在疫病跨地区传入、扩散风险。调研中还了解到,近年来除马流感在个别地区呈点状发生外,国内部分地区还发现了马动脉炎、马鼻肺炎、日本脑炎等马属动物疫病,如不及早采取严格防控措施加以控制,很可能会造成大范围传播流行。而尚未在我国出现的非洲马瘟等10余种马属动物疫病,

随着我国马产业发展、马属动物国际贸易和国内流通大幅增加,也存在着巨大传入风险和隐患。

(六)马匹进口渠道和检疫监管难度较大,进口马匹屠宰加工不规范

进口马匹从国外进入到国内,要经过层层关卡,主要有进口企业的申请,检疫许可证审办,正式购买合同的签订,境外预检人员的派出,约见出口国官方兽医,经过国外的农场检疫、隔离检疫、两次实验室血清检测经临床检查后运输,进入我国后隔离场检疫,合格后,进口马匹才能进入国内的马场、企业和相关俱乐部。由于世界各国马类疫病的不同存在状况以及防疫水平的不同,从相关出口国进口马匹时检测疫病是不同的。但是,当前国际马匹疫情形势不容乐观,进口马匹检疫工作日显重要。进口马匹屠宰加工面临诸多问题,如屠宰过程中的应激反应、放血污染问题以及脱皮交叉污染等,肉品加工过程中的环境卫生控制和工具的安全管理使用等问题急需出台相关规范加强管理。

二、下一步工作思路及对策建议

(一)尽快出台指导马产业发展的纲领性文件

为有效促进我区现代马产业发展,我区应在开展全面调研的基础上,尽早出台马产业发展的指导性文件,全面规划和布局产业发展以及马属动物疫病防控和检验检疫等保障体系。

(二)建立联动监管与防疫机制

加强出入境检验检疫部门和地方兽医部门的联动合作,建立有效的合作机制和信息共享制度,实现进口马属动物从口岸到养殖场的全程有效监管和防疫措施落实。

（三）多方筹措资金，确保资金有效投入

各级政府，特别是马产业发展较快地区和重点口岸，应加大经费投入力度，加强兽医实验室等相关基础设施建设。另外，由于口岸软硬件等原因，造成进境马属动物在口岸滞留，存在一定的生物安全风险，因此，应在口岸建设进口马属动物专用口岸现场查验区，加快口岸通关速度。内蒙古自治区有关部门应积极争取国家项目资金投入，进一步建立完善马属动物疫病检验检疫和防控体系。

（四）科学规划马属动物疫病检测与设施建设

内蒙古自治区有关部门应根据当前我区马产业发展实际以及发展前景，规划、建设、启动区域性马属动物疫病检测与科研重点实验室建设，进一步强化马属动物疫病防治技术支撑和服务。

（五）强化马病防控人才队伍建设

以内蒙古农业大学等大专院校、科研院所为依托，整合教育资源，加强国际交流与合作，引进国外先进理念，加快马属动物疾病诊疗、疫病检测、药品研究、疫苗研发等人才培养。

（六）合理布局指定进口屠宰口岸，规范马匹肉类产品进口

针对二连浩特、珠恩嘎达布其等口岸进口蒙古国屠宰马数量逐年增加的情况，建议科学评估、合理布局指定进口屠宰口岸。同时，对于申请筹建的进口肉类指定口岸，要严格按照《质检总局关于进一步规范进口肉类指定口岸管理的公告》的要求，建设好进口肉类指定口岸，完善配套设施和实验室，实现肉类安全进口。

（七）规范国内马匹屠宰与产品加工

根据我国与蒙古国进口屠宰马匹和国内自养屠宰用马日益增多的需

要,制定出台进口马属动物屠宰场管理及检疫监管技术规范,并建设高标准指定屠宰场、指定隔离场。建议尽快出台进口马匹屠宰加工管理规范。按照规范要求推行行业强制标准,对屠宰马企业隔离检疫、厂房设施、屠宰消毒、从业人员、运输车辆等进行全面指导建设,做好备案工作,确保疫病控制与传播。

(八)充分发挥行业协会桥梁纽带作用

进一步加强对相关企业、养殖场户进行关于国家和内蒙古产业发展、疫病防控等法律法规和技术规范的宣传培训,严格行业自律。同时,鼓励企业与当地农牧民建立有效的利益联结机制。

(九)加强与相关国家之间的合作

加强与发达国家,特别是俄罗斯、蒙古国兽医官方联系,收集有关动物疫情信息。加强与蒙古国东方省技术监督局的会谈,交流信息,推动进口屠宰马贸易常态化发展,从而支持"农业"走出去,做到"国外饲养、国内销售"。加强国家间检验检疫信息互换交流,提高通关放行速度,促进我区马产业贸易迅速发展。

(十)加快马属动物无疫区建设

内蒙古马匹无疫区的建设首先要做好区域区划,利用锡林浩特市优越的区位优势,以北京冬奥会为契机,在太仆寺旗申请建设中国第一个马属动物无疫区。规划中的无疫区包括隔离区、核心区、检疫区和缓冲检验区等。无疫区建立之后,再由国家和其他国家签订认可该无疫区的条约,这样,境外的马匹才能顺利进入无疫区进行比赛和训练。同时,对内蒙古其他马匹进出口口岸城市及马匹饲养规模较大的区域尽快建立马匹无疫区规划,尽快完善马匹疫病区域化管理建设。

第十一章

内蒙古马产业区域发展构想

第一节　呼和浩特市

一、呼和浩特市马产业发展条件

呼和浩特市是内蒙古自治区政治、经济、文化中心,具有文化发展、产业研究、人才培养等优势。随着我国经济的快速发展,人们对马产业休闲娱乐、健身等有了新的要求。因此,发展马产业,既能带动内蒙古经济、政治、旅游、文化的发展,还能推动农业、畜牧业的产业结构调整,提高我区的竞争力。发展马产业,必将成为我区经济发展新的增长点。

(一)区位条件

呼和浩特市作为内蒙古自治区的首府,交通发达,高速公路已建成使用,可以直达周边各市,驾车从北京到呼和浩特只需 5 个小时左右;呼和浩特白塔国际机场是内蒙古第一大航空枢纽,航线基本覆盖全国各大省会城市及中小城市,其中,国内航线 125 条,国际航线 7 条,通航城市 63 个。良好的区位优势、便利的交通条件,使我区拥有马产业发展的良好前景和市场,具有吸引京津冀及东三省富裕阶层中爱马人士成为我区马产业客户的潜力。

(二)相关协会、俱乐部健全

内蒙古自治区马业协会于 2009 年 8 月在呼和浩特市成立,其宗旨在于开展国内、外经济技术协作、信息交流、咨询服务及学术研讨等活动,弘扬民族文化,全面提高我区马产业技术、经济和经营管理水平。目前已经建立了竞技马新品系培育基地、蒙古马保种基地,着手建立纯血马发育基地,同时开展了许多相关活动。另外,呼和浩特市共有马术俱乐部 4 个,它们是蒙骏

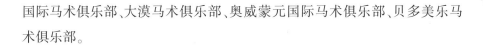

国际马术俱乐部、大漠马术俱乐部、奥威蒙元国际马术俱乐部、贝多美乐马术俱乐部。

（三）基础设施齐全

内蒙古赛马场是亚洲目前最大的赛马场之一，赛马场是 1959 年为庆祝中华人民共和国成立 10 周年与迎接内蒙古自治区第一届运动会而建的，于 1987 年建成，坐落在呼和浩特市北郊，周长 2500 米，里圈 2000 米，占地 30 余公顷。比赛场地内，分别设有障碍马术场、技巧表演场、标准环形速度赛马跑道等，可同时进行比赛活动。内蒙古少数民族群众文化体育运动中心，位于呼和浩特市保合少镇野马图村南侧，不仅作为内蒙古自治区成立 70 周年庆典活动的主会场，还是呼和浩特市重要的公益性民生基础设施，总占地 2092 亩，总建筑面积 72891 平方米，项目建筑风格融合了草原风情以及现代元素，建设内容包括看台主建筑、标准赛道、马厩、搏击馆、马文化博物馆、射箭馆等。

（四）人才培养优势

内蒙古马术学校始建于 1956 年，坐落于内蒙古呼和浩特市大青山南麓，与京包公路、呼包高速公路相邻，距白塔机场 15 公里，距市中心仅有数公里之遥，道路宽敞，交通便利。学校办公及训练区域占地面积 56500 平方米，设有奥运会项目如马术（场地障碍和盛装舞步）、射击、古典摔跤、击剑，全运会项目速度赛马以及民族传统项目表演马术。马术学校现有：教练员，男、女运动员，员工，共计 350 多人；纯血马 39 匹、温血马 15 匹、国产良驹 30 匹、用于育种的基础母马 9 匹、幼驹 30 匹。马匹数量堪称国内各专业队、俱乐部之首，足以保证正常训练竞赛及其他活动的进行。厩舍区域占地面积 1350 平方米，建有与训练相配套的设施。先进的标准马房数座。科学的饲养管理为马匹提供了舒适的生存环境和条件。与之相配套的还有大型草料库、配料室、兽医室、马鞍房等附属设施。

（五）产业技术研究优势

2010 年成立的"内蒙古马业科学研究与开发应用"创新团队是内蒙古农业大学 13 个校级科技创新团队之一。团队利用现代分子生物学理论,积极探索把分子数量遗传学应用于马的遗传育种和马产业生产中,将蒙古马的有关独特遗传基因序列登录在国际基因银行。并在英国爱丁堡大学召开的世界遗传学大会上宣读了"蒙古马白毛色基因的遗传机制"学术论文,这一成果理论意义重大,为今后白色马匹可以参加国际赛马比赛提供了理论依据。2010 年在内蒙古农业大学建立"马属动物遗传育种与繁殖科学观测实验站",成为"农业部畜禽综合重点实验室"下设 7 个野外科学观察试验站之一。建成了国内第一个马数据库,在国际基因银行登录了近百个基因序列。近年来承担了一批省部级以上关于马的科研课题,发表论文 100 多篇,出版专著 8 部,为内蒙古乃至国家的马科学研究奠定了深厚的理论和实践基础。

（六）目前存在问题

近年来,呼和浩特市马产业较其他产业的发展较慢,马匹数量呈逐年递减趋势,作为内蒙古极具地方特色和优势的蒙古马资源优势正在弱化;马的农用和军用功能不断弱化,马群的放牧受到了限制,无法大批量养马,再加上呼和浩特市目前政策影响,现代赛马发展缓慢,高标准的赛事活动很少,培育出的赛马没有市场,养马积极性受到很大影响。在呼和浩特市农牧业发展规划系统中,缺乏马产业的科学、完整、可行的产业化思路、整体规划、战略性措施和扶持政策,这无疑限制了马产业的发展。

二、呼和浩特市马产业发展方向

把呼和浩特市建设成以蒙古马精神为引导的精神圣地、赛马基地、人才培养基地、新品培育基地、马博彩示范基地、马文化特色小镇、马文化创意博览园等体现马文化与马产业融合发展的示范区,以此传承草原人民"吃苦耐劳、坚韧不拔"的精神,力争将呼和浩特市建成向北开放的新时代排头兵和先行者。

三、呼和浩特市马产业发展对策

(一)加大基础设施的建设

除了呼和浩特赛马场、少数民族群众文化体育运动中心外,要重点规划建设2~5个功能齐全、设施完善、与国际接轨的核心赛马场,开展常态化、专业化赛马活动,并承揽举办区内外重要马竞技赛事,积极创建一批国内一流、国际瞩目的品牌赛事,提升内蒙古赛马商业价值和马产业影响力。同时以现有赛马设施为基础,根据产业发展实际,对现有的赛马场进行改造升级,对已具备规模的赛马场按照大型赛马要求完善设施标准,使之成为大型综合性赛马活动中心。坚持"功能实用、避免重复"的思路,统筹建设养马基地、马术学校、马匹选育研究所、草原沙漠影视拍摄基地、马饲料生产加工基地及民族体育表演和比赛场地等配套设施,为马产业发展提供基础性支撑。借鉴国内外发展马产业的经验和做法,建立国内先进的马产业示范基地,重点扶持几个对马产业可持续发展起至关重要作用的龙头企业。建设综合类的运动马驯养管理和骑术学院,提高马厩、运动场、训练场馆建设水平,逐步实现向社会开放和商业化运作。

(二)培育旅游休闲骑乘马产业市场

以呼和浩特市为中心,在城市周边建设马术俱乐部、马场,为城市生活提供休闲娱乐场所和体育运动场地,开拓休闲骑乘马市场。在人流稠密的旅游景区建设小型跑马场、马术娱乐场,扩大娱乐骑乘马应用市场,宣传、普及马文化,为城市市民和往来宾客提供娱乐、休闲、体育、健身活动场所。在旅游景区组织完善马队接送、骑马、马车、马术表演等在旅游景区的观赏项目,在旅游景区设置马文化展示场所,开发具有民族特色的马文化旅游纪念

品等,促进马文化与旅游业有机结合、一体化开发,发掘民族马文化的丰富内涵,发挥悠久的草原文化优势,打造马文化特色旅游区及精品线,形成体现草原文化、独具北疆特色的旅游观光、休闲度假基地。

(三)搭建内蒙古马文化和马产业发展的交流平台

内蒙古自治区马业协会,应通过定期或不定期举办马业座谈会和论坛等多种形式,汇聚各方力量,广泛交流,深入探讨,为我区马文化和马产业的发展出谋划策,探索符合我国特色的产业发展之路。对于科技含量高且外销型为主的产品生产,如结合雌激素、孕马血清促性腺激素产品生产,应引进国内外先进技术和资金,开发科技含量高、附加值高的产品。改变仅组织生产销售原料资源、低效益的生产模式。

(四)加大科研基地建设力度

为了加快推进实施马产业创新驱动发展战略、推进呼和浩特市马产业科技保障水平,可以依托内蒙古农业大学兽医学院建设科研实践基地,建立实验室,作为高层次人才创新创业的重要载体,发挥内蒙古农业大学的人才技术优势,引导人才到科研实践基地开展高水平、实用型的科技项目研究,这对促进马产业的产学研结合和科技成果转化具有重要的推动作用。

(五)发展现代赛马产业

呼和浩特市的经济正在逐年的稳步发展,群众的收入与支出也在逐步提高,这也就说明人们有更多的消费选择。随着城市化进程的加快,人们对健康的重视和精神生活的需求正好与赛马的天然属性相吻合,也就促进了呼和浩特市现代赛马的发展。呼和浩特市暂时还没有属于自己的赛马职业俱乐部,赛马运动文化产业的建立正好弥补人们对大型赛事期望的空白,也必将吸收大量消费人群,而赛马运动文化产业并不是单一形式的发展,将以多元化、产业化的管理模式生产发展,这样的管理模式不仅避免了单一消费群体的长期视觉疲劳,也加强了产业生产能力和持久力。与旅游产业结合,增加消费人群和保持新鲜感;与食品加工业和餐饮业结合,加强产业消费宽度、多种渠道经营,避免赛马产业周期性的赛事低谷。如在南湖湿地公园和蒙古风情园中的赛马俱乐部,人们可以认养赛马,马匹的所有权归属认养者,每匹赛马的认养费根据马匹的种类和身体形态不等,少则五六万,多则上百万,并且每年还要支付饲养费,在每年的赛马赛事活动中,认养者可以以个人名义参赛,获得奖励也属于个人。这也是促进赛马产业经济发展的合理方式。发展赛马彩票业有利于资金回收,开发和保障基本条件设施的建设。这些都将使赛马运动文化产业积极的向前发展,增加产业的耐久力和抗压能力。

在与众多产业结合发展中必然会产生较大的利润,同时也会对呼和浩特市经济的稳定性起到一定的作用,并且增加政府税收和资金回笼,有利于发展呼和浩特市的经济基础设施建设。与此同时,赛马运动文化产业"链条"的发展必将吸引大批外资注入,扩大呼和浩特市的经济发展范围,增加经济输出与引进渠道。赛马运动文化产业的发展不仅对呼和浩特市经济实力和基础有所提高,还对其经济的发展起到推广和桥梁的作用。

(六)发展马人才培养培训产业

改变传统人才发展思路,将人才培养培训产业化,将人才培训服务商品化,将其作为内蒙古现代马产业产业化发展的有机构成,以人才培养培训产业促进赛马、马术和娱乐骑乘用马市场的扩张,以马匹市场化推广带动现代马产业人力资源市场发展。在呼和浩特市建立马产业培训中心,对马产业中所涉及的育种、繁殖、饲养管理、调教、疫病防治等相关人员进行系统的技术培训及资质认证,提高从业者专业素质。在内蒙古运动马学院、内蒙古农业大学兽医学院等学校开设马产业专业选修课程,并与国内马术学校合作,通过委培方式加快培养本土专业骑手,全力提高呼和浩特市骑手的整体骑术水平。

(七)发展马产品集散中心

呼和浩特市是内蒙古自治区的首府,是内蒙古的贸易、文化交流中心,

各类贸易活动、旅游购物多聚集在此。因此,可以借助呼和浩特市的集散中心资源优势和区位优势,依托其他盟市生产的特色马产品,打造我区马产品集散中心,不断促进马产品商品化、专业化、规模化、标准化发展,进而使集散市场逐步实现由单一的批发市场功能向集商贸流通、物流配送、信息发布、综合配套服务为一体的马产品服务业聚集区转变,推动马产品流通体系建设、提供就业岗位、增加人民收入等方面发挥出更加积极的作用,为推动区域经济快速增长做出重要的贡献。

第二节　包头市

一、包头市马产业发展条件

包头市是内蒙古对外开放的重点发展地区,中国大陆铁路交通枢纽城市,是沟通北方草原游牧文化与中原农耕文化之间的交通要冲,是中国重要的钢铁工业基地,是中国最大的稀土出口地区,是中国少数民族地区建设最早的一座工业城市,金融体系较为完善,交通物流通畅。

(一)区位条件

包头市天然草场面积为 2357 万亩,占总面积的 94%,其中,可利用草场面积约为 2120 万亩,占草场总面积的 90%。包头地区地处阴山南北、黄河之滨,由于其独特的地理位置和自然风光,旅游文化资源丰厚。

(二)基础设施较完善

包头市通过新农村新牧区建设,已建成 40 处基础设施齐备的产业化发展园区,涵盖农牧民户 2620 户,9956 人。不仅显著改善和提高了农牧民人居环境和质量,同时一并配套建设了相应的水、电、路、通讯、饲草料地、农牧业机具、青贮窖、养殖棚圈等发展产业的基础设施。户均达到了住房50平方米,饲草料地10亩以上,农机具1.2台(套),青贮窖50立方米,养殖棚96平方米,饲养圈200平方米,储草棚250立方米以上。

(三)人才培养体系健全

民族马产业复兴,需要有人才支撑,从马匹建立保种基地育种、改良、饲养、训练、疾病防治、赛事组织管理、马匹交易登记、马文化挖掘传承都需要大批专业人才。为此,以内蒙古运动马学院为基础,强化人才培养,为民族马产业发展提供人才保障。主要培养人才有马术调教师、马匹修蹄师、马房管理、助理马兽医师、骑手等。

(四)马文化优势

包头市围绕"万里茶道""草原丝绸之路"建设品牌景区、精品景区、美丽乡村、跨界旅游,着力构建全城旅游发展格局,努力实现内蒙古向北、向西开放的重要旅游目的地、塞外草原旅游文化名城、内蒙古观光休闲度假旅游带的三个定位,而马文化产业是旅游的重要内容,是草原旅游、万里茶道、游牧文化、中蒙俄经济互动边域民族旅游结合最紧密的旅游项目,是草原文化、民族文化的集中展现,是最具活动发展潜力的旅游内容。近年来,包头市不断实现马文化产业与包头市旅游产业发展的融合,已初有成效。

(五)完成兴建产业园

包头市百灵那达慕文化体育产业园的建设,为发展马文化产业发展提供了有利的条件。该产业园于2012年开始投资兴建,占地面积8000亩,主要划分为主观礼台、表演区、观赛区、功能区,承接搏克、射箭、赛马、马术、布鲁等蒙古族传统体育活动和场地摩托车赛、汽车耐力赛、房车自驾等现代体育活动,以及苏力德祭祀、祭火、文艺表演等大型文化活动。2013年至今已成功举办了三届"中国游牧文化旅游节"和两届满都拉—杭吉口岸文化旅游

节。2015 年,在百灵那达慕文化产业园,由包头市人民政府、瑞典海菲尔德马术公司、北京马赛文化交流有限责任公司共同参与建设的"世界牧场"中国马产业发展基地项目签约仪式,标志着"世界牧场"项目成功落户包头市。2016 年 6 月,中国马业协会将该产业园"天下第一赛道"定为"黄金赛道",内蒙古自治区体育局也将该产业园命名为首批内蒙古体育训练综合基地。

(六) 目前存在问题

包头市现代马产业发展落后,例如体育赛马、现代马术、休闲娱乐、马文化、马旅游等高附加值的产业尚在起步阶段;马肉、马乳深加工及马生物制药为代表的高新技术产业比重低、产值小,资源优势和产业潜力未得到充分发挥;缺乏系统的马产业发展规划;此外,马产业与内蒙古自治区现代畜牧业的发展,与民族文化、地域特色、旅游发展、产品开发、品牌建设等结合不够紧密,与其他产业发展的融合不足。

二、包头市马产业发展方向

将包头市建成"1231"的马文化产业园,即:开辟一条万里茶道,发展两条马主线,打造三大特色小镇和建设一个人才培养基地。使包头市马文化产业建设成为:内蒙古马产业发展重点基地,国家级重要赛事承办地,中蒙俄等国际赛事参与地区。

三、包头市马产业发展对策

(一) 建设万里茶道,体验骑马放牧

从土默特右旗出发沿途设立 6 个大型驿站即:土默特右旗敕勒川文化驿站、红花脑包草原捕猎驿站、百灵庙民族赛马驿站、希拉穆仁牧民生活体验驿站、白云鄂博民族工艺品驿站、满都拉镇异域风情体验驿站。根据各驿站

不同的马文化和历史典故,完善中途驿站的旅行服务,确保每个驿站都与古代遗留的传说、古迹、古城、古境等相结合,让人感觉万里古茶道的魅力。各驿站间可以骑马、徒步、驾车通行,万里茶道马队体验从土默特右旗美岱召起,途经石拐(五当召)、固阳(红花脑包草原)、达尔罕茂明安联合旗(百灵庙、希拉穆仁牧)、白云鄂博、满都拉镇后进入现蒙古国境内,全程约350公里。整理、优化、提炼、选定游牧文化民族发展之路,建立游牧文化体验骑乘精品体验带,选定具有代表性典型区位,恢复时代的特点,完善沿途驿站设施,开展不同季节、不同线路的骑乘旅游。基本线路为土默特右旗博物馆——农业大学马文化博物馆——九峰山征战驿站,带动运输、马匹训练、饲草料、服饰、露营、房车等产业发展。建立以体验游牧生活为主的旅游线路,体验牧民一天的生活。(如图11-1)

图11-1 茶马古道旅游线路

(二)强化两条马业发展主线

1. 马匹保种与繁育主线 马匹保种与繁育是一个广泛关注的话题,积极开展蒙古马遗传资源多样性的研究及其成果的应用与推广,重点培育蒙古"草花马",构建马匹基因库,建设马匹品种改良培育基地,坚持"洋土并用"，引进国外纯血马改良马匹品种，培育专业化程度较高的优良马品种和实用型品种。鼓励牧民养马、育马，改进饲养管理。在牧区实行现代群牧养马，逐步向产品养马业转变。对马种和马匹专门进行登记、驯教和测试，积极开展赛马资格认证、拍卖交易，将赛马赛绩与牧民马匹选育工作结合起来。

在达尔罕茂明安联合旗百灵庙或召河建立草花马保种繁育基地，依托内蒙古农业大学职业技术学院，采用科学技术手段，从目前种群中以生物学手段筛选出具有草花马潜在遗传能力的种公马和母马，繁育具有特色品种资源的草花马品系。建立严格的繁育技术路线和草花谱系，逐渐在遗传方面采取新技术，提高草花马遗传稳定性，冲破逐步扩大草花马种群，并且提高毛色遗传的可控性，实现特色种群马的种群稳定。

根据马产业发展特点，对马匹调训是开发马的潜质、提升马匹价值的重要手段，在马匹主产区和经济发达地区中心城市，依托种马场、马良种扩繁场、赛马场、马术俱乐部以及内蒙古农业大学职业技术学院的基础设施条件和技术力量，建立马调教训练基地，应用科学调训方法和推广先进调训技术，引导农牧民积极开展马匹调训，提高马匹的运动性能和马术技能，大幅提升马匹附加值，充分发挥农牧区少数民族群众善于调训马匹的特长和优势，增加就业和促进增收。改变传统的管理方式，使人与马成为亲密接触的朋友，让马信赖人，使马的训练活动逐渐向高端、高雅、文化传承方面发展。科学规划设计草花马训练科目，包括马的行为训练、人马互动训练、马技能训练、马匹群体训练。保护开发蒙古自然驯马法，引用现代驯马法，打圈、备鞍、轻快步、跑步、队形、越野耐力、登山、越河、爬沙、绕桶等，把草花马培养成能与人交流，有特点技能的高端马。

此外，良好的饲养管理是马匹发挥其速度、力量和耐力的基础。具有良好性能的马匹，在适宜的饲养管理条件下，能使马匹充分表现其工作能力。马对营养物质的需要量受其体况、运动量、品种、年龄、环境、温度等因素影响。由于马匹个体之间对饲料的采食、消化特征存在较大差异，每匹马在采食量、采食速度、对饲料成分和某种饲料的偏爱等方面都不相同。饲养人员要全面准确地掌握每匹马的特点及运动量的大小,在营养师设计的平均日粮供应基础上,饲喂时还要加以调整。马房规范饲养管理分为赛期饲养管理、非赛期饲养管理、生病期饲养管理、日常饲养管理四个部分。

在保种和饲养的基础上,主要繁育肉用马、乳用马和生物制品马。①肉用马:以内蒙古马匹及其杂种马群体为基础,引进国外重挽马品种开展规模化经济杂交,提高马匹个体产肉性能。依托现有肉品加工企业,开展马肉精深加工,提高产品附加值。②乳用马:以本区马匹群体为基础,加强本品种选育,同时,引进和推广国外乳用马品种进行规模化杂交生产,推行半舍饲圈养,提高马泌乳性能及产奶量,建立规模化的马乳原料基地;依托现有乳品加工企业,开发酸马乳、鲜马奶粉、马奶饮料等高价值的马乳制品。③生物制品马:以内蒙古马匹及其杂种马群体为基础,建立稳定的孕马尿采集基地,推行圈养舍饲,提高孕马养殖效益,依托包头市企业扩大孕马尿结合雌激素生产。

通过繁育和赛事逐渐完善种公马培养方案,选出种公马和繁育的基础母马,对这些马采取两方马匹登记方式,建立谱系植入芯片,严格按照行业要求和生物学繁育标准进行注册登记。没有登记注册,植入芯片的马匹严禁进入交易与赛事表演等,同时搭建草花马交易平台,规范马匹拍卖。

2. 人才培养主线　民族马产业复兴,需要有人才支撑,从马匹建立保种基地育种、改良、饲养、训练、疾病防治、赛事组织管理、马匹交易登记、马文化挖掘传承都需要大批专业人才。为此,以内蒙古运动马学院为基础,强化人才培养,为民族马产业发展提供人才保障。主要培养的专业人才如下:

马术调教师:负责帮助马主调教饲养、照看和训练马匹,使马匹在其最佳状态下参加比赛;并且熟练掌握训练马匹的全部技巧。

马匹修蹄师:负责对运动马的蹄部进行定期的保养和修理,严格按照各种运动比赛要求给运动马匹钉蹄铁。

马房管理:在马匹调教师的指导和要求下,进行马匹的日常饲喂和运动,能够很好地照料马匹以及锻炼马匹,并对马厩及时进行清扫;熟悉马房设备设施及各种工具的使用方法;熟悉马房管理规定、日常工作流程、马房

员工行为规范及工作人员的配置情况;熟悉各种马匹的生活习性,掌握马匹喂养、护理的方法;掌握马匹疾病预防和常见疾病的处理方法;熟悉马匹饲料的种类及特点;掌握不同饲料的调配方法、马匹营养配餐的方法,掌握饲料的存储与管理方法。

助理马兽医师:针对运动马特点进行各种疾病的预防,对运动马日常提出合理的保健措施,能够对运动马做出及时诊断并能治疗常见的运动马疾病。

骑手:辅助马匹调教师,骑乘驾驶马匹参加日常调教和比赛训练,能够熟练掌握各种比赛的规则要求和操作规范。

(三)建设三大马产业特色小镇

1. 召河游牧小镇　召河草原位于包头市达尔罕茂明安联合旗东南部的希拉穆仁镇,距旗政府所在地百灵庙镇约 80 公里,距呼和浩特市约 90 公里,距鹿城包头市约 240 公里,这里的希拉穆仁草原是内蒙古最早开辟的草原旅游点,有著名的希拉穆仁河横贯于草原。在召河建成集休闲游牧体验、游牧文化、骑乘体验为一体的综合性小镇。召河草原面积 1000 平方公里,人口2000 多人,平均海拔 1700 米,四周丘陵起伏,绿草如茵,这一切都让人终生难忘。

结合游牧民族文化积淀及游牧文化遗址,以召河希拉穆仁草原为中心向周边牧民延伸,牧民同时经营旅游,辽阔的大草原、精致的蒙古包、勒勒车,会让游客身临其境、流连忘返。游客还可以在游牧人家住宿、吃手把肉、喝奶茶、饮马奶酒,体验放牧生活,看蒙古族歌舞表演等,感受牧民一日生活,体验观光、休闲、度假于一体的草原游牧之旅。

依托现有旅游设施,以红格尔敖包为中心建设草原嘉年华,嘉年华内设赛马、摔跤、射箭、草滑等娱乐活动。园内以马队和马车作为交通工具,用一杯醇香的下马酒迎接游客的到来,让游客体验蒙古族最崇高的待客之道;游客吃全羊,欣赏旧时宫廷盛大的全羊仪式;阳光明媚的午后,游客可以选择骑马、射箭、祭祀敖包、访问牧户、观看赛马摔跤等表演;晚上,可以参加让人心潮澎湃的篝火晚会。

小镇内可以建设名马苑,供游客观赏的马匹为退役赛马中获得优异成绩的赛马。与马主洽谈,使其在景区内展览、表演、与游客互动,为马匹的繁育提供服务,并对繁育马驹出售,为马增值,同时也可以增加景区收入,实现双赢。

以希拉穆仁草原保存完整的游牧草原文化为主题,以包头市的历史文化为背景,以游牧休闲文化与草原度假旅游完美演绎为亮点,旨在打造中国游牧文化活态博物馆,打造包头市激情浪漫的游牧草原文化旅游景区。博物馆将旅游娱乐与民族文化传承保护有效结合,相得益彰,使珍贵的民族文化遗产和自然生态环境得到整体的保护,使传统的博物馆馆藏文物陈列走向广袤的原生地活态式体验,将生动真实的游牧文化信息与沉寂的馆藏文物瑰宝融为一体,让游客在旅游休闲、娱乐体验、尽赏美景的同时感受魅力文化、焕发壮丽人生。

2. 百灵庙民族赛马小镇的建设　百灵庙始建于清圣祖康熙四十二年(公元1702年)。庙宇由5座大殿、9座佛塔和30处藏式结构的院落组成,总占地面积约8000平方米。康熙皇帝御赐"广福寺"牌匾悬挂于大佛殿正门上方,其中有些殿堂近似内地宫殿里的大殿结构。外观白壁尖顶金色,内部雕梁画栋,图案新颖,造型优美。还有一些建筑物则是以藏式平顶白墙建筑。在这些建筑中,苏古沁大殿(大雄宝殿)是该寺最大的建筑,它是三座连串逐级降低的建筑,每座殿顶置有象征佛法的塔形"甘迪尔",东西两侧有日月相照的赤铜"甘迪尔"。在大草原上,差不多数十里外可以看到它的光辉和巨大。富有民族特色的赛马小镇位于此地,可以承接不同赛事,可提供绕桶赛、圈赛、越野耐力赛马、驾勒勒车等赛事,可举办草原文化节和草原越野骑乘等旅游活动。在传统赛事的基础上结合当地马匹与改良品种的特点,创新赛事,组织像场地越野全能赛、牧人竞技赛、骑射大赛、速度赛、耐力赛等赛事。

马术比赛:以马匹俱乐部为基础,每周组织马术比赛;以邀请赛为前提,在景区开放时间内,每月组织马术盛事,推动马术在我区的发展。定期组织国家级、地区级的马术邀请赛,比赛突出高标准、高水平,同时以举办赛马为契机,组织赛马选美比赛,对优胜者给予奖金和证书鼓励,并对品质优良、血统优异的赛马在配种、繁育方面提供支持,促进国内马种交流,从而丰富马种基因库,提高中国马术竞技总体水平。同时,通过举办这些比赛吸引客流,拉动景区及周边地区经济发展。

马术表演:以旅游为契机,每天在景区内进行表演,将马术表演融入民俗风情中,着重突出驯马、御马、牧马等少数民族特色马术表演,不断为景区寻找新的旅游亮点,吸引游客观赏和参与。具体表演包括:马上表演,骑马高手可在马背上做各种平衡、支撑、倒立、空翻、转体、飞身上下等高雅而精彩的动作;多人多马集体表演,主要是组合出各种姿态优美的艺术造型;跑马拾哈达,其主跑道长110米,左、右各设一个摆放哈达的区段,每段摆放10条哈达;马上射击,要求骑手在马上的平衡性、稳定性,还要眼疾手快。

马博物馆:在百灵庙建造马博物馆,对追溯民族历史,传承民族文化,发展旅游经济,体现地方特色文化有深远的意义,请设计师根据牧民生活、文化,马的发展和历史典故设计适合包头市经济发展的马特色文化馆。让游客了解包头市马产业文化的发展,了解马在人类发展中的重要作用、贡献。

马文化餐厅:以蒙元文化为依托,展现出蒙古族建筑的宏伟、壮观、奢华,结合现代文化史打造出具有民族特色的茶马文化餐饮,游客们可以在畅游一天之后享受蒙古族特色餐饮。

3. 满都拉异域骑士小镇的建设 在满都拉建成3条初级滑雪道(300~600米),一条越野滑雪道(1500米)和雪地娱乐区。雪场入口建设雪具房和休息厅,提供咨询、雪具租赁、茶饮、快餐、滑雪教练等服务。增加冰雪旅游马产业等娱乐项目,丰富体验方式。冰雪旅游马产业配备雪橇、雪圈、雪爬犁、骑马穿雪等项目,沿途设观光休息厅,开辟特定人群的滑雪项目,如雪地拓展训练区,设置"冰上拔河""步步惊心""兄弟连"等多种类型集雪地趣味娱乐和熔炼团队、提升自身能力于一体的项目。

马博会:主要展示周边国家马匹、马具、马术服装、马工艺品等,为马匹经营者、骑手、马夫、马爱好者提供展示和交流合作的平台,推动周边国家马产业持续、开放、共享发展。

特色街区:建成一条长约 50 米小街区,由蒙古包、勒勒车等具有蒙古族特色的建筑组成,为旅游者提供蒙古族特色小吃、民族工艺品、民俗观光以及其他夜间消费。

影视基地:建成可容纳 1000 人的演艺厅,挖掘游牧文化,提炼精髓,编制剧本,招募演员培训牧民演员,排练具有游牧文化特色的剧幕,在剧幕中展现人与马的情感,更好地体现马对游牧发展进程的重要作用,更好地展现马文化、游牧文化和民族文化的发展。同时,基地还可以吸引制作公司来此地拍摄,获得经济效益,又可以减少对环境的破坏。每年都从盈利中安排专门资金,对影视城的自然植被、环境风貌进行恢复,既有利于经济的可持续发展,又有益于提升马产业文化社会价值及社会责任。在影视作品拍摄档期外,可以组织各种素质拓展活动,比如狩猎、模拟对战等方式,提高旅游的趣味性与娱乐性,实现资源的最大化利用。

(四)打造马产业人才培养基地

在内蒙古农业大学运动马学院原有基础上建设理论课教室及相应配套设备(120 平方米)、兽医室(40 平方米)、休息室、更衣室及展览室(30 平方米),满足马匹冬季训练的需要,保证全年的教学、生产高效运行。提升包头市马产业发展质量与水平。扩大包头市在全区马产业的影响力。提高人才培养质量,满足包头市马产业协会对当地牧民理论学习和实践教学的需要。有利于扩大对外交流与合作,实现马产业的商业和文化价值。建成后有条件承办国家级各类马术比赛,对弘扬草原文化、推动包头市马产业发展有积极意义。

依托内蒙古农业大学运动马学院,培养适应现代马产业生产、建设、管理、服务第一线的要求,具有马匹生产、经营管理和马匹疫病防治系统的基本理论和知识,掌握从事赛马规模化科学养殖、良种繁育、疫病防治与养殖业服务的技能和德、智、体、美等全面发展的高等技术应用型专门人才。

第三节　鄂尔多斯市

一、鄂尔多斯市马产业发展条件

（一）区位条件

鄂尔多斯市位于内蒙古自治区西南部,地处鄂尔多斯高原腹地。东、南、西与晋、陕、宁接壤,北及东北与内蒙古最大城市包头市以及首府呼和浩特市隔河相望。东西长约400公里,南北宽约340公里,总面积86752平方公里。鄂尔多斯草原历史上曾经是水草美、牧业发达的地方,居住在这里的广大牧民有着丰富的发展畜牧业的经验。

（二）马匹品种资源与数量

乌审马是鄂尔多斯的优良品种,体格较小、外貌清秀、性情温驯、反应灵敏,适合在沙漠地区骑乘及驮运。乌审马遗传性能稳定,善走对侧步,是很好的骑乘、赛马品种。主产区为乌审旗、鄂托克前旗、鄂托克旗、杭锦旗、伊金霍洛旗,分布于全市,其中以乌审旗马具有代表性,故得名乌审马。2010年,全市存栏8615匹,数量逐步回升。我们应该保护乌审马遗传资源,注重乌审马的发展,加强选种选育工作。

鄂尔多斯市马匹数量基本保持稳定,截至目前,全市共有马匹13303匹,其中,拥有运动马2657匹,娱乐骑乘用马1263匹,主要分布在乌审旗、杭锦旗、鄂托克旗和鄂托克前旗。从统计数据看,这四地马匹拥有总量占到全市马匹总量的93%,在全市马匹规模化育养中居于主体地位(表11-1)。

表 11-1　鄂尔多斯市马匹基本情况

旗区	运动马数量(匹)	娱乐骑乘用马(匹)	马匹拥有量(匹)	马匹总量全市占比(%)
达拉特旗	140	20	165	1.2
乌审旗	400	400	3355	25.2
杭锦旗	1381	200	3454	26
鄂托克旗	304	36	2547	19.1
鄂托克前旗	382	57	3022	22.8
伊金霍洛旗	50	550	760	5.7
合计	2657	1263	13303	—

（三）马产业支撑体系

从科技服务体系看,目前鄂尔多斯市马产业技术服务主要依靠当地公共畜牧兽医系统提供。在马的繁殖方面绝大多数仍然采用传统的群牧自然交配,马的人工授精技术力量薄弱。兽医防疫方面,经过多年的建设,市、旗、乡三级动物防疫网络体系已基本形成,特别是近年来依托动物疫情监测站建设、旗级动物检疫监督设施建设、乡镇畜牧兽医站基础设施建设等项目支持,进一步改进了各级动物防疫机构的工作环境及防疫条件,防疫手段日趋完善,防疫水平日益提高。从技术研发看,在鄂托克前旗成立了蒙古马保护性繁育基地,基地与内蒙古农业大学展开合作,通过引进优良马品种资源,对乌审马进行杂交改良试验,目前,蒙古马繁育基地年繁育能力达到200匹/年。同时,借鉴先进的运动马性能测定技术,能够较为客观量化评价运动马运动性能,初步改变了传统的运动马主观定性评价为主的落后方法。

（四）马产业人才情况

据统计,鄂尔多斯市马产业相关从业人员达到2000人,其中,马主达到890人,骑手有636名,主要分布在乌审旗、杭锦旗、鄂托克旗、鄂托克前旗4

地。从马产业从业人员结构来看，马主大多数仍为牧户或普通养马者，很大一部分马主除了扮演训练师外还扮演了骑手角色，在很多赛马比赛中屡有收获，先后取得了首届中国马术大赛速度赛马冠军、走马比赛个人冠军、全国马术三项锦标赛团体季军和三项赛事个人冠军、鄂尔多斯国际那达慕速度赛马亚军等优异成绩。

（五）目前存在的问题

近年来鄂尔多斯市养马产业有了一定的发展，但还存在一些困难和问题。制约鄂尔多斯市马产业发展的因素具体有马文化挖掘深度不够，马匹优质化、规模化程度不够，基础设施及配套设施与国际标准差距较大，马产业职能分散，马产业人才培养不足以及未形成可持续发展马产业的思路和规划等。

二、鄂尔多斯市马产业发展方向

按照因地制宜、相对集中、重点突破的区域布局原则，鄂尔多斯市马产业要集中在道路便利、牧场优良、设施完善及有优良景区的地区，以鄂托克前旗、达拉特旗、中心城区等为重点发展区域。将鄂尔多斯市建成我区马文化集中展示区、蒙古马重要保护区、走马主要供应区、现代马产业崛起活力区的核心示范基地。

三、鄂尔多斯市马产业发展对策

（一）马文化集中展示区

深入挖掘马文化内涵，扩大马文化对外交流，搭建马文化主要承载平台，推动鄂尔多斯市成为我区马文化示范基地。定期举办马产业论坛、加快推进马文化主题公园、马术培训基地和马术俱乐部建设，到 2020 年左右要在全市范围内建成大型马文化博物馆1个,马术俱乐部数量达到6~8家。

(二)蒙古马重要保护区

保护蒙古马遗传基因,增强乌审马种群繁殖。以鄂托克前旗蒙古马保种基地和乌审旗马匹培育基地为载体,以建设养马示范户为繁育途径,逐步形成专业合作社养殖。同时,与内蒙古农业大学或者国内先进科研院所展开深度合作,全面提高优质纯种乌审马的繁殖水平,到2020年,具备其他蒙古马品种的保种代培能力,每年可提供蒙古马等地方良种马2000匹、杂交良种马2500匹。

(三)走马主要供应区

坚持本土马配种改良,引进国外优良走马品种种公马,不断改善培育环境,加快乌审马改良进程,切实提高马匹改良技术支撑,全力提高走马繁育质量,提高改良的优质化程度,把鄂尔多斯市逐步打造成马产业发达城市。

(四)现代马产业崛起活力区

加快马产业人才培养,到2020年,鄂尔多斯市优质骑手达到200名以上,具备向市外输出骑手的能力。逐步开展竞技赛马,推进赛马产业规范化、规模化发展。推动旅游休闲与马产业发展相结合,制定分阶段推进计划,2020年建成1条运动马道和3条以上旅游观光马道,力争使赛马娱乐成为重要的旅游品牌。

(五)推动马匹优质化育养

一是以蒙古马保种基地和乌审旗马匹繁育基地为基础建设地方马保种、扩繁和杂交繁育基地;以天骄御马苑、走马御马苑、达拉特旗繁育基地为基础,繁育竞技运动马(走马、速度赛马);以走马御马苑基地繁育娱乐骑乘用马。二是逐步建立马匹登记制度,采取"请进来、走出去"的方式,引进专家定期对全市的马匹繁育人员进行饲养、防疫、繁育培训,选拔优秀人才到科研院所、繁育基地进行代培学习,逐步组建鄂尔多斯市的竞技运动马和娱乐骑乘用马繁育队伍。三是与锡林郭勒盟、通辽市建立马匹引进合作机制,采取租借等形式大力引进一批市场需求量大的马匹,满足全市短时间内的用马需求;由国外引入3~4个竞技运动马和2~3个娱乐骑乘用马品种,筛选最佳杂交组合,生产符合市场需求的竞技运动马和娱乐骑乘用马,逐步形成区域马匹种群。四是引进、建立、发展竞技运动马和娱乐骑乘马繁育龙头企业,通过公司加农户的模式繁育运动马;一方面,由马匹繁育企业将小马驹出售给农牧民代养,并签订代养协议,提供技术支持,2年后以高于出售价格回收,并通过本地马匹交易平台进行拍卖、销售;另一方面,加强对农牧民马匹繁育与马匹饲养技术的培训,引导有条件的农牧民繁殖、培育走马等竞技运动马品种,在节约养马成本的同时,增加农牧民收入。

(六)加强基础设施建设

一是根据产业发展实际,对旗区现有的简易赛马场进行改造升级,对已具备规模的赛马场按照大型赛马要求完善设施标准,使之成为大型综合性赛马活动中心,坚持"功能实用、避免重复"的思路,统筹建设马匹交易中心、饲草料基地、马文化主题公园等配套设施,为马产业发展提供基础性支撑。二是适度发展社会性马产业场所,加快成吉思汗体育文化产业园内的马文化博物馆的建设进度,通过外地引进、合资组建等模式再发展2~4家大型马术俱乐部。三是加强马道建设,在中心城区、重点景区开辟运动马道和观光马道,沿途驿站串联,设有毡帐住宿、农(牧)家乐餐饮和特色演出,并提供马匹饲养、检疫等服务,带动种植、影视制作等产业共同发展。

(七)加强马产业机构和人才队伍建设

一是组建马产业机构,整合工作职能。组建鄂尔多斯马业协会,承担全市赛马、马论坛、马产业研究等大型活动和马匹保护培育等协调管理事项。旗区马术协会承担马匹日常训练和管理、组织大型马术比赛等职能,定期举办常规性的赛马大会,逐步积累运营和管理经验。建立马产业发展基金,为马产业发展提供资金筹集和融资支持。支持企业组建鄂尔多斯马产业发展投资有限公司,作为市内各级营利性赛事的主要承办运营方。二是加快马产业人才集聚,将马产业人才纳入鄂尔多斯"1+8"人才政策体系中,享受相关政策待遇,促进市外优秀骑手、马训练专家、马医师在鄂尔多斯市集聚。在鄂尔多斯生态学院等有条件的院校开设马产业专业选修课程,并与国内马术学校合作,通过委培方式加快培养本土专业骑手,全力提高鄂尔多斯市骑手的整体骑术水平。

(八)推动赛马活动有序开展

一是规范民间赛马。本着"适度干预、多数参与、顺势引导"的原则,统筹各旗区那达慕及各类赛马活动,最大限度发挥民间赛马对竞技赛马的基础性作用。二是制定赛马方案。根据现有法律法规和鄂尔多斯市实际,科学合理制定竞技赛马方案。三是发展竞技赛马项目。组织各旗区赛马协会、马主、马术运动爱好者举行鄂尔多斯赛马大赛,比赛分为速度赛和走马比赛两个项目。积极与大型马会合作,建立基于赛事组织和技术共享为基础的合作关系,聘请赛事运营机构,对赛事进行运营管理。同时要加大宣传推广工作力度,在广播、电视开设马文化及马术运动专栏,通过策划名人访谈、骑乘休闲等专题,全方位展示鄂尔多斯市的马文化,同时植入赛事信息,发布赛马相关活动内容,直播、转播国际国内精彩赛事。

(九)加强政策扶持力度,推动产业化经营

按照国家文化产业优惠政策给予马产业相关企业支持,免收马术俱乐部建设配套费、碰接费等行政税费,并给予其他政策优惠,吸引有关企业、马主在鄂尔多斯市投资建设马匹繁育基地等基础设施。支持企业与农村牧区合作组织或农牧户采取租赁、股份等形式,通过发展马道、驿站、农庄等一体化捆绑经营来提高休闲骑乘和餐饮娱乐综合效益。要进一步加大饲料质量安全监测、草原监测的支持力度,通过股权投资方式,吸引民营资本进入旅游基础设施建设领域,鼓励马企业加强与金融企业合作,为马产业项目争取

贷款提供政策便利,对新建的龙头企业,市旗两级政府要在政策上给予大力扶持。

（十）创新生产组织制度,努力提高组织化经营水平

市旗两级政府要对投资发展养马的公司和农牧户给予资金扶持,制定"鄂尔多斯市马繁育专业户建设标准",对达到标准的新建养马专业户,按照现代草原畜牧业示范户的补贴标准给予补贴。饲养量达到设计规模要求,即每户饲养能繁母马60匹、牧业存栏量160匹,且对进入正常生产阶段的养马专业户一次性给予建设补贴20万元。要组织养马专业户进入养马生产合作社,让养马专业户、合作社、企业成为利益共同体。市旗两级政府对养马生产合作社给予扶持,每建一个合作社第一年给予20万元起步建设资金的补贴,第二年再给10万元的补贴,对于繁育基地按比例加大补贴标准。市旗两级政府要对基础设施达到建设标准,且饲养量达到设计规模要求、进入正常生产阶段的繁育基地一次性给予基础设施(包括棚舍、饲草料加工储藏设施、驯马场等)建设投资30%的补贴。

（十一）培育乌审马推动马产业发展

以现有的鄂尔多斯走马御马苑、鄂尔多斯天骄御马苑、邦城培育基地、乌审旗马匹培育基地为基础,不断完善基地配套,扩大草场规模,加强草场保护,利用先进科技手段探索乌审马改良繁育,提高供种能力,使蒙古马的这一精神传承永不磨灭。一是对鄂尔多斯现存的2600多匹乌审马进行严格筛选和鉴定,选出性状最接近传统乌审马的种公马和基础母马,建立繁育基本种群和严格的繁育体系。根据遗传进展和预期育种指标,进行横交固定,最终选育出具有传统优良性状的乌审马种公马和母马。二是挖掘乌审马独具特色的马术表演和比赛项目,如走马、绕桩、驾战车等,制定赛事规范、行业细则。三是借助乌审马的品牌优势与鄂尔多斯优势资源的完美嫁接,挖掘乌审马优质资源的创新利用,开辟鄂尔多斯市马产业跨越式发展的新局面。

第四节 乌兰察布市

一、乌兰察布市马产业发展条件

"乌兰察布"一词来源于蒙古语,即"红色的山崖"之意,地处内蒙古自治区中部,地域辽阔、自然风光宜人,拥有美丽的国家 4A 级风景区——葛根塔拉草原旅游区,还有辉腾锡勒草原、火山岩地貌考古旅游区、苏木山森林公园、凉城环岱海、老虎山生态公园和黄旗海、环岱海、黄花沟等景区。

（一）区位条件

乌兰察布市地理位置优越,内蒙古自治区所辖 12 个盟市中,乌兰察布市是距首都北京最近的城市,是内蒙古自治区东进西出的"桥头堡",北开南联的交汇点,是进入东北、华北、西北三大经济圈的交通枢纽,也是中国通往蒙古国、俄罗斯和东欧的重要国际通道。截至 2010 年,乌兰察布市境内有京包、集二、集通、集张、大准等铁路,截至 2010 年,营运的铁路途经该市八个旗县市区,覆盖率达到 73%。

（二）马匹品种与数量

乌兰察布市的马匹主要分布在以四子王旗、察哈尔右翼后旗为主的少数民族聚集区,多以当地草原为基础。

（三）草原资源优势

乌兰察布市地处内蒙古自治区中部,土地总面积 5.45 万平方公里,总人口 287 万,是一个以蒙古族为主体,汉族居多数的少数民族地区。全市草原

总面积为 5521.58 万亩,可利用面积为 5181.98 万亩,占全市国土面积的 67.5%。各旗县市区草原因自然条件不同,草原植被类型丰富多样,共有 6 个大类、13 个亚类、91 个草场型。草场类型包括温性草甸草原类、温性典型草原类、温性荒漠草原类、温性草原化荒漠类、低地草甸类、温性山地草甸类。全市天然草地分 4 级,草原平均植被盖率 37%,天然草地生物单产 39 公斤/亩。

(四)旅游资源优势

乌兰察布市拥有美丽的国家 4A 级风景区——葛根塔拉草原旅游区,还有辉腾锡勒草原、火山岩地貌考古旅游区、苏木山森林公园、凉城环岱海、老虎山生态公园和黄旗海、环岱海、黄花沟等景区,同时飞来石、平安洞、永兴湖等也是不容错过的景点。这里有辽阔的草原,夏秋这里绿草如茵,牛羊肥壮,气候凉爽,幽静宜人,每年的 8 月份都要举办旅游那达慕,这个时候也是避暑的好时光。

(五)突出问题

近年来,乌兰察布市依托当地草原,利用交通地理优势,结合当地草原旅游等开展了以马文化、娱乐骑乘为代表的马文化服务,牧区的民族马产业也得到了一定发展。但马产业在迎来新的发展机遇同时,依然面临着诸多困难,目前依旧存在市场萎靡、存在规模小、马产品档次低、生产效益不高等问题;生产、加工、销售的结合度欠佳,尚未能形成大规模商品化企业带动马产业发展的局面,没有成熟系统的战略规划,草原旅游马产业缺乏活力。

二、乌兰察布市马产业发展方向

乌兰察布市地处两大集成区的交错地带,应充分发挥其地理位置的优势,结合自身特点,以民族赛马、现代马球、草原旅游休闲马产业、饲草料为主要产业,建立以集宁区为中心的"察哈尔右翼前旗——集宁区——四子王

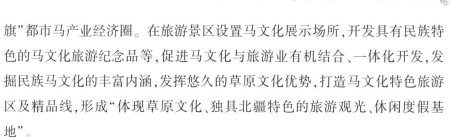

旗"都市马产业经济圈。在旅游景区设置马文化展示场所,开发具有民族特色的马文化旅游纪念品等,促进马文化与旅游业有机结合、一体化开发,发掘民族马文化的丰富内涵,发挥悠久的草原文化优势,打造马文化特色旅游区及精品线,形成"体现草原文化、独具北疆特色的旅游观光、休闲度假基地"。

在城市周边建设马术俱乐部、马场,为城市生活提供休闲娱乐场所和体育运动场地,开拓休闲骑乘马市场。在人流稠密的旅游景区建设小型跑马场、马术娱乐场,扩大娱乐骑乘马应用市场,宣传、普及马文化,为城市市民和往来宾客提供娱乐、休闲、体育、健身活动场所。

三、乌兰察布市马产业发展对策

(一)确立马产业发展的战略规划

从政策层面建立马产业发展战略规划,坚持政府引导,出台更加有效的支持政策,抢占发展机遇。结合乌兰察布市实际,用系统的规划指导本市的马产业发展,使马产业的发展更加专业化,更加系统化,更有自身特点,更加高效,进而推动马产业新兴产业成为经济社会发展的新引擎,积极构建创新型现代化马产业发展体系。

(二)加大招商引资力度

紧紧抓住乌兰察布市马产业具有优势的重点区域,扩大开放,充分发挥乌兰察布市的资源优势、区位优势和后发优势,整合、调动各种招商引资的资源和力量。通过全方位参与和大投资项目的引进,有助于形成马产业聚集、马产业升级,形成新经济增长极。察哈尔右翼前旗和四子王旗的马匹数量较多,应利用引入资金重点发展民族赛马、草原旅游休闲马产业及饲草料产业,集宁区重点发展现代马球产业,建立相关合作社。

（三）加大基础设施建设力度

以现有赛马设施为基础，根据产业发展实际，对现有的赛马场进行改造升级，对已具备规模的赛马场按照大型赛马要求完善设施标准，使之成为大型综合性赛马活动中心。统筹建设养马基地、马术学校、马匹选育研究所、草原沙漠影视拍摄基地、马饲料生产加工基地及民族体育表演和比赛场地等配套设施，为马产业发展提供基础性支撑。借鉴国内外发展马产业的经验和做法，建立国内先进的马产业示范基地，重点扶持几个对马产业可持续发展起重要作用的龙头企业。建设综合类的运动马驯养管理和骑术学院，提高马厩、运动场、训练场馆建设水平，逐步实现向社会开放和商业化运作。到 2020 年，建设 2~3 个国际水平的赛马场，建成 1 所高水平的骑术学院。

（四）重点发展旅游休闲骑乘马产业

一是组织完善马队接送、骑马、马车、马术表演等在旅游景区的观赏项目，在旅游景区设置马文化展示场所，开发具有民族特色的马文化旅游纪念品等，促进马文化与旅游业有机结合、一体化开发，发掘民族马文化的丰富内涵，发挥悠久的草原文化优势，打造马文化特色旅游区及精品线，形成体现草原文化、独具北疆特色的旅游观光、休闲度假基地。二是以重点旗县为单位，整合地方畜牧业服务体系、兽医防疫体系和农牧民生产专业合作社等社会资源，发挥乌兰察布市重点区域蒙古马种质资源优势和草地资源优势，针对旅游休闲骑乘用马市场，统一调配草场、公共投入资金等资源，以农牧民为主体，以草场权益和养驯马收益为纽带，发展现代农牧业经营组织，组建以蒙古马为基础的繁育种群，建设旅游休闲骑乘用马繁育、驯养基地。

（五）打造网络与实体相结合的交易市场体系

以内蒙古整体为窗口，建设链接基地所在盟市的中心城市和基地旗县，联通基地企业和农牧民与市场的电子商务网络，通过电子交易方式，构建"网上交易、网下配送"的产销对接模式。借助互联网快速、直接、有效的信息优势,创办各具特色的马产品供销网,努力打造实体市场交易与网上市场交易相结合的马产品市场交易体系,进一步拓宽乌兰察布市马产品的销售渠道。

(六)以格根塔拉、辉腾锡勒为重心,推动草原旅游转型升级

格根塔拉草原与辉腾锡勒草原是乌兰察布市的两大重量级草原旅游中心,乌兰察布市的民族马产业发展,必须依赖这两大草原旅游的发展。今后这两大草原需要接力传统草原旅游,全力推进民族马产业与草原旅游的深度融合,创造有吸引力的马背文化产品,更好地将具有当地特色的游牧文化展示给八方游客。

(七)以集宁区为核心,推进现代马球赛事

马球是中国人传统的马术团体赛事,马球在中国古代叫"击鞠",始于汉代,现代马球是乌兰察布市草原儿女最热爱的运动之一,也是草原那达慕大会的比赛项目,是传播蒙古族文化传统的重要载体。集宁区风景优美,适合建设马球赛事推广基地,开展现代马球赛事。

第五节　锡林郭勒盟

一、锡林郭勒盟民族马产业发展条件

(一)区位条件

锡林郭勒盟位于中国的正北方,内蒙古自治区的中部,驻地锡林浩特市。这里既是国家重要的畜产品基地,又是西部大开发的前沿,是距京、津、

唐最近的草原牧区。北与蒙古国接壤，边境线长 1098 公里，南邻河北省张家口、承德地区，西连乌兰察布市，东接赤峰市、兴安盟和通辽市，是东北、华北、西北交汇地带。锡林浩特市距首都北京 620 公里，锡林郭勒盟草原距首都北京 180 公里，距呼和浩特市 620 公里，草原区位优势较好。

（二）马匹饲养数量

锡林郭勒盟自古以来就是我国养马的重要地区之一，锡林郭勒马匹数量随着我国经济的发展和马匹的用途发生着变化，主要饲养包括蒙古马、锡林郭勒马、卡巴金马和英纯血马 4 个品种，其中蒙古马是地方品种，现存栏 5525 匹；锡林郭勒马是培育品种，现存栏 1962 匹；卡巴金马和英纯血马是引进品种，存栏均较少。蒙古马分布在全市，锡林郭勒马、卡巴金马和英纯血马主要分布在白音锡勒牧场。

从锡林郭勒盟的马匹数量上看，大致是先激增后衰减的过程。从中华人民共和国成立初的 11.62 万匹到 1975 年的 76.62 万匹，锡林郭勒盟的马匹数量迅速增长，主要是因为中华人民共和国成立初的军事需要和中华人民共和国成立后牧民拥有了稳定的生活生产环境；1975 年到 1978 年，马匹数量锐减，1978 年到 1997 年，马匹数量只发生了较小幅度的减少，从 1998 年开始到 2007 年，马匹数量又经历了一次剧减，甚至在 2004 年减少到了 10 万匹以下，这个减少的趋势主要源于工业化的进程取缔了马在农业生产和交通运输中的重要地位；2009 年以后，马匹数量出现了增长态势，主要源于奥运会的承办，马术活动重新被认识，国内出现了一批赛马、养马爱好者，国家的鼓励政策也有相当的推动作用。从总体上看，2009 年后，锡林郭勒盟的马匹数量有了增长态势，但是增长的速度还比较缓慢，现在的总量也仅仅达到中华人民共和国成立初期的水平。

（三）马品种（类群）资源状况

锡林郭勒盟的马匹品种主要以蒙古马、锡林郭勒马为主。其中，乌珠穆沁马是锡林郭勒盟拥有的蒙古马中最重要的类群之一。近年来还相继发现了阿巴嘎马、苏尼特马等具有一定特色的蒙古马群体。1987年,内蒙古自治区对锡林郭勒马进行了品种验收命名,宣告育成。20世纪50年代,曾由苏联引进轻型马众多,锡林郭勒种畜场用阿哈马做人工授精,1955年,人工授精改良蒙古马达200匹。随着锡林郭勒盟一些马术俱乐部与育马场的兴建,当地也已引入少量纯血马。

(四)马业协会和马术俱乐部

近年来,锡林郭勒盟依托丰富的马文化资源和马产业基础条件,不断强化马文化挖掘、马产品开发及马产业管理等工作,推动了锡林郭勒盟马产业快速发展,特别是将旅游业与马产业发展有机结合起来,逐步打响了"中国马都品牌称号",以"马"为核心的马产业得到快速发展。目前,全盟旗县市(区)组织成立马业协会(合作社)137个,加入协会会员6352人、马匹29080匹,其中,牧民马业协会(合作社)达到97个,马奶协会(合作社)11个。马业协会、俱乐部等社会组织覆盖全盟并初具规模。

内蒙古自治区马业协会分别在锡林浩特市、西乌珠穆沁旗、阿巴嘎旗成立了两个不同类群的蒙古马保种基地:乌珠穆沁白马保种基地和阿巴嘎旗黑马保种基地,建成锡林郭勒白音锡勒良种马培育基地、草原马场(竞技型的锡林郭勒马新品系培育基地)、太仆寺旗皇家马苑等马匹培育基地。以马繁殖基地为依托,加强繁育、改良和提纯复壮等现代繁育技术,大力培育蒙古马的品质、品牌;适度引进国外、国内优秀运动马品种,改良提高地方马生产性能,着力培育高品质的运马;逐步淘汰低质、低值、低效的马匹,推动蒙古马进入高品质竞赛马行列。

(五)人才培养情况

2016年8月成立马术学院,并于同年9月招收第一批马术专业的中职学生72人,采用蒙汉双语教学。2017年秋季开始招收高职运动训练专业(马术方向)学生,使每一名学生发挥各自特长,将专业分为场地障碍、速度竞赛马、马术耐力赛、马上技巧表演四个专业方向,并对学生进行了专项测

试,根据测试结果进行专业方向分流。依托锡林郭勒职业学院草原生态畜牧兽医学院和生物工程研究院,组建马的饲养、诊疗、蒙古马血统谱系研究、马匹改良等功能于一体的马产业服务团队,培养本土人才,服务区域经济。

(六) 赛事的承办与参与

传统的马文化活动如那达慕大会、祭敖包等,在各旗县各苏木广受欢迎。2009 年,锡林郭勒传统那达慕大会在锡林浩特市南 12 公里处的希日塔拉草原盛大开幕,来自全区各盟市及日本、俄罗斯、蒙古国等国家的近千名运动员在大会的 3 天时间里参加博克、赛马、射箭、喜塔尔等多项民族传统体育竞赛,并组织开展了全国绕桶邀请赛、全国速度赛马邀请赛、蒙古马耐力赛、走马赛等专业比赛,为发展锡林郭勒盟赛马业积累了经验。锡林浩特市成立了阿都沁艾力马业协会及首个专业马术表演队、马球队和马术俱乐部。同时,随着马文化与旅游业发展的深入契合,各地纷纷加强了对马产业发展的管理,太仆寺旗成立了皇家御马协会,东乌珠穆沁旗成立了乌珠穆沁马文化协会。

近年来,中国马都核心区域锡林浩特市,依托丰富的蒙古马资源,不断强化马文化挖掘、马种改良、马产品开发及马产业的规模化发展,同时将马产业与旅游业发展有机结合起来,推动马产业的迅速发展。

(七) 目前存在的问题

锡林郭勒盟的民族马产业在区位、草场、历史传统、马文化等方面拥有良好的发展基础,被誉为"中国马都"。但是,存在政府管理条块分割严重、政令不一、草原生态恶化,统筹规划缺失等问题,具体表现为以下几个方面:1. 马匹数量大幅下降,马种退化严重;2. 马匹利用途径尚未完成转型,养马经济效益不高;3. 产业发展水平较低;4. 市场开拓不足;5. 科研投入不够;6. 人才培养方面存在困难。

二、锡林郭勒盟马产业发展方向

以锡林郭勒盟"中国马都"品牌为切入点,全面规划中国马都核心区建设,规划建设民族赛马、马产品开发、休闲娱乐、草原旅游为一体的综合性马产业发展园区,涉及体育竞技、餐饮、休闲骑乘、医药研发、马文化创意、金融投资等行业领域的多业态复合体。在现有城市建设的基础上,规划出马匹繁育、训练、拍卖、马产品研发、马文化创意基地,继续完善马都核心区建设,引进相关产业、科研院所、学校、餐饮等,建设民族马产业集群示范区,探索民族马产业发展的新模式,推动民族马产业集群发展。将锡林郭勒盟"中国马都"资源优化升级,构建锡林郭勒盟马交易市场,使之成为全国最大的马匹输出基地,马匹贸易之都。

三、锡林郭勒盟马产业发展对策

(一)加大养马、育马力度

保护民族地区马匹品种,加快品种纯化与繁育,建立稳定的马品种群体是民族马产业发展的基础。在锡林郭勒盟建立马匹品种自然保护区、蒙古马原种场、蒙古马种公马站、良种蒙古马繁殖基地,制定严格的繁育技术路线,确保马匹纯化,恢复品种传统优良性状和种群。积极开展蒙古马遗传资源多样性的研究及其成果的应用与推广,构建蒙古马基因库,建设蒙古马品种改良培育基地,坚持"洋土并用",引进国外纯血马改良蒙古马品种,培育专业化程度较高的优良马品种和实用型品种,用于出口、赛马、娱乐、旅游骑乘、主题活动、大型影视节目用马及马产品开发等,提高养马、育马质量和经济效益。鼓励牧民养马、育马,改进饲养管理,在牧区实行现代群牧养马,逐步向产品养马业转变。对马种和马匹专门进行登记、驯教和测试,积极开展赛马资格认证、拍卖交易,将赛马赛绩与牧民马匹选育工作结合起来。

（二）积极建设高端马产业市场，打造贸易之都

全盟各级马会与全国各地马会建立联系，积极建设马交易市场和马拍卖交易中心，开展马匹拍卖交易活动，创办专业化的马拍卖交易会，为马匹拍卖交易搭建平台，构建锡林郭勒盟马交易市场。政府引导和激活马业市场，"以卖定产"，使锡林郭勒盟成为全国最大的马匹输出基地。

（三）加大科研和产品开发力度

统筹马产品加工和市场资源开发，促进马奶、马油、马肉、马血清等产品的生产开发利用，制定出相关卫生质量标准。协调医疗、教学单位，研究马产品医疗、保健、美容功效，促进产品开发，形成产品。加强锡林郭勒盟马产业教学、科研、医疗的引导和监督，鼓励大众以马资源开发为载体，实施创新的创业计划。创新马产品的开发与利用，延长产业链条，实现马产业的规模化、市场化、商业化。

（四）完善政策体系

建立完善的政策体系，是民族马产业集约化发展的重要保障。按照全产业链安全运行的内在要求，就马匹品种保护、繁育、训练、参赛、拍卖、产品开发、饲草料种植加工、民族马具服饰生产、民族文化旅游等方面，出台扶持政策，建立完善的法律法规。突破发展难点，出台持续的财政扶持政策，加大优质马购置、养殖基地建设、养殖大户发展、马匹调教技能培训等。拨付专项资金，支持专业相关院校基础能力建设，加大马产业人才培养、马业技能培训等。制定相应措施，提升马产业养殖的抗风险能力。加大优质蒙古马繁殖推广，并给予扶持、补贴。

（五）深入挖掘马文化

积极筹建以马文化为主题的项目，集中展现锡林郭勒草原养马历史、马的品种、名人名马、马铸造的奇迹、民间马术运动、马摄影精品、马古董、马雕

塑、马具和马艺术品等内容,挖掘和弘扬蒙古族马文化,大力弘扬习近平总
书记提出的蒙古马精神,突出民间特色、民族特色和人文特色,组成民族特
色深厚、大众参与感强、观赏性强、娱乐性强、安全性高、可实施的马艺术文
化活动,为锡林郭勒盟现代马产业的发展做必要的文化铺垫。深入挖掘、整
理、创新民族马文化,树立民族文化自信。培育民族马产业价值体系,加强
民族马产业内涵建设,赋予民族马产业新使命,增强民族马产业集约发展的
内在驱动力。逐渐将锡林郭勒从"草原明珠"的形象中升华出来,助推实现
马文化与马产业高级耦合协调发展,利于民族马产业集约化升级。

(六)建设核心赛马场,建立分类分级赛马制度,推广国际化赛事规则

建设几个与国际接轨的核心赛马场,在具备马文化体育活动基础的市、
旗县配套建设赛马场。建立分类分级赛马制度,推广国际化赛事规则,培育
赛马企业;加大赛事品牌建设,支持举办全国性、国际性的重大赛事,创办一
批国内一流、国际瞩目的品牌赛事,将锡林郭勒盟打造成为国内乃至亚洲主
要的马竞技赛事区。积极争取利用体育彩票公益金,构建现代赛马组织运
行体系,推动赛马常态化,逐步推进内蒙古自治区传统赛马赛事与国际
接轨。

第六节　通辽市

一、通辽市马产业发展条件

通辽市是国家重要的畜牧业生产基地,也是科尔沁马的原产地,养马历
史悠久,在20世纪90年代之前,蒙古马一直是牧民赖以生存的生产生活资
料,也是主要的交通役用工具。现如今,随着生产力的发展,经济社会的进

步,通辽市传统马产业处于萎缩状态,但是伴随着"8·18哲里木赛马节"逐年增加的影响力,通辽市借助旅游业大力打造当地特色马文化、赛马、马术、休闲娱乐等马产业项目正在当地兴起。

(一) 区位条件

通辽市位于内蒙古自治区东南部,东与吉林省接壤,南与辽宁省毗邻,西与赤峰市、锡林郭勒盟交界,北与兴安盟相连,是内蒙古自治区东部和东北地区最大的交通枢纽,是环渤海经济圈和东北经济区的重要枢纽,是全国和内蒙古自治区蒙古族人口最集中的少数民族地区。

(二) 政策优势

在《国务院关于进一步促进内蒙古经济社会又好又快发展的若干意见》提出了建设草原文化旅游大区、培育民族特色文化产业等一系列政策措施的指引下,自治区党委、人民政府高度重视马产业及与马产业紧密联系的旅游、文化、体育产业的发展,相继出台了旅游业和文化产业中长期发展规划,加大了政策倾斜和资金投入力度,设立了文化和旅游专项发展基金,成立了内蒙古马业协会和内蒙古马业发展基金会。通辽市在"中国马王之乡"科尔沁左翼后旗组建了内蒙古自治区第一家盟市级马术协会——科尔沁马术协会,使通辽市马产业发展步入了新阶段。

(三) 品种资源与数量

近几十年来,通辽市先后引进了三河、顿河、苏高血、阿尔登等各类优良品种的种公马,对当地蒙古马采取级进杂交和复杂杂交方式进行改良,又根据对我区西部、新疆、西藏、甘肃、宁夏等地的马市场需要情况的分析,先后购进俄系种公马、汉血种公马、新西兰纯血马,与存栏的纯血马进行杂交改良,逐步培育出适合草原气候和生产特点的乘挽兼用型新品种。主要有以下四种:蒙古×三河(级进2~3代);蒙古×三河×苏高血;蒙古×苏高血(或顿河级进或复交二代);蒙古×三河(苏高血、顿河)×阿尔登(苏重挽)。由于在育种过程中有重型种马参与,所以少数科尔沁马表现偏重。马品种主要有蒙古马(本地品种)、纯血马(种公马)、苏高血马(种母马)、半血马(纯血马的杂交后代)。

通辽市马的定型品种为"科尔沁马",属能够适应草原气候和生产特点的乘挽兼用型新品种,具有适应性强、耐粗饲、抗病力强等优点。成年公马(乘挽)型体高 151.95 厘米,体长 154.27 厘米,胸围 175.85 厘米,体重 427公斤。科尔沁马成年公马(挽乘)型体高 149.02 厘米,体长 154.32 厘米,胸围 177.1 厘米,体重 433.64 公斤。科尔沁成年母马(乘挽)型体高 143.7 厘米,体长 145.97 厘米,胸围 168.87 厘米,体重 389.15 公斤。科尔沁马成年母马(挽乘)型体高 143.92 厘米,体长 146.26 厘米,胸围 174.53 厘米,体重420.3 公斤。毛色以黑、栗、骝为主。科尔沁马绝大多数个体表现节奏紧凑、体型匀称、头中等清秀、颈肌丰满、身胸膨胀、背腰平直、前胸丰满、前档宽、四肢干燥结实端正、关节明显、蹄质坚实等特点。

2016 年度统计,数量上,全市马存栏 18.2 万匹,其中科尔沁区 3.36 万匹,开鲁县 2.99 万匹,科尔沁左翼中旗 2.1 万匹,科尔沁左翼后旗 2.87 万匹,奈曼旗 1.9 万匹,库伦旗 0.95 万匹,扎鲁特旗 3.8 万匹,霍林郭勒 490匹,开发区 1700 匹。品种上,主要为蒙古马和科尔沁马共 18 万匹,占马匹总栏的 99%,三河马存栏 880 匹,英纯血马等引进品种和引进品种改良马近1400 匹。分布上,科尔沁马主要以高林屯种畜场为中心产地,分布在其周围的农区、半农半牧区,同时,科尔沁地区也是我国历史著名的蒙古马出产区。变化趋势上,近十年以来,全市马存栏量总体呈下降趋势,由 2006 年的 26.5万匹下降到 2016 年的 18.2 万匹,比十年前下降了 32.4%。

(四)马产业基础设施建设

通辽市现有赛马场 6 个,马文化产业园 2 个,马文化主题公园 1 个。近几年,通辽市加快了马产业基础设施的建设步伐。科尔沁左翼后旗博王府赛马场是东北地区目前规模最大的赛马场,赛马场始建于 2007 年,占地面积50 万平方米,能够容纳 10 万观众,是我区东部地区第一座规范化赛马场,可

承办国家级高规格的赛事活动。

通辽市科尔沁马城项目 2013 年开始动工,位于通辽市经济开发区,该项目初步预算投资 24 亿元,规划 1 年内具备举办赛事能力,两年内做到功能配套齐全,总占地面积 2400 亩,以蒙元文化为根基,以科尔沁马文化为主题,以科尔沁马文化博物馆、国际赛马场、育马基地、骑士俱乐部、马术学校、马文化会展中心为主要建设内容,着力打造国内最大、设施最优、功能最全、标准最高的集国际级赛马、育马及蒙古族文化展示基地。目前,马场赛道已完成闭合,正在进行基础设施施工,赛事大楼已完成二层建设,外部 7200 个座位的看台已基本建设完成,正在进行后期完善工作。建成后,将拉动近百个相关产业发展,年经济效益达 5 亿元,增加就业岗位近 5000 个,成为繁荣科尔沁文化、提高城市层级、展示通辽形象、聚集大量高端人群的重要文化窗口。

(五)重点马产业企业和基地

通辽市现有养马合作社 23 个,养马企业 2 家,马业、马术协会 4 个,马术俱乐部 1 个,马术培训基地 2 个。除此之外,通辽市马产业组织结构不断健全,2007 年科尔沁左翼后旗成立第一家市级马术协会,2008 年又注册成立通辽市科尔沁马术俱乐部。协会内设有常务理事会、竞赛委员会和督察委员会三个机构,该协会对全旗马术运动进行日常管理、组织指导、训练调教,为马术运动的训练常态化、组织制度化提供了强有力的保障。目前入会会员(马术爱好者)达 200 多人,理事有 30 余人,其中马术教练员 3 名、骑手 50 名、兽医师 2 人。

(六)马文化产业发展状况

马文化是草原文化的组成部分。通辽市地处科尔沁草原腹地,是全国蒙古族人口最为集中的地区,蒙古族人民祖祖辈辈养马、驯马、骑马、套马,马文化底蕴相当深厚。赛马、马上技巧、马术活动是蒙古族民族精神和文化娱乐的重要组成。在民间,每逢节庆、婚礼、寿典等喜事,都要赛马助兴。

1992 年在广州举办的"金马杯"中国马王邀请赛上,科尔沁左翼后旗骑手扎那力克群雄,获得了"金马杯",荣登"中国马王"的宝座,成为中国的第一位马王。自从开展各类赛马项目以来,在全国各类赛马比赛中,通辽马独占鳌头,连续摘金夺银,几乎包揽了中国赛马比赛的所有金牌。其中,在2015年8月份举行的第十届全国少数民族传统体育运动会上,科尔沁左翼后旗马队代表我区参加马术竞赛项目,共获得4个一等奖、5个二等奖、6个三等奖的佳绩,不仅圆满完成上级下达的任务,还为续写"马王之乡"的荣誉注入了新的活力。

(七)目前存在的问题

通辽市的马匹数量从1975年到现在一直居于我区首位,总数上较为稳定,2010年之前一直保持在25万匹以上,但是之后开始出现逐年下降的趋势。目前,通辽市重点保护的马品种为科尔沁马,但还未建立该品种马的保护场和保护区。种源建设及良种繁育滞后,良种种马引进、培育、生产和供应能力严重不足。

通辽市作为"中国马王之乡"一直在民族马产业上表现出绝对的优势,但是相对于其他省份基础设施仍需要不断完备,驯马场地和赛马场较少,规格较低,竞技体育马业赛事活动少,参赛奖金低,科尔沁马城自2013年开始建设,到目前还未投入使用,这些都在一定程度上制约着通辽市竞技赛马、骑乘休闲、马文化旅游产业的发展。

二、通辽市马产业发展方向

在通辽市以蒙元文化为根基,以科尔沁马文化为主题,以科尔沁马文化博物馆、国际赛马场、育马基地、骑士俱乐部、马术学校、马文化会展中心为主要建设内容,着力打造国内最大、设施最优、功能最全、标准最高的集国际级赛马、育马及蒙古族文化展示基地,成为繁荣科尔沁文化、提高城市层级、展示通辽形象、聚集大量高端人群的重要文化窗口。

三、通辽市马产业发展对策

（一）优化通辽地区马品种

在马的品种改良方面，由适合于生产的乘挽型转向比赛型、观赏型，引进英国纯血马、阿拉伯马等优良马种，聘请国内顶尖的兽医等相关人才，建立马繁育基地，对科尔沁马采取级进杂交和复杂杂交方式进行改良，通过二至三代的培育，大幅提升科尔沁马的品质和产品价值。同时，通辽市应建立科尔沁马和蒙古马的保护场和保护区，根据市场需求情况，采用先进的配种技术，优化通辽地区马品种，并且与当地的牧民进行合作，政府负责提供种马，牧民繁育出马驹后，政府定向收购。采用政府带动牧户的模式，增加马匹产量，带动当地牧民收入。

（二）延伸通辽地区特色马产业链

马产业已经形成了一个庞大的链条，从马匹进口和繁育到马匹销售、赛事运营和马产品开发，细分环节非常完备。

发达国家的养马业在经济生活中占有相当重要的地位。随着近几年欧洲国家广泛流行疯牛病、口蹄疫，马肉在国际市场上大受欢迎。另外，除马奶和马肉制品外，马的皮、毛、血、骨、脏器等副产品的综合利用价值也非常高，可以用于生物制品。其他马产品（如孕马血清是生产孕马血清促性腺激素（PMSG）类生物药物的最好原材料）也有很好的市场前景。但是，我国马肉制品开发时间不长，消费者对于马肉制品的认识度不高，正处于起步发展阶段，而通辽市作为良马的主产地之一具有绝对的资源优势。对此，通辽市应对马肉制品、马奶、马的相关副产品赋予地域特点、民族特色，创建自主品牌，建立"企业+合作社+农牧民"产业模式，通过招商引进马产品加工、马生物制药等企业，促进关联性生产，促进财政增效、农牧民增收。同时，加大宣传，开发市场，加大马产品研发力度，主要以马脂化妆品、生物制品等，提升马产品的附加价值。

近年来,随着竞技体育中马术、赛马的引入,民族传统体育运动中,各种赛马运动的振兴,草原旅游业的兴起,诸多马上体育和休闲娱乐项目在全国兴起。对此,通辽市应充分利用"8·18"赛马节的品牌影响力,依托以大青沟为核心的旅游产业、僧格林沁历史故事等旅游文化资源,把"马符号"纳入全旗旅游规划大局,推动旅游、传媒、服务业等其他相关产业的全面发展。收集、创编体现地方特色的马文化产品和节目,以精彩的马文化活动带动旅游产业发展;鼓励企业和个人创作与马有关的书籍、影视作品以及艺术品、工艺美术品等;传承发展非物质文化遗产马具制作等技艺,生产高中低档马鞍等马具装备,满足不同消费群体需求。在旅游景区提供骑马、马术表演、赛马表演、马车观光等项目,组织文工团开展马术表演;着手筹办以草原骑手国际大会为重点的赛事活动,利用电视、报纸、微信、网站等进行广泛宣传,营造好马文化氛围。

对全市范围内的马场、赛马场等基础设施进行重新规划和修缮。规划在大青沟景区两侧建设马场,开展马术表演、赛马活动;在阿古拉湿地、草甘沙漠等旅游景区规划建设马场,开设骑马、牵马等项目,提高游客体验满意度;将已有的马场完善成集驯马、养马、赛马、马术学校、射箭、摔跤功能于一体的场地,并合理规划宾馆、餐厅、工艺品店等周围经济设施。同时,当地政府应加快建设科尔沁马城,推进基础设施建设,提升服务质量,营造消费环境,建成集名马展示、文化创意、赛事常态、马术学习、生态景观、休闲餐饮、特色产品展销等为一体的文化旅游主题园。

(三)利用政策支持保障马产业发展

政府应严格按照禁牧工作要求和草牧场承载能力水平规划发展马产业,大力主导"庄园式"养马模式,扩大紫花苜蓿等牧草的种植面积,让群众在养殖与盈利的同时保护好环境。发挥典型示范合作社的示范引领作用,为园区建设合作社手续审批等提供高效服务,透明马文化产业收支账,以马产业发展带动就业和旅游业基础设施建设,使马产业公司、合作社实现健康

成长。确保整个产业链良性运转,完善交易市场基础设施,保障马产业买卖渠道;协调当地饲料厂,保障饲料供应;协调金融机构,发放养马贷款;充分发挥市、旗农牧局、科协、科技局等各大部门的作用,提供养殖技术支持;协调基层兽医站提供马的防疫、配种服务。

(四)借助农牧交错地区优势发展饲草料基地

通辽市地处农牧区交错地带,是畜牧养殖业比较发达的地区,牛、羊的饲养数量逐年扩大,对牧草需求量越来越大。在西部大开发战略的指导下,退耕还林还草、封育禁牧、舍饲圈养等政策都为建设优质、高效饲草基地提供了良好的发展环境。因此,通辽市可以通过扩大饲草料种植面积、加大基础设施建设、优化牧草品种、提高饲草料生产规模等手段发展饲草料基地建设,在提高防灾、抗灾能力的同时为舍饲半舍饲养殖提供饲草,缓解减畜压力。

第七节 赤峰市

一、赤峰市马产业发展条件

赤峰市克什克腾旗是"百岔铁蹄马"的故乡,克什克腾旗旅游资源丰富,可借此推进马产业与旅游休闲产业深度融合,探索建立休闲观光马道,布局建设马文化旅游体验基地。在城市周边或沿热点旅游线路建设对外开放的马主题公园等休闲娱乐场所,为群众提供多元化休闲娱乐和健身方式。此外,依托赤峰学院、赤峰市农牧科学研究院等教学科研推广单位,加大马品种保护繁育、饲料营养、疫病防治及科学技术成果转化方面的工作力度,构建企业、科研推广机构及专业院校紧密结合的产学研平台。

（一）区位条件

赤峰市地处内蒙古自治区东南部，位于蒙冀辽三省区接壤处，被内蒙古自治区政府定位为省域副中心城市。东与通辽市和朝阳市相连，西南与承德市接壤，西北与锡林郭勒盟毗邻。

（二）马匹数量及分布情况

赤峰市共有马匹126713匹，马匹品种单一，均为蒙古马。阿鲁科尔沁旗、巴林左旗、巴林右旗、林西县、克什克腾旗和翁牛特旗的马匹数量较多，占全市马匹总数的80%以上；喀喇沁旗、红山区和元宝山区的马匹较少。

（三）举办国际赛事

第四届内蒙古（国际）马术节于2017年9月2日至4日在赤峰市松山区双马渠首隆重开赛。马术节从振兴发展草原马文化，满足群众参与热情，提振我区马术运动影响力出发，秉承"草原马文化活动+民族魅力马术运动"的宗旨，通过多种形式集中力量开展"内蒙古（国际）马术节"的各项活动。本届马术节已成为内蒙古自治区成立70周年重点体育活动之一，唯一入选"国家体育旅游精品赛事"的马主题赛事，由全区9个盟市共同打造。

"2017中国·赤峰美林国际赛马会"由赤峰天牧隆马业有限公司主办，喀喇沁旗美林镇政府、喀喇沁旗文化广电体育局协办，竞赛项目有速度赛马、走马。参赛的骑手除了来自赤峰市外，还有一部分骑手来自山东、北京、天津、沈阳、通辽等地，最小骑手只有11岁。参赛的赛马有纯血马、汗血马、阿拉伯马、蒙古马等马种。其中，最贵的一匹纯血马，身价在100万元以上。

（四）目前存在的问题

赤峰市马业较其他产业发展较慢，马匹数量呈逐年递减趋势，作为蒙古民族家庭生活和社会生产的伴侣，蒙古马资源优势正在衰退。马匹品种单一，只有百岔铁蹄马，主要集中在乌兰布统草原。赤峰市马产业发展投资渠

道、手段、主体较为单一,持续的资金投入力度不足,缺乏相应的基础设施,仅有一个马术俱乐部,刚刚成立不久,相关的龙头企业较少,缺乏大型赛马活动场地及举办大型赛马活动的经验。

二、赤峰市马产业发展对策

(一)推进马产业与旅游休闲产业深度融合

结合旅游产业发展,开发以马为元素的多元文化旅游休闲项目。可以利用克什克腾旗丰富的旅游资源地区探索建立休闲观光马道,布局建设马文化旅游体验基地。在城市周边或沿热点旅游线路建设对外开放的马主题公园等休闲娱乐场所,为群众提供多元化休闲娱乐和健身方式。鼓励和引导企业、农牧民围绕旅游景点开展野外骑乘等经营性活动,培育新的消费热点。

(二)建立完善相关服务体系

依托赤峰学院、赤峰市农牧科学研究院等教学科研推广单位,加大马品种保护繁育、饲料营养、疫病防治及科学技术成果转化方面的工作力度,提高马产业科研水平及保护能力。构建企业、科研推广机构及专业院校紧密结合的产学研平台。加强马属动物疫情预警预报,支持马匹专门医疗机构发展。整合地方兽医队伍,配齐专业医疗设备,培养和建立全科马兽医临床诊疗队伍,提高诊疗和赛事兽医水平,为养马提供有效技术指导服务。完善马匹检验检疫机制,为马匹跨区域流动开设绿色通道。

(三)搭建马产业交流合作和信息化服务平台

支持有条件地区和企业建立马产业合作交流基地,大力开展马产业经济、科技、文化、体育等方面的交流合作。有条件的地区可建立国际化、专业化的马匹拍卖交易中心和马产品交易中心,为马及其产品交易搭建平台。积极与区级信息平台和数据库对接,提高马产业服务质量和水平。

（四）提供金融政策支持

在赤峰建立多元化的马产业融资渠道,鼓励企业、民间资本等投入马产业发展。鼓励金融机构适当提高贷款或授信额度,支持马产业新型经营主体发展。鼓励融资性担保机构为马产业提供担保支持。

（五）加强马品种保护和改良繁育

加强蒙古马等地方品种资源保护,积极配合内蒙古开展蒙古马等地方品种保护和资源普查。在赤峰市鼓励蒙古马集中区建立核心种马场,开展提纯复壮工作。支持核心种马场申报国家和内蒙古自治区有关项目。协助做好国家和自治区在我市开展的资源库建设、资源动态监测和基因测序等科研和保护工作。

（六）加快推进本地优质马品种扩群繁育工作

保护好赤峰市优质蒙古马品种资源,鼓励支持养马大户、专业合作社、马产业龙头企业等引进国外优良专用品种开展纯种繁育,推动高端马本土化。建立完善本地马良种繁育场,制定健全纯种繁育方案,扩大种马核心群规模,增加优质马供种能力。建立完善马匹改良技术服务推广体系,提高优质种公马的使用率,提高种群质量。

第八节　兴安盟

一、兴安盟马产业发展条件

（一）区位条件

兴安盟是内蒙古自治区所辖盟,位于内蒙古自治区的东北部,因地处大

兴安岭山脉中段而得名,"兴安"满语意为丘陵。兴安盟东北与黑龙江省相连,东南与吉林省毗邻,南部、西部、北部分别与内蒙古的通辽市、锡林郭勒盟和呼伦贝尔市相连,西北部与蒙古国接壤。

(二)马匹情况

兴安盟共有马匹66439头,主要分布在科尔沁右翼前旗、扎赉特旗和科尔沁右翼中旗,占全盟马匹总数的80%左右。其余马匹品种占比较少。兴安盟各旗县区重点养殖蒙古马、三河马与杂交马,其中2016年养殖的蒙古马匹数高达23396匹,养殖的杂交马匹数高达27810匹,养殖的三河马匹数高达10852匹,马品种养殖数量波动大,该地区养殖杂交马的匹数较多,其中蒙古马养殖匹数多是因其具有易饲养、耐力强、适应力强等基本特点。

(三)"文化+旅游+体育"创新发展模式

"让绿草原跑出金饭碗"的科尔沁左翼中旗正依托马产业,打造中国首个马主题小镇。围绕马的形象及马文化改造小镇的整个视觉、产品和产业的设计,实现县域经济的快速发展。马主题特色小镇建设内容包含马主题酒店、马术学校、马主题博物馆、马主题商业街等。通过一张"枫情马镇"旅游名片,打造集马竞技赛事观赏、体验为核心的"一站式"马文化旅游品牌。"马的科研、产业、体育、产品、品牌、文化、旅游"也使马产业成为当地发展新的增长极。

(四)目前存在的问题

兴安盟各旗县农牧区马的存栏无论从品种数量还是质量上都处于下滑的态势,前景令人担忧。受到多种因素制约,兴安盟弘扬"马背文化"方面力度尚不足,马场配套设施开发利用等步伐较缓慢,在做大做强马产业过程中开放程度不够、外来资金不足、项目数量有限、龙头与品牌产品缺乏、产业链条尚未形成、经济与社会效益不明显,"马背文化"的深层综合价值没有真正释放出来。

二、兴安盟马产业发展方向

作为兴安盟和自治区级的"扶贫龙头企业"——内蒙古莱德马业股份有限公司,以赛马为龙头,带动了马匹繁育、饲料生产、马匹养殖、新品种培育、马匹销售、赛马与马术运动,打造和构建了马产业全产业链。兴安盟应更好的依托莱德马业,为进一步推进产业转型,培养专业人才,创造就业岗位,带动农牧民脱贫致富而努力,传播兴安盟体育正能量,弘扬内蒙古马文化,从而实现马产业大融合、发展大联动、成果大共享,使莱德马业成为兴安盟马产业发展的核心引领。

三、兴安盟马产业发展对策

(一)遵循效益原则,按市场效率开发马产业

按照市场规律着力开发马术配套及相关产业,依托兴安盟各马术协会、马术俱乐部等机构,引进当代先进的设备与科学技术,培育娱乐马、观赏马、竞技马。建立相关旅游参观园区,打造具有浓郁蒙古族风情的草原旅游观光和休闲娱乐精品项目。

当前及今后一个时期,兴安盟应着重扶持马术俱乐部的发展,继续争取政策扶植,加大投入,提升草原文化的影响力。大力开拓客源市场,使马术事业在兴安盟经济社会发展中做出更大的贡献。

(二)坚持品质办赛与竞技提升相结合

一是创新思路,做好示范,大力支持兴安盟的社会团体兴办马术赛事,在办好高水准、系统化、民族性马术赛事的基础上,以赛事为平台挖掘优秀人才,以赛事为跳板提升竞技水平,实现品质赛事与运动成绩双丰收。二是坚持马术表演与弘扬马文化相结合,创新马术表演模式,为普及马术运动、

提升群众参与度提供多彩平台,切实发出兴安盟马术好声音,传播兴安盟体育正能量,弘扬内蒙古马文化,从而实现马产业大融合、发展大联动、成果大共享。三是坚持健身休闲与全民健康相结合,扎实贯彻"健康中国"战略,推动马术站在"主动健康""全民健康"的前沿,将"高端运动"平民化,让"小众运动"大众化,将观众的"看客"身份向"主角"身份转变,从"观赏者"转为"体验者"。同时,发展好马的竞赛、表演功能及衍生的马术旅游、马术培训、马术文化、马术装备制造等产业,推动"马术+"全景联通、良性互动、融合发展。

(三)抓好专业人才的培养

选拔和培养马术运动员、教练员、裁判员、练马师等竞技型人才,马医、健康指导师等医疗型人才,饲养师、钉蹄师等技术型人才,以及马房管理员等相关管理型人才,搭建马术人才金字塔。抓好"三个平台"建设,一是建好场馆平台。在项目资金与保障措施上向马术场馆工程倾斜,建设群众身边的马术场馆、马术公园、马术小镇、马术基地等,推动马术运动均衡普及和广泛发展。二是建好数据平台,打造人、马、技一体发展的数据载体。三是建好育人平台,利用兴安盟职业学院加大人才培养,围绕培育优秀人才目标协同发力,加强马术人才梯队建设,有计划地邀请国外高水平马术专家来指导教学,发挥引领和示范作用。

第九节 呼伦贝尔市

一、呼伦贝尔市马产业发展条件

(一)区位条件

"呼伦贝尔"得名于呼伦湖与贝尔湖,又称巴尔虎高原,位于内蒙古自治区东北部。全市地域辽阔,南北最大横距700公里,东西最大横距630公里,总面积25.3万平方公里,相当于江苏和山东两省面积总和。由于东部与大兴安岭山地连成一片,地势东高西低,西部地形主要为低山丘陵地带,平均海拔高度在600~800米之间,呼伦湖附近最低海拔为540米,巴彦山最高海拔为1038米。高原上除呼伦湖、贝尔湖两大河流外还有中小湖池500多个,相对其他地区水资源丰富。2012年7月9日入选国家森林城市,市境内的呼伦贝尔草原是世界四大草原之一,草甸草原和典型草原植被以羊草和针茅为主,是我国最好的天然草牧场,适合大力发展马匹养殖。

(二)马匹品种资源与数量

2007年,呼伦贝尔市马匹存栏为15.53万匹,到2016年已经达到了27.39万匹。十年间,数量增加了11.86万匹,增长76.2%。近十年数据显示,呼伦贝尔马匹数量呈现逐年增加态势。养马区域主要集中于牧区四旗,占全市马匹数量61.8%。2008年,鄂温克族自治旗马匹存栏数达到19435匹;2014年,达到38532匹;2016年,全旗存栏马匹4.1万匹,其中国外引进品种261匹;截至目前,全旗共有养马户1203户,马匹存栏37068匹。另外,阿荣旗、莫力达瓦旗、牙克石市、扎兰屯市也有少量饲养,马匹存栏数量1万

匹左右。

从呼伦贝尔市马匹饲养情况看,目前仍然以蒙古马和三河马为主,经过改良的马匹数量相对较少。但从发展趋势看,牧民对马匹改良认可度高,马匹饲养由原来的粗放经营逐渐向集约经营转变,牧民群众积极主动地要求进行马匹的品种改良,在马匹改良方面的资金投入有所增加。特别是一些大的马匹养殖户和马匹经营企业,对马匹的饲养管理和改良更加精细化和专业化,专用马发展方向明显。大兴安岭马新类群也已通过专家认定。在呼伦贝尔市原政协主席巴树桓的长期关注和支持下,2016年9月18日至19日,国家畜禽遗传委员会办公室和内蒙古自治区农牧业厅派出专家对大兴安岭马新类群进行了现场认定,经过两天的工作,专家组一致同意认定大兴安岭马为新类群,为呼伦贝尔马产业发展提供了新的品种选择机会。大兴安岭马新类群现存栏1.2万匹,主要集中在牙克石市的绰尔、绰源和乌尔其汗等地。

(三)重点发展方向

1. 马术教育 鄂温克族自治旗职业中学开设了目前全区唯一的马术专业,从牧区四旗牧民家庭中招录热爱马产业、肯吃苦的子女进行马术专业知识培养,先后为区内外输送了70多名专业毕业生。这些学生被北京等一线城市马术俱乐部或从事马产业的公司录用,工作能力得到公司领导的认可。一些学生在参加国内赛事时,取得了非常好的成绩。

2. 马文化产业 鄂温克族自治旗借助旗政府支持、企业赞助等多渠道筹措资金,举办了不同规模多种形式的民族传统赛马节、牧民那达慕、冬季冰雪节、西部绕桶、驯马手比赛、越野耐力赛等特色活动,举办了六届马文化知识竞赛,还举办了马匹展览、评比、拍卖交易会等马文化节系列活动。为了发展壮大鄂温克族自治旗马术队伍,协会也组建旗业余马球队,吸纳了一批热爱马术、愿为马业健康发展尽力的热血青年。这对于调动青年骑手的积极性,对弘扬民族马文化、提升全民素质、加快推进鄂温克族自治旗马产业发展具有重要意义。每年9月19日为"中国爱马日",旗马业协会组织各马业合作社及爱马者举办"爱马日,我爱马"野骑活动,以此传承并弘扬马文化,使其发扬光大。通过举办每年一度的"瑟宾节暨马文化那达慕盛会",以赛马、博克、射箭等传统体育项目庆丰收,广招四方来客。同时,积极发挥鄂温克族自治旗"中国旅游强县"的优势。

3. 产业扶贫　马产业是富民的有效产业,鄂温克族自治旗农牧业局每年举办农技推广与补助项目马业培训班,为全旗马业技术指导员及养马科技示范户进行马业疫病防治及育种知识培训,加强对马产业的认识,促进马产业的发展,推动鄂温克族自治旗特色经济的发展。另外,牙克石市精准扶贫工作主要结合贫困户的实际情况进行农业扶贫,今后将结合马产业进行精准扶贫。

4. 人才培育呼伦贝尔市牙克石市为例,目前,有各级畜牧业专业技术人员近200名,其中,中高级专业职称人员近百名。在从事马产业人才中,马匹训练师近200名,马医师31名,专业骑手近70名。根据社会喜爱马的人士逐年增多,马匹饲养数量稳步增长的实际,各地农牧业部门,特别是牧区四旗农牧业局,将马匹饲养管理及技术服务纳入业务范围,有针对性地向马匹养殖大户传授科学饲养知识,提高科技水平。

5. 建设协会　牙克石市成立了内蒙古大兴安岭林区养马协会和保种协会,明确协会的职责,人员由国内马业专家、畜牧部门有关技术人员、养殖户及马场技术员等组成。同时政府在财税、金融、土地等方面给予支持。鄂温克族自治旗马业协会作为中国马业协会、中国马术协会和内蒙古马业协会团体会员,积极组织开展丰富多彩的各类马文化活动,承办国内外大型赛事,并与俄罗斯、日本、法国、蒙古国等国建立了科技合作伙伴关系,形成了以科技特派员、三河种马场老专家培养出来的一批专业大学生为主体的人才队伍,并制定各种优惠政策,通过召开国内外养马经验的交流会等形式,推动传统马产业与市场接轨,形成科学合理的可持续发展战略。

(四)突出问题

呼伦贝尔市的马业协会实力还比较弱小,机构、人员、技术、资金方面明

显不适应发展形势要求,筹资渠道较窄,举办活动比较吃力,行业管理工作也刚刚起步,经验缺乏;没有相关文化企业,旅游企业和旅游牧户仅开展骑马一项服务,马业产品开发水平不高,没有实现商业化运作;马业公司和个人养马者都存在草场不足的问题,专供马业用的草场较少,无法扩大饲养规模。

二、呼伦贝尔市马产业发展方向

打造呼伦贝尔三河马保种基地。三河马为内蒙古自治区固有培育品种,近几年改良繁育的三河马在呼伦贝尔市的各类赛事上又屡获殊荣,旗马术班的速度队代表呼伦贝尔市出战内蒙古及全国的赛事,战绩颇佳。但20世纪80年代实行的"草畜双承包"以来,三河马失去了原本自由驰骋的空间,三河马的数量一度下滑。由于我国政策导向仍未对马业发展有太多倾斜,因此行业发展尚处于摸索阶段,政府行为不够,导致很多工作仅靠个人或企业推进,马业地位远不及养猪、奶牛、肉牛、肉羊、家禽业重要。马肉价格低,乳用生产产品率低,品牌知名度不高。三河马是我国仅有的培育品种之一,它有独特的品种特点,但目前纯种的三河马数量日益减少。

三、呼伦贝尔市马产业发展对策

(一) 国家和自治区政府出台对种马的补贴政策,鼓励牧民发展马业

落实三河马等地方优良马种良种补贴政策,落实地方优良马种育种基地奖励政策,进一步扶持地方优良马种育种企业、合作组织发展。

(二) 发展马业坚持良种先行的原则,建立2~3处三河马保种基地

建立严格的育种计划制度和饲养管理制度,建立健全马匹档案以便于在繁育工作中登记记载,建立地方品种,培育新品种(三河马),统计血统系

谱,以确保品种不流失。

(三)加强马产业科技投入和提高产业升级,促进现代马产业的发展

改变传统养马业向规模化、专业化、标准化发展,引导养殖大户、生态家庭牧场和专业合作社等养殖主体,采用先进适用技术和现代生产要素,加快转变畜牧业生产经营方式。

(四)加大马产业科技投入,多渠道筹集资金,建立基层新品种培育科技创新基金

重点支持马匹育种核心技术的科学研究、基层马匹配种站建设,鼓励基层培育马匹改良配种人员,开展当地马种的导血改良。扶持牧民专业合作社和龙头企业发展马产业。

(五)加大政府的支持力度,强化示范引领

财政注资引导,吸收优质社会资本参与,推动资源重组和结构调整,带动社会资本投资马产业。对各类投资基金投向马产业,按照内蒙古自治区政府有关政策规定给予奖励。加强呼伦贝尔市各种马行业社会组织的资源整合,形成合力,规范产业管理,认真学习外地成功经验,在马产业和马文化融合发展下,在国内外马文化交流中发挥积极作用。

(六)打造呼伦贝尔品牌赛事

本着改变中国马产业落后的局面,政府应当对赛马适当进行政策倾斜,繁育保种。在全区选择部分地区进行马赛事试点,在严格管理的前提下,可以参照体育彩票的办法,发行或开展对试点地区的马赛事专项彩票,以提高马赛事的影响力和参与度,进一步推动马产业的发展与壮大。

(七)马文化与旅游业深度融合,推动产业升级

文化是旅游的灵魂,是旅游业能够获得持续发展的动力源泉,只有将旅

游与文化紧密结合起来,旅游产业才有旺盛的生命力。以三河马场为例,三河马场以马为切入点深入挖掘马历史和马文化,形成了自己的独特魅力。如今的三河马场,旅游业正逐步成为农场战略性支柱产业。据不完全统计,目前三河马场从事旅游餐饮、住宿和家庭游接待牧户的达 60 余户,旅游总收入达 1600 余万元。未来,呼伦贝尔市可效仿三河马场的成功范例,将马文化与旅游业结合发展,逐步形成旅游产业框架,借助马文化、民俗文化的品牌影响力,探索发展原生态商务、休闲产业集群。

参考文献

1. Brinkmann L. , Gerken M. , Riek A. , 2013. Effect of long-term feed restriction on the health status and welfare of a robust horse breed, the Shetland pony. Research in Veterinary Science, 94(3): 826-831.

2. Brassel S. , Brennan P. , 1990. A Portrait of Racing: Horseracing in Australian and New Zealand since 1970. Simon & Schuster, Sydney.

3. Cassidy, 2002. The Sport of Kings: Kinship, class and thoroughbred breeding in Newmarket. Cambridge University Press, Cambridge.

4. Cooper J. J. , 2002. Stereotypic behaviour in the stabled horse: causes, effects and prevention without compromising horse welfare. In: Waran, N. (Ed.), The Welfare of Horses. Kluwer Academic Press, Amsterdam.

5. Dugdale A. H. A. , Curtis G. C. , Cripps P. , Harris P. A. , Argo C. M. , 2010. Effect of dietary restriction on body condition, composition and welfare of overweight and obese pony mares. Equine Veterinary Journal, 42(7): 600-610.

6. Ellis R. , 1993. Welfare problems of the horse. In: Boden, E. (Ed.), Equine Practice 2. Balliere Tindall, London, UK.

7. Grant, 2001. Thorough breds, Trainers, Toffs and Tic Tac Men: A cartoon history of horse racing in New Zealand, Dunmore, Palmerston North.

8. Hammonds E. , 2011. "Thoroughbred live foal report: foal crop slides another 13. 5%", Blood/Horse, viewed 8 February, 2002, <www. bloodhorse. com/horse/racing/special/reports/108/2011/thoroughbred/live/foal/report>.

9. Hartmann E. , Søndergaard E. , Keeling L. J. , 2012. Keeping horses in groups: a review. Applied Animal Behaviour Science, 136(2): 77-87.

10. Hausberger M. , Roche H. , Henry S. , Visser E. K. , 2008. A review of the human-horse relationship. Applied Animal Behaviour Science, 109(1): 521-533.

11. Hemsworth L. M. , 2017. The welfare of recreational horses in Victoria: the occurrence of and factors associated with horse welfare. Monash University, Faculty of Medicine, Nursing and Health Sciences, School of Psychology and Psychiatry.

12. Hockenhull J. , Whay H. R. , 2014. A review of approaches to assessing equine welfare. Equine Veterinary Education, 26(3): 159-166.

13. Jørgensen G. H. M. , Borsheim L. , Mejdell C. M. , Søndergaard E. , Bøe K. E. , 2009. Grouping horses according to gender-Effects on aggression, spacing and injuries. Applied Animal Behaviour Science, 120(1): 94-99.

14. Katz L. M. , Bailey S. R. , 2012. A review of recent advances and current hypotheses on the pathogenesis of acute laminitis. Equine Veterinary Journal, 44(6): 752-761.

15. Luescher U. A. , McKeown D. B. , Halip J. , 1991. Reviewing the causes of obsessive-compulsive disorders in horses. Veterinary Medicine, 86 (5): 527-530.

16. LaMarra T. , 2010. Tightened purses. The Blood-horse, 6 (March), pp. 872-874.

17. McLean J. G. , 1973. Equine paralytic myoglobinuria ("azoturia"): a review. Australian Veterinary Journal, 49(1): 41-43.

18. McLean A. N. , McGreevy P. D. , 2010. Ethical equitation: Capping the price horses pay for human glory. Journal of Veterinary Behavior. Clinical Applications and Research, 5(4): 203-209.

19. Mendl M. , Paul E. S. , 1991. Litter composition affects parental care,

offspring growth, and the development of aggressive behaviour in wild house mice. Behaviour, 116(1): 90–108.

20. Cressent M. , Jez C. , 2013. The French horse industry at present. Advances in Animal Biosciences, 4: 54–56.

21. Ninomiya S. , 2008. Effect of an open window and conspecifics within view on the welfare of stabled horses, estimated on the basis of positive and negative behavioural indicators. Anim. Welf. 17: 351–354.

22. Normando S. , Meers L. , Samuels W. E. , Faustini M. , Ödberg F. O. , 2011. Variables affecting the prevalence of behavioural problems in horses. Can riding style and other management factors be signifificant? Applied Animal Behaviour Science, 133(3): 186–198.

23. Odber F. O. , Bouissou M. F. , 2001. The development of equestrianism from the baroque period to the present day and its consequences for the welfare of horses. Equine veterinary journal. Supplement, (28): 26–30.

24. Pearson N. Y. , 2004. A Study of Horse Ownership and Management in Victoria, Australia. University of Melbourne, Australia.

25. Pritchard J. C. , Lindberg A. C. , Main D. C. J. , Whay H. R. , 2005. Assessment of the welfare of working horses, mules and donkeys, using health and behavioural parameters. Preventive Veterinary Medicine, 69(3): 265–283.

26. Pollard J. , 1971. The Pictorial History of Australian Racing, Paul Hamlyn, Sydney.

27. Painter M. , Waterhouse R. , 1992. The Principal Club: A history of the Australian Jockey Club, Allen & Unwin, Sydney.

28. Redbo I. , Redbo – Torstensson P. , Ödberg F. O. , Hedendahl A. , Holm J. , 1998. Factors affecting behavioural disturbances in race – horses. Animal Science, 66(2): 475–481.

29. Rivera E. , Benjamin S. , Nielsen B. , Shelle J. , Zanella A. J. , 2002. Behavioral and physiological responses of horses to initial training: the compari-

son between pastured versus stalled horses. Applied Animal Behaviour Science，78(2)：235-252.

30. Robin C. A., Ireland J. L., Wylie C. E., Collins S. N., Verheyen K. L. P., Newton J. R., 2015. Prevalence of and risk factors for equine obesity in Great Britain based on owner-reported body condition scores. Equine Veterinary Journal，47(2)：196-201.

31. Zeyner A., Geißler C., Dittrich A., 2004. Effects of hay intake and feeding sequence on variables in faeces and faecal water (dry matter，pH value，organic acids，ammonia，buffering capacity) of horses. Journal of Animal Physiology and Animal Nutrition，88：7-19.

32. 韩国才. 2014. 马的起源驯化、种质资源与产业模式. 生物学通报：49(2)：1-3.

33. 刘新春,时晓寒,文武. 2008. 我国马业发展现状与展望. 中国牧业通讯：(9)：18-19.

34. 刘玉春. 2017. 黑河马文化产业发展路径探析. 黑河学刊：(3)：31-35.

35. 曲莉春,康伟. 2017. 推进精准扶贫、精准脱贫,攻克深度贫困堡垒——第43期内蒙古发展改革论坛综述. 北方经济：(9)：34-37.

36. 宋河有. 2018. 创意旅游与主题旅游的融合:动因与实现路径——以草原旅游目的地马文化主题创意旅游开发为例. 地理与地理信息科学：34(5)：119-124.

37. 王国英. 2011-07-06. 内蒙古现代马产业向何处去?. 内蒙古日报(汉).

38. 乌日娜. 2016. 内蒙古锡林浩特市马产业的研究. 内蒙古农业大学.

39. 谢贞发. 2005. 产业集群理论研究述评. 经济评论：(5)：118-124.

40. 张海燕,王忠云. 2010. 旅游产业与文化产业融合发展研究. 资源开发与市场：26(4)：322-326.

41. 赵景峰,夏红岩,哈斯巴特尔,梁东亮. 2019. 内蒙古牧草产业创新发展与典型模式. 草原与草业:31(1):6-11.

42. 赵敏,刘忠良. 2015. 内蒙古马文化休闲产业发展研究——以内蒙古锡林郭勒盟"中国马都"为例. 内蒙古大学艺术学院学报:12(4):117-119.

43. 赵一萍,杨永平,布仁巴雅尔,芒来. 2010. 内蒙古自治区马产业的现状与发展. 内蒙古科技与经济:(5):43-45.

44. 周东华,黄亚坤. 2018. 我国马术旅游发展现状与对策研究. 武汉商学院学报:32(4):22-25.

后 记

近年来，以内蒙古农业大学职业技术学院王怀栋院长为带头人的学术团队一直致力于内蒙古马产业发展的研究，不仅推动设立了全国第一个运动马驯养与管理专业，还设立了内蒙古第一家运动马学院，出版了《运动马产业——内蒙古运动马产业发展战略研究》等学术专著，承担了"内蒙古自治区马文化与马产业融合发展"等省部级重点科研项目，先后获得了内蒙古自治区教学成果一等奖等省部级奖项。当前，内蒙古自治区党委和政府高度重视发展现代马产业，我们深受鼓舞，也倍感压力，为内蒙古自治区马产业的改革发展建言献策是我们义不容辞的责任和义务。

承蒙内蒙古社科联的资助，在本书的写作过程中，我们深刻地感受到内蒙古自治区丰富的资源优势和优越的地理环境，特别是深厚的文化积淀奠定了内蒙古自治区现代马产业发展的坚实基础。对比国外现代马产业发展现状，我们深刻地体会到发展现代马产业的重大意义，不仅是推动经济转型升级、培育新的经济增长点的重要抓手，更是我们传承发展民族文化的重要载体。我们欣喜地看到，伴随着内蒙古自治区党委和政府的高度重视，内蒙古自治区马产业迎来了快速发展的春天，在马匹繁育、产品开发、饲草料种植、马术赛事举办、草原马文化旅游、马术实景剧演出、马术俱乐部经营、赛马场建设、马文化博物馆建设等诸多方面都取得了重要突破。当然，我们也深刻地认识到发展现代马产业绝非一时之功，现代马产业发展基础薄弱、发展主体不完善、保障条件待优化、发展的系统性不够、政策支持力度待加强，这都需要我们发挥吃苦耐劳、一往无前的蒙古马精神，持之以恒地统筹推进。值得一提的是，本书我们尝试性地提出了内蒙古马产业发展的总体思路及其战略布局,特别是结合各盟市的基础现状,针对性地提出了各盟市的马产业发展建议,虽不全面,但这是我们团队对实施差异化发展战略,推动内蒙古自治区马产业可持续发展的相关思考,具体内容可以参阅我们团队即将出版的《内蒙古马产业发展技术路线图》。

经过系统研究,我们对内蒙古马产业的发展充满了信心。发展马产业有助于满足人民对追求更加美好生活的新期待,符合了习近平总书记对内蒙古"要探索以生态优先、绿色发展为导向的高质量发展新路子"的殷切期望。发展现代马产业有助于实现经济发展与生态保护的双赢范例,成为引领绿色消费、驱动绿色发展的典型案例。我们由衷地期望本书出版后,能够引起更多人对内蒙古马产业研究的关注和兴趣,以迎接内蒙古现代马产业发展的"春天"。

本书是团队集体协作、辛勤劳动的结晶,在王怀栋院长的统筹下,具体写作任务分工如下:第一章(路冠军),第二章(吴光宇),第三章(王晓铄),第四章(郭晓晓、黄修梅),第五章(王瑞星),第六章(艾云辉),第七章(李小花、路冠军),第八章(段孟霄),第九章(吴光宇、王怀栋),第十章[(第一节)艾云辉,(第二节)任宏,(第三节)王勇,(第四节)王晓铄,(第五节)吴光宇、郭晓晓,(第六节)艾云辉、李小花,(第七节)段梦霄],第十一章(李小花、刘美)。吴光宇主任等负责了本书的统稿、修改、完善等工作。

在本书编著过程中,内蒙古社科联的领导和专家给予了巨大的帮助和细致的指导,特别感谢内蒙古社联杭栓柱主席、胡益华副主席、朱晓俊副主席、李爱仙部长、研究员邢智仓和其他相关研究机构的专家。由于水平有限,书中难免存在谬误,文责自负,恳请读者和有关专家学者予以指正,我们将不胜感激。